Bethany Rutter

Ruby's Big Summer

Aus dem Englischen
von Fabienne Pfeiffer

CARLSEN

Für all die Lahmärsche da draußen

PROLOG

Ich sterbe. Da bin ich mir ganz sicher. Ich werde buchstäblich VERENDEN, hier und jetzt, auf der Stelle. Kann bitte jemand meiner Mutter ausrichten, dass ich sie lieb habe? Und meinem Dad und Sasha und eventuell auch Jake, wenn es unbedingt sein muss?

Dieser Lauf bringt mich um.

»Na los, ihr Lahmärsche!«, bellt Mr Pearce. Muss ich mir so etwas gerade zum ersten Mal von einem diabolischen Sportlehrer anhören? Nein. Wird es das letzte Mal sein? Ebenfalls nein. Da steht er, mit einem selbstgefälligen Grinsen im Gesicht, zusammen mit dem Großteil der Klasse – einschließlich meiner diversen BFFs, die allesamt mit betretener Miene meine Demütigung verfolgen. Die anderen glotzen einfach nur ausdruckslos, als wären wir irgendwelche kuriosen Freaks.

Wir waren vorgewarnt, das muss ich ihm lassen. »Jeder, der die Runde um den Sportplatz nicht in weniger als drei Minuten schafft, macht fünfzehn Burpees mit anschließendem Hampelmann«, hatte Mr Pearce uns gedroht. Zuallererst einmal fallen *Burpees* allein schon unter Hasskriminalität – und zweitens sind sie absurd *anstrengend*!

Und all das muss ich mir nun antun, *nachdem* ich vergeblich versucht habe, in drei Minuten rund um den Sportplatz zu hecheln! In welchem Paralleluniversum sollte ich dazu bitte in der Lage sein? Genauso gut hätte ich einfach schon vor dem Loslaufen aufgeben können. Offen gestanden dachte ich, ich würde die *Einzige* sein, die versagt, aber nun stehe ich hier zusammen mit Bolade und Sam, die ebenfalls in die Kategorie Lahmarsch fallen. Sie sind nicht dick und langsam, sondern nur langsam, was insgesamt weniger peinlich ist, aber immer noch peinlich genug – weil Mr Pearce entschieden hat, es als peinlich zu brandmarken.

»URRGH!«, brülle ich aufgebracht, füge mich aber weiter in die Tortur und spüre das Brennen a) der unzeitig warmen Sonne, b) der Blicke meiner gesamten Klasse (minus Sam und Bolade), c) jedes Muskels in meinem Körper und d) der perfekt inszenierten Demütigung von Mr Pearce' Sportstunde. Was für eine Krönung meines letzten Tags in der zehnten Jahrgangsstufe.

»Es muss doch …«, keucht Sam, als er sich vom Boden in einen Hampelmann hochquält, »… noch anders … gehen …«

»Was?«, fragt Bolade, den Blick stur geradeaus gerichtet, entschlossen, konzentriert.

»Sport … Es muss doch … auch Spaß machen … können«, japst er.

»Da bin ich mir … nicht so … sicher«, stoße ich atemlos hervor, völlig außerstande, mir eine Welt vorzustellen, in der Sport irgendetwas anderes ist als ein absolut widerwärtiges, beschämendes und frustrierendes Unterfangen.

»Fast geschafft. Kommt schon, ihr drei. Noch zehn!«, sagt Mr Pearce in einem Tonfall, der wohl motivierend sein soll, in mir allerdings lediglich das Bedürfnis weckt, ihm einen Kopftritt zu verpassen.

Ich habe das Gefühl, jeden Moment in Ohnmacht zu fallen. Noch zehn. Meine Beine sacken fast schon unter mir weg, aber ich bringe sie dazu, nach vorn zu springen, so federnd wie nur möglich, und richte mich zum Hampelmann auf. Noch neun. Acht. Sieben. Sechs –

»Ruby? Roo? Ruby! Aufwachen!« Die Stimme meiner besten Freundin April dringt langsam zu mir durch.

Alles, was ich weiß, ist: Ich liege, und es ist angenehm. Angenehm hier auf dem Boden. Angenehm, nicht mehr herumzuhüpfen.

»Ach du Schande – ist sie *tot*?« Jessica klingt aufgebracht, regelrecht wütend auf Mr Pearce.

»Ich glaube, sie ist bewusstlos geworden!« Das ist Salma.

»Na, na, Mädchen, bitte einmal aus dem Weg.«

Ich öffne die Augen, und über mir schwebt Mr Pearce' zerfurchte Visage. Sein höhnisches Grinsen lässt meine Erniedrigung in Wut umschlagen. Stünden meine Wangen nicht bereits von dem erbarmungslosen Workout in Flammen, wären sie jetzt knallrot vor Zorn. Klar, peinlich ist es immer noch, aber vor allem macht mich diese Art von Mobbing einfach nur *fuchsteufelswild*. Als wäre der unglaubliche Hulk eine moppelige Sechzehnjährige. Und eben nicht grün.

»Na also, Lahmarsch. Alles in Ordnung, oder? Es geht doch nichts über eine kleine Herausforderung, um zu erkennen, was in einem steckt, hmm?«

Kapitel 1

WRRAAARRGH!« Was da aus meinem Mund kommt, ist kein Schrei, sondern eher ein klägliches Röcheln.

Wer hatte noch mal die Idee, in einem Park auf einer Hügelkuppe Rollschuh zu laufen? Dieser Gedanke jagt mir in der Mikrosekunde durch den Kopf, ehe ich das Gleichgewicht verliere und auf dem Hintern lande. Irgendjemand stürzt immer, wenn wir mit den Rollschuhen losziehen. (Außer Jessica, die sich schon seit Wochen nicht mehr hingelegt hat.) Und heute bin offenbar ich an der Reihe.

»Alles klar mit dir, Roo?« Jessica kommt angeflitzt und streckt mir die Hand hin, aber ich muss zu sehr lachen, um antworten zu können.

»Alles bestens!«, sage ich schließlich, während sie mich unfassbar anmutig wieder auf die Füße hievt. »Ich bin ja gut gepolstert.« Ich fahre mir mit einer Hand über den Po, spüre die Stelle, wo er unsanft mit dem Boden Bekanntschaft gemacht hat, und rolle dann hinüber zu April und Salma. Die beiden drehen elegante Runden und überlassen es Jessica, mit ihrem eindrucksvollen Rückwärtslauf die Blicke sämtlicher Skateboarder aus dem Skatepark nebenan auf sich zu ziehen. Noch an Ostern hatte keine von uns je zuvor auf Rollschuhen gestanden, aber irgendwie haben uns die Videos online ein bisschen angefixt: Es sah einfach nach megaviel Spaß aus. Dann mussten wir uns noch eine Ewigkeit gedulden, bis Rollschuhe für uns alle (in unterschiedlichen Größen) verfügbar waren, die nicht ein halbes Vermögen kosten sollten – aber schließlich war es so weit! Und jetzt sind wir eine richtige kleine Rollschuh-Gang, die regelmäßig gemeinsam durch die Gegend kurvt, frei von allen Sorgen dieser Welt, seit wir unseren Mittleren Abschluss in der Tasche haben.

Jessica fährt eindeutig am besten. Ich schätze, durchs Turnen hat sie ein irres Gespür für ihren Körperschwerpunkt oder so – jedenfalls ist es total faszinierend, ihr zuzuschauen, wie sie davonjagt und dabei ihre langen blauen Zöpfe hinter ihr herfliegen. Sie trägt nicht mal Kniepolster oder Handgelenkschoner. Tja, und dann sind da noch April, Salma und ich. April mit ihren nachtschwarzen Schuhen samt nachtschwarzen Rollen – sie hat darauf bestanden, auf genau dieses Modell zu warten, damit die Rollschuhe nicht mit ihrem Look clashen. Und Salma und ich in unseren identischen pinkfarbenen Flitzern – wir geben einfach unser Bestes. Ein paar Mal haben wir uns auf dem Tennisplatz im Mayow Park getroffen, als er gerade nicht belegt war: eine hübsch ebene Fläche zum Cruisen. Um sich erst einmal an die Rollschuhe zu gewöhnen. Aber Jessica brauchte ein bisschen mehr Nervenkitzel. Also sind wir jetzt hier. Auf einem Hügel.

»Falls ihr gerade gesehen habt, wie ich auf den Hintern gefallen bin … Erstens: Nein, ihr habt nichts dergleichen gesehen. Und zweitens: Löscht es aus eurem Gedächtnis«, sage ich, als ich zu April und Salma stoße.

»Ich habe die ungute Ahnung, dass ich mich auch gleich hinlege«, murmelt April und klammert sich an Salma. Ihre Hände stecken in schwarzen Spitzenhandschuhen.

»Ein bisschen mehr Selbstvertrauen!«, fordert Salma, wie

immer ganz Optimistin. »Lass die Rollschuhe nicht riechen, dass du Angst hast. Sie sind wie Haie oder so.«

»Stimmt«, sage ich. »Kaum werde ich nervös, stelle ich irgendwas Komisches und Unlogisches mit meinen Füßen an und lande auf dem Boden.«

»Wir sind doch alle schon mal auf dem Boden gelandet«, meint Salma aufmunternd.

»Dennoch greift der eine oder andere von uns gelegentlich nach den Sternen«, ergänzt April mit einem schelmischen Grinsen.

Bin ich eine gute Rollschuhläuferin? Nein. Macht es Spaß? Ja. Und bisher habe ich mir keine Knochen gebrochen, was ich schon mal als Erfolg verbuche. In jedem Fall sind die Rollschuhe ein guter Grund, um bei herrlichem Wetter mit meinen Freundinnen draußen zu sein.

Ich bemerke aus dem Augenwinkel, dass Jessica sich mit Joshua Jones unterhält, der letztes Schuljahr in meinem Geschichtskurs war. »Oh«, raune ich und nicke zum Skatepark hinüber. »*Deshalb* sind wir hier.«

»Na, dann viel Glück, Jessica«, schnaubt April. Sie legt sich vornehm das Handgelenk an die Stirn, um einen Schweißtropfen daran zu hindern, aus ihrem blonden Pixie zu rinnen. So gothic ihr Styling sonst auch sein mag, an dieser einen Sache hält sie beharrlich fest: keine schwarz gefärbten Haare … bis jetzt zumindest.

»Wieso?«, fragt Salma. Wenn sie blinzelt, sieht man den knallblauen Liquid Eyeliner, der sich als präziser Strich über ihr Augenlid zieht. Sie ist ein wahres Schmink-Genie. »Er wirkt nett.«

»Wirkt«, betont April und hebt vielsagend die Augenbrauen.

»Ah, verstehe«, sage ich lachend. »Du vermutest einfach,

dass irgendwas faul ist an Joshua, weil unmöglich *nichts* an ihm faul sein kann.«

»Exakt, Baby.«

Jessica kurvt zu uns herüber. »Ich bin *besessen* von ihm.«

»Letzte Woche hast du noch gemeint, er sei dir zu anstrengend«, rufe ich ihr ins Gedächtnis. »Zu stark und still. Oder so was in der Art?«

»Mir egaaaal!«, trällert sie, breitet die Arme aus und dreht auf ihren Rollschuhen eine Pirouette. »Niemand ist perfekt.«

»Na ja«, gibt Salma zu, »ihr zwei seht großartig aus zusammen. Aber du hast tatsächlich wortwörtlich gesagt, du glaubst nicht, dass er Boyfriend-tauglich ist.«

»Ist er auch nicht, aber: Mir egaaaal!«

»Bemerkenswert, was dir auf einmal alles egal ist«, stellt April grinsend fest.

»Ist so!«, bekräftigt Jessica fröhlich, regelrecht high von ihrem Crush. »Ich bin einfach total hin und weg von ihm.«

»Und ich bin hin und weg von deinen Rollschuhkünsten«, sage ich.

Ich würde *gern* so gut laufen können wie Jessica, aber für mich ist das Ganze nur ein netter Zeitvertreib, von daher mache ich mir auch keinen Kopf, wenn ich kein Profi werde.

»Am Ende des Sommers will ich auf Rollschuhen einen Spagat hinkriegen.« Sie fischt ihr Handy aus der Gesäßtasche ihrer extrem kurzen Jeansshorts und checkt die Uhrzeit. »Oh shit, ich muss los. Mum will, dass ich heute Nachmittag auf Marcus aufpasse. Aber, ja, Operation Spagat *läuft*.«

»Ich bin gespannt, wie tief du kommst«, meint April, lässt sich auf die Metallbank fallen und löst ihre Schnürsenkel.

Jessica zuckt mit den Schultern. »Übung macht den Meister.« Dann überlegt sie kurz. »Nein, wartet … Übung macht *die Meisterin*.«

»Und hast du vor, dann rein zufällig direkt vor Joshua Jones in den Spagat zu gehen?«

»Vielleicht, vielleicht auch nicht ...« Sie zwinkert und gackert teuflisch.

Wir stopfen unsere Rollschuhe in die Taschen – auf *keinen Fall* schaffe ich auf diesen Dingern den ganzen Weg bis nach Hause – und umarmen uns zum Abschied. Salma und Jessica brechen auf in Richtung Crystal Palace, April und ich nehmen den nahen Ausgang nach Sydenham.

Kapitel 1

Als wir den kleinen Parkplatz vor dem Eingang zum Park erreichen, schnappen wir entzückt nach Luft. Der Eiswagen ist da.

»Wieso heißt das Eis mit dem Schokoriegel drin ›99‹? Es kostet doch mehr als neunundneunzig Pence«, flüstert April mir in der Schlange zu.

»Vielleicht bezieht sich die 99 nicht auf den Preis, sondern auf irgendeine geheimnisvolle überirdische Macht, dank derer es so lecker schmeckt.«

»Gut möglich. Definitiv möglich.«

Nachdem ich mit dem Handy den vollkommen übertriebenen Preis für zwei Eistüten bezahlt habe, lassen wir den Park endgültig hinter uns und schlagen unseren Heimweg ein. Es ist so warm, dass mein Eis mir schon auf die Hand tropft, ehe wir die Hauptstraße überquert haben, die uns vom nächsten Park trennt.

»Ich glaube, ohne das Eis wäre ich gestorben«, meint April und beißt krachend die Spitze ihrer Waffel ab. »Für dieses Wetter bin ich nicht gemacht.«

»Jaaa, ich gebe zu, ich war ziemlich geschockt, dass du heute überhaupt mitgekommen bist«, sage ich. »Erstens die Sonne und zweitens …«

Ich lasse den Satz in der Luft hängen. Sie reagiert nicht. Ich stoße sie mit der Hüfte an.

»Du darfst darüber reden, weißt du? Ich bin immerhin deine beste Freundin. Wenn du mit mir nicht darüber reden kannst, mit wem dann?«

»Ich will mit gar niemandem darüber reden! Es ist einfach beschissen. Was soll man dazu sonst noch sagen?«

»Na schön«, seufze ich. »Aber ich bin da, falls du irgendwann doch reden willst über *Du-weißt-schon-wen*.«

»Ja, ja, ist notiert«, erwidert April und wischt das Thema mit einer abfälligen Geste beiseite. »Hey, hast du Lust, in den Park zu gehen? Es ist noch früh.«

Mag sein, dass wir gerade aus einem Park kommen, aber wenn wir von *dem Park* reden, dann meinen wir den Mayow Park. »Klar, wieso nicht? Ich habe heute nichts mehr vor, und je länger ich unterwegs bin, desto weniger Zeit muss ich mit Jake unter einem Dach verbringen.«

April erschaudert. Wir schlendern weiter unter der heißen Nachmittagssonne dahin. Irgendwann wird es April doch zu viel und sie zieht ihren kleinen schwarzen Schirm aus dem Rucksack und legt ihn sich über die Schulter. Der minimal auffällige Anblick eines Mädchens ganz in Schwarz mit einem schwarzen Parasol erregt die Aufmerksamkeit eines anderen Mädchens auf der gegenüberliegenden Straßenseite, das mit einem Dackel an der Leine in entgegengesetzter Richtung unterwegs ist. April bekommt davon gar nichts mit, so selig ist sie in ihrer schattigen kleinen Goth-Oase, aber mir geht auf, dass es Liv ist. Auch bekannt als: das andere dicke Mädchen. Wir nicken einander einvernehmlich zu.

Unsere Schule ist ziemlich riesig, sodass ich bei Weitem nicht alle dort kenne, und nächstes Jahr kommen noch mehr Fremde dazu, wenn ein Haufen neuer Leute für die Oberstufe zu uns stößt. Aber Liv ist schon so lange da wie wir, und ich muss ehrlicherweise gestehen, dass ich absolut nichts über sie weiß – abgesehen davon, dass sie eben, tja, das andere dicke Mädchen ist. Und anscheinend einen Dackel hat.

Ich weiß, das Wort *dick* macht viele Menschen ganz unangenehm kribbelig, aber ich habe kein großes Problem damit. Wenn sie gerade also denkt: *Ach, da ist ja Ruby, das andere dicke Mädchen* – dann ist das total okay für mich. Es trifft ja zu. Was ich bei dem Wort empfinde, lässt sich in einem Schulterzucken zusammenfassen. Allerdings: Ihr hier draußen zu begegnen, bringt mich auf einen Gedanken ... Vielleicht wäre es cool, eine dicke Freundin zu haben. Eine Verbündete. Andererseits stresst sie sich vielleicht total deswegen und hasst ihren Körper und würde gar nicht mit mir befreundet sein wollen. Wer weiß?!

Endlich sind wir im Mayow Park angelangt. Unter einem Baum in der Nähe des Spielplatzes lassen wir uns ins Gras fallen. April stellt den Schirm so auf den Boden, dass er Schatten auf ihr Gesicht wirft. Wir chillen einfach schweigend auf dem Rasen. Ich kenne April schon lange genug, um zu spüren, wann sie nicht in Plauderlaune ist. Dass es mit Juliet in die Brüche gegangen ist, macht ihr eindeutig noch zu schaffen.

Wir sind umgeben von den Geräuschen des Sommers: Ein paar Erwachsene spielen Schlagball auf der großen Rasenfläche in der Mitte, und das satte *Ffflomp*, immer wenn ein Schläger den Ball trifft, klingt merkwürdig befriedigend. Kinder kichern beim Rutschen oder während sie auf den Schaukeln angestoßen werden. Verbissen dreinschauende Typen quälen sich an den Outdoor-Fitnessgeräten. Hin und wieder trabt ein Hund herüber und schnüffelt hochinteressiert in unserer kleinen Ecke des Parks herum.

»Ruby?« Eine Stimme durchschneidet die stickige Sommerluft. April gehört sie nicht – April klingt nie so gut gelaunt und eifrig. Ich öffne unter meiner Sonnenbrille mit den herzförmigen Gläsern blinzelnd die Augen und setze mich auf.

»Hi?«, sage ich langsam, argwöhnisch, und mustere das Mädchen, das mir auf den ersten Blick vollkommen fremd ist. Dann aber fällt mir ein, dass sie in der Schule ein paar Jahrgänge über mir war. Hübsch, blond, in extrem kurzen Shorts – so kurz, genau genommen, dass die Taschen deutlich unter dem Saum hervorschauen.

»Oh, du bist es tatsächlich!«, ruft sie begeistert. »Ich bin Megan Harper. Ich weiß nicht, ob du dich an mich erinnerst – aus der Schule? Jedenfalls, ich wollte nur sagen … Richte deinem Bruder aus, dass ich … Richte ihm liebe Grüße aus.« Mit einem Mal wirkt sie verlegen, ihre Wangen röten sich.

»Ich richte Jake auf jeden Fall liebe Grüße von Megan Harper aus«, versichere ich ihr und lächele mein zuckersüßestes Lächeln. »Vielleicht schreibt er dir oder so, wenn ich seinem Gedächtnis auf die Sprünge helfe.«

Ihr Strahlen kehrt zurück. »Oh – ja, vielleicht!«

Einen Moment lang starren wir einander stumm an. April liegt immer noch neben mir, unter ihrem schwarzen Parasol. Völlig reglos. Nicht einmal eins ihrer Augenlider zuckt.

»Tja«, sage ich.

»Dann lasse ich euch wieder allein …«, meint Megan.

»Jaaa …«

Sie wendet sich zum Gehen, fährt aber in der nächsten Sekunde noch einmal herum. »Vergiss es nicht!«

Ich knalle die Zähne zu einem gezwungenen Grinsen aufeinander. »Ganz bestimmt nicht!«, beteuere ich mit so unverkennbar aufgesetzter Fröhlichkeit, dass sie mit Sicherheit denken muss, ich mache mich über sie lustig. Was der Fall ist. Dürfte ich nur einen einzigen Tag erleben, an dem niemand sich bei meinem schrecklichen Bruder anbiedert, wäre ich eine glückliche Ruby Morgan.

Aber dann ist diese aufdringliche Megan endlich verschwunden und April und ich sind wieder allein. So, wie wir es am liebsten mögen.

»Alter Falter«, gluckst April und löst sich aus ihrer Starre.

»Was du nicht sagst«, seufze ich und lasse mich rücklings ins Gras fallen, wobei ich versuche, genau in dem Umriss zu landen, den ich vorher platt gedrückt habe.

»Passiert so was oft?«

»Von *oft* würde ich nicht direkt sprechen, aber sie ist definitiv nicht das erste Mädchen aus seinem Jahrgang, das mich überschwänglich begrüßt hat, nur um mich dann mit einer Nachricht für den werten Herrn zu betrauen.«

»Heteros sind echt strange«, meint April und schüttelt langsam den Kopf.

Ich zucke mit den Schultern. »Ein paar von uns sind in Ordnung.«

»Du bist ganz okay, schätze ich.« Sie zieht sich wieder unter ihren schwarzen Spitzenschirm zurück. April mag in ihrer Gothic-Phase sein, aber so radikal, wie sie die Sonne meidet, könnte man sie auch für einen waschechten Vampir halten. »Und, richtest du Jake aus, dass Megan Harper ihn lieb grüßen lässt?«

»Ja. Mir tun die Mädels leid, die auf ihn stehen – weil er so ein Arschloch ist. Was mich in eine Zwickmühle bringt, denn entweder sage ich ihm nichts und breche so mein Versprechen gegenüber dem jeweiligen armen Mädchen – oder ich richte den Gruß aus und bringe besagtes Mädchen damit in Gefahr, sich in irgendeinen Mist mit ihm zu verstricken.«

»Teuflisches Dilemma«, urteilt April ausdruckslos. »Benimmt er sich Sasha gegenüber immer noch so arschig?«

»Jep.« Ich seufze erneut. »Ich meine, mir gegenüber benimmt er sich auch arschig, aber ich finde es schlimmer, wenn er zu ihr so ist. Sie ist zehn! Also quasi noch ein Baby! Er soll sie einfach in Ruhe lassen! Sie ist eine perfekte kleine Prinzessin!«

»Was hat er zuletzt verbrochen?«

»Oh Gott, neulich hat meine Mum Sasha gefragt, ob sie sich in den Ferien morgens selbst ihr Frühstück machen will – die klassische Masche, um Sasha das Gefühl zu geben, dass sie schon ein großes Mädchen ist, und gleichzeitig Mum die Arbeit zu ersparen, wo sie doch ohnehin schon jede Menge um die Ohren hat. Und heute Morgen bin ich nach unten gekommen und Jake stand da zusammen mit Sasha an der Küchenwaage, auf der Waage Sashas Cornflakes-Schüssel, und er hat Flakes *einzeln* herausgenommen, bis exakt die Menge drin war, die auf der Packung als Portionsgröße angegeben ist!«

April erschaudert. »Das ist echt übel. Und was treibt das Scheusal heute so?«

Da muss ich nicht einmal nachdenken. »Wahrscheinlich stemmt er in seinem Zimmer Gewichte oder schmiert jedem, der ihm begegnet, ungefragt aufs Brot, dass er nach Oxford geht.«

»Typisch Jake. Kannst du dir auch nur vorstellen, an einem Tag wie heute freiwillig Sport zu machen? *Schwitzen* zu wollen?«, fragt April.

»Himmel, nein. Das kann ich mir nicht mal unter idealen Bedingungen vorstellen, und die Bedingungen heute sind so ziemlich der absolute Albtraum.«

Es ist ein heißer Tag Ende Juni, also haben wir noch *ewig lange* Sommerferien vor uns, und der Sonnenschein fühlt sich an wie ein Versprechen auf noch mehr Sonnenschein und nichts als blauen Himmel von heute bis September. Völlig egal, ob sich das erfüllen wird oder nicht. Was zählt, ist dieses Gefühl endloser Möglichkeiten. Herrlich.

»Ich bin immer noch traumatisiert von unserem Beep-Test, obwohl ich weiß, dass wir nie wieder Schulsport machen müssen.« April seufzt und schwelgt in diesem idyllischen Gedanken. »Ein Hoch auf die Oberstufe.«

»Ja, schon, aber … du hast doch ausnahmslos gut abgeschnitten bei so was«, wende ich stirnrunzelnd ein.

»Ich bin *aus Prinzip* dagegen. Quasi auf *politischer* Ebene. Der Test scheint doch nur darauf ausgelegt, uns alle zu schikanieren. Er ist ja nicht mal … *gesetzlich vorgeschrieben* oder Teil des Lehrplans. Sondern etwas, das Mr Pearce einzig und allein deshalb angesetzt hat, weil er es kann. Ich meine, erinnerst du dich noch daran, wie er zu *dir* war bei diesen Sprints?«

Allein die Erwähnung der verfluchten Sportstunde bringt mein Blut zum Kochen. *Natürlich* erinnere ich mich an die Sprints! Eine der demütigendsten Erfahrungen meines Lebens! Mr Pearce war der Meinung, dass ich zu langsam war, als die ganze Klasse Sprints auf Zeit laufen musste – also hat er mich allein vor allen anderen rennen lassen, während der Rest der Klasse sich ausruhen durfte. Das muss man sich mal vorstellen! Ich war feuerrot vor Scham. Die reinste Schmach. All diese Blicke auf meinem dicken Körper, und ich habe mein Bestes gegeben, bin aber nun mal schlicht nicht so gut wie alle anderen – für ihn *ganz eindeutig* der Beweis dafür, dass ich mich nicht anstrenge. An diesem Tag ist mir klar geworden, dass ich *niemals* Spaß an Sport haben werde. Nope. Nichts für mich.

»Tja, das haben wir alles hinter uns«, verkünde ich, breite die Arme aus und setze dem Thema Sport an dieser Stelle ein Ende. »Ist das Leben nicht um Welten besser, jetzt da wir in die Oberstufe kommen?«

»Zu einer Million Prozent. Und weißt du, was sogar noch besser ist als die Oberstufe?«

»Was?«

»Die Sommerferien vor der Oberstufe.«

»Aber so was von!«

»Wir können einfach nichts tun. Nichts!«

»Ein komplett gechillter Sommer wird das«, schwärme ich und angele träge nach der Wasserflasche hinter mir. Chillen ist genau das, was ich brauche. Vielleicht noch ein bisschen Rollschuhlaufen und ein paar Horrorfilmabende mit April und Salma und Jessica. Vielleicht helfe ich auch hin und wieder Mum mit ihrem mobilen Kuchen-Service oder liege bloß mit April faul im Gras, so wie in diesem Moment.

Und doch fühlt sich dieser Sommer irgendwie anders an. Ohne Dad.

Na ja, er ist natürlich nicht tot oder so. Aber dass er nicht mehr bei uns wohnt, ist komisch. Manchester liegt zwar nicht am Ende der Welt, aber auch nicht am Ende der Straße. Manchmal vergesse ich fast, dass er weg ist, weil wir anderen alle noch da sind – somit erscheint es einfach logisch, dass er auch da sein muss. Aber dann bemerke ich wieder, dass seine ganzen Sachen fehlen, und – ach ja, da war die Abschiedsumarmung am Gartentor vor ein paar Monaten, und genau, er ist wirklich weg. Aus fünf mach vier.

Kapitel 3

Nachdem ich vom Park wieder nach Hause gestapft bin, die Straße mit den Bäumen voller großer weißer Blüten entlang und über die Eisenbahnbrücke, höre ich Jake in seinem Zimmer unter dem Dach herumlärmen. Ich bin scharf auf sein Zimmer, jetzt, da er an der Uni ist, aber die Verhandlungen wollen noch nicht so recht Früchte tragen. Ich finde es einfach lächerlich, dass er weiterhin das größte Zimmer haben soll, obwohl er die meiste Zeit ja gar nicht mehr hier wohnt! Leider sieht es *schwer* danach aus, als würde er wieder seinen Willen bekommen, indem er sich einfach weigert, mit anderen Menschen zu kommunizieren. So könnte ich niemals sein! Ich *liebe* Kommunikation.

Ich klopfe an und warte darauf, in die heiligen Hallen meines Bruders eingelassen zu werden. Sobald sein widerstrebendes »Komm rein« ertönt, gefolgt vom Scheppern einer Hantel, die zurück in ihren Ständer gelegt wird, drücke ich die Tür auf. Der Raum ist ziemlich groß, wird aber gefühlt zur Hälfte von Hantelständern eingenommen. Über der Tür ist eine Klimmzugstange angebracht, an der man ihm in seiner Prä-Uni-Ära dabei zusehen konnte, wie er sich allein mit der Kraft seines Oberkörpers hochgezogen und herabgelassen hat.

»Was willst du, Sommersprossengesicht?«, fragt Jake ungeduldig und pflanzt sich aufs Bett.

»Ein Mädchen namens Megan hat mir aufgetragen, dir liebe Grüße auszurichten«, sage ich, um mein Wort zu halten.

Jake wirkt einen Moment lang nachdenklich, bewegt beim Überlegen seinen kantigen Kiefer von einer Seite zur anderen. »Sexy Megan?«, fragt er schließlich.

»Megan Harper. Lange blonde Haare.«

»Aahhh.« Jake nickt gemessen. »Ein Glück – besser sie als diese Kuh Megan Cross. Also Sexy Megan, ja?« Er tastet nach einer offenen Tüte Maltesers auf seinem Nachttisch und wirft eine der Schokokugeln hoch in die Luft, nur um sie dann mit dem Mund aufzufangen.

»Jaaa … wobei ich mir sicher bin, dass Megan Cross auch total hot ist«, sage ich.

Jake schnaubt. »Klar, dass du das sagst. Du bist so eine *Feministin*«, meint er.

Ich verdrehe die Augen. »Ja … und?«

»Und deshalb machst du dich natürlich schon aus Prinzip einfach für jedes x-beliebige Mädchen stark!«

»Das ist … eindeutig nicht die Definition von Feminismus.« Wenig überraschend führen mein Bruder und ich diese Diskussion nicht zum ersten Mal.

»Wie du meinst – was hat sie sonst gesagt?« Er schaut mich nicht an, sondern wirft und fängt noch eine Schokokugel.

»Nichts.« Ich zucke mit den Schultern.

»Alles klar. Nicht, dass ich über einen Mangel an Mädels klagen könnte, seit ich in der Bar hinter dem Tresen stehe … aber für alle Fälle immer gut zu wissen.«

»Wie schön für dich, dass dein sozialer Status gestiegen ist, seit du vom Gläsereinsammler zum Bierzapfer befördert worden bist«, stichele ich, aber er hört mir nicht mehr zu.

Stattdessen reckt er nachdenklich sein Kinn vor und ich warte auf eine kluge Äußerung. Er blickt zu mir, als wollte er fragen, weshalb ich immer noch in seinem Zimmer bin. »Du kannst jetzt gehen.« Ah, dafür hat sich das Warten definitiv gelohnt.

Ich seufze. »Na schön.«

Aber als ich mich umdrehe, um zu verschwinden, fällt mir ein glänzendes Etwas ins Auge, das an einem seiner Bettpfosten baumelt. Zwei glänzende Etwasse.

»Wieso hast du zwei Medaillen vom Dawson Dash? Du hast den Lauf doch nur einmal gewonnen.«

Jake schaut zu mir hoch, als könnte er es nicht fassen, dass ich ihm munter weiter den Sauerstoff wegatme. »Eine gehört mir, die andere Dad. Ich habe ihn gefragt, ob ich sie behalten darf, als er seine Sachen aussortiert hat – bevor …« Seine Augen wandern durchs Zimmer. Es fällt ihm nach wie vor nicht leicht, darüber zu reden. »Du weißt schon, bevor er ausgezogen ist.« Ganz kurz verspüre ich einen Anflug von Mitgefühl für meinen Bruder. Die Trennung unserer Eltern hat uns allen zugesetzt, aber für Jake muss es besonders seltsam sein. Er hat einen Großteil des letzten Jahres an der Uni verbracht, das Übelste hier zu Hause somit im Grunde nicht mitbekommen – und manchmal scheint er gar nicht wirklich zu glauben, dass es so schlimm geworden ist, wie es nun mal am Ende war.

»Oh«, meine ich schulterzuckend, sorgsam darauf bedacht, das Gespräch von Dads Abwesenheit wegzusteuern. »Ich wusste überhaupt nicht, dass er auch mal gewonnen hat.«

Jake stiert mich finster an. »Wie kannst du das nicht wissen? Jeder weiß das. Deshalb war es ja so eine große Sache für ihn, als ich vor zwei Jahren als Erster über die Ziellinie gerannt bin. Damit habe ich quasi eine Familientradition begründet oder so.«

»Ah ja, da klingelt was«, behaupte ich, obwohl überhaupt nichts klingelt. Dawson ist eine sportliche Schule, wir schlagen ständig andere Schulen der Umgebung im Fußball und Rugby und Hockey und beim Netzball und in der Leichtathletik. Was *mir* natürlich in keiner Weise entgegenkommt, weil es null Bemühungen gibt, Leute wie meine Wenigkeit einzubeziehen, die vielleicht durchaus Lust hätten, mitzumachen, auch wenn sie nicht supergut sind. Gern gesehen sind nur *ernsthafte* Wettkämpfer.

»Klar, dass *dich* so was nicht interessiert«, murmelt er.

Wieso sollte mich der Dawson Dash interessieren? Ein Rennen, das vor ungefähr einer Million Jahren als Akt der Nächstenliebe ins Leben gerufen wurde, weil die St Alfred's (schicke Nachbarsschule) unsere Dawson High (nicht so schick) ihren absurd riesigen Sportplatz nutzen ließ. Aber *nur* in den Ferien. So nett sind die Schnösel von St Alfred's nämlich. Inzwischen haben wir unsere eigenen Außenanlagen. Wir schreiben das 21. Jahrhundert! Aber irgendwie besteht die Tradition fort, weil alle sie derart *wichtig* finden. Wie das eben meistens so ist mit Traditionen.

»Oh, hast du etwa nicht genug Lob und Aufmerksamkeit von allen anderen eingeheimst für deinen Sieg bei diesem dämlichen Lauf?«, frage ich in einem Ton, von dem ich weiß, dass er sich darüber aufregen wird.

»Es ist nicht dämlich! Sondern *renommiert*.«

Jaaa, vielleicht in irgendwelchen faschistischen Sportfanatikerkreisen.

»Und überhaupt: Mittlerweile gibt es ein richtiges Preisgeld«, erklärt Jake. Wieder fliegt ein Malteser durch die Luft und landet in seinem Mund. Das stimmt. 100 Pfund für den ersten Platz, 75 Pfund für Silber und 50 Pfund für Bronze. Echtes Geld. Wie schon gesagt: An der Dawson ist Sport eine ernste Angelegenheit. »Du findest das Rennen ja nur deshalb blöd, weil du niemals gewinnen könntest.«

Ich verschränke die Arme vor der Brust und starre ihn durchdringend an. »Wieso sollte ich nicht gewinnen können?«

»Abgesehen davon, dass ich dich noch nie auch nur zur Bushaltestelle habe rennen sehen, geschweige denn fünf Kilometer am Stück? Und davon, dass du so was von außer Form bist?«, entgegnet er und mustert mich mit einer Mischung aus Skepsis und gelinder Abscheu. *»So was von.«*

Jake fehlt jegliches Feingefühl. Jeder normale Mensch hätte es bei dem ersten Teil belassen, aber er muss natürlich noch einen Schritt weitergehen und doppelt unterstreichen, was genau er meint.

»Wieso bist du eigentlich immer so ein Arschloch?«

Doch ehe er Gelegenheit hat, zu antworten, werden wir unterbrochen.

»Worüber streitet ihr zwei?« Sashas rundes Gesicht erscheint im Türrahmen. Sie ist wie eine Motte, die vom Licht angezogen wird. Ihr Zimmer liegt neben Mums Schlafzimmer im ersten Stock – das macht es umso verräterischer, dass sie nun bei uns hier oben steht. Immer da, wo etwas los ist.

»Verschwinde, Klops«, seufzt Jake. Falls der Eindruck entstanden sein sollte, dass er auf *mich* herabblickt: Für unsere zehnjährige Schwester hat er noch viel weniger übrig.

»Kann ich ein Malteser haben?«, fragt sie, als sie die rote Tüte auf dem Nachttisch erspäht.

»Nein.«

»Wieso nicht?«

»Weil die schlecht für dich sind.«

»Und warum darfst du dann welche essen?«, empört sie sich.

Ich ahne, worauf das hinausläuft.

»Weil *ich* Sport mache und *du* nicht.«

Sasha runzelt die Stirn. »Okay«, sagt sie ein wenig traurig. »Worüber habt ihr beiden geredet?«

»Jake war bloß mal wieder fies zu mir«, sage ich, weil ich in dieser Sache ihr gegenüber nicht ins Detail gehen möchte. Ja, sie kann nervig sein, aber ich habe es mir zur Aufgabe gemacht, dafür zu sorgen, dass sie nichts zu hören bekommt, was sie im Hinblick auf ihren Körper eventuell verunsichert. Sie soll sich weder unwohl fühlen in ihrer Haut noch glauben, sie könnte irgendetwas nicht schaffen. Denn Jake scheint mit ihrem Körper ein ebenso großes Problem zu haben wie mit meinem.

»Warum?«, fragt sie noch einmal.

»Keine Ahnung«, meine ich schulterzuckend und hoffe darauf, dass sie sich nach unten vor den Fernseher verkrümelt.

»Ich habe Ruby erklärt, weshalb sie niemals den Dawson Dash gewinnen könnte«, sagt Jake, der schon wieder mit Bizeps-Curls beschäftigt ist.

Verdammt. Wut lodert in meiner Brust auf.

»Was ist das?«

Jake seufzt ungeduldig. »Du weißt doch: Dawson? Die Schule, auf die du nächstes Jahr kommst? Jedes Jahr wird dort ein Rennen für die Oberstufe veranstaltet. Erinnerst du dich? Vor zwei Jahren habe ich gewonnen. Du warst sogar dabei!«

»Das ist bloß so eine alberne Tradition«, sage ich. »Schon seit Ewigkeiten. Man muss fünf Kilometer laufen, auf einer Strecke rund um den Sportplatz von St Alfred's. Ganz in der Nähe der Pferdekoppeln am Park.«

Sasha denkt nach. »Und wieso kann sie das nicht?«

»Wieso kann wer was nicht?«

»Wieso kann Ruby nicht gewinnen?« Sasha hält offenbar so große Stücke auf mich, dass ihr noch nie in den Sinn gekommen ist, ich wäre womöglich nicht in der Lage, einen Wettlauf zu gewinnen. Wenn doch nur alle anderen Menschen mich ebenso sehen würden wie Sasha … Ich wäre schnurgerade auf der Erfolgsspur.

Jake wirft ihr einen Blick zu, als wäre sie irre. »Weil sie nicht mal bis ans Ende der Straße rennen kann! Sie ist zu d–«

»Das reicht jetzt! Ich mach's«, sage ich und klatsche entschieden in die Hände, um ihm das Wort abzuschneiden. Ja, ich bin dick, aber Sasha braucht nicht zu erleben, wie der Ausdruck als Beleidigung benutzt wird. Als Waffe. Wie soll sie jemals ein entspanntes Verhältnis zu ihrem Körper entwickeln, wenn sie sich so etwas in ihren eigenen vier Wänden anhören muss?

»Haha, sehr lustig«, spöttelt Jake, packt die Hantel zurück in ihren Ständer und schneidet mir eine Grimasse.

»Das war kein Witz«, sage ich mit todernster Miene. »Ich mach's.«

»Jaaa, na klar …« Er wirkt flüchtig amüsiert.

»Jep«, bekräftige ich und nagele ihn mit eisernem Blick fest. »Familientradition.«

Er lacht. »Du meinst also, du spielst in derselben Liga wie ich und Dad?«

Ich nicke. Wennschon, dennschon.

»Ich glaube, dass du das schaffst!«, sagt Sasha. Natürlich glaubt sie das. Ich bin immerhin ihre große Schwester.

»So, so, so«, macht Jake. »Na, das will ich sehen.«

Wann findet der Lauf statt? Am 5. September? Ich meine mich vage zu erinnern. Bis dahin wird er die Sache vergessen haben. Er soll bloß nicht denken, dass er mich hier herumschikanieren kann, nur weil er Mr Machosportler ist, ehemaliger Captain des Rugbyteams unserer Schule und jetzt oberster Ruderhonk in Oxford. Mich lässt das alles vollkommen kalt.

»Gut, schön, das wäre dann also geklärt«, sage ich. »Komm, Sasha, wir spielen Luigi's Mansion.«

Auf dem Weg nach unten ruft Jake mir hinterher: »Fit wirst du nicht, indem du den ganzen Sommer lang auf der Switch zockst!«

»Danke, aber auf deine Ratschläge kann ich verzichten!«, rufe ich zurück.

In den Sofakissen zu versinken und Sasha dabei zuzuschauen, wie sie in einem Videospiel Geister aufsaugt, ist nicht gerade die spannendste Freizeitbeschäftigung, die ich mir vorstellen kann, aber ich möchte ihr unbedingt das Gefühl geben, dass sie geliebt und umsorgt ist.

Sie pausiert das Spiel und seufzt dramatisch, aber ich ahne, dass sie wirklich etwas auf dem Herzen hat. »Ich vermisse Dad.«

Ich räuspere mich, unsicher, was ich dazu sagen soll. »Was genau vermisst du denn an ihm?«

Sie überlegt einen Moment. »Ich vermisse es … mit ihm im Park Fußball zu spielen.«

»Das könntest du doch auch mit mir oder Jake machen, oder? Frag uns einfach, wenn du Lust dazu hast«, biete ich an. Ich weiß noch, das war ihr Ding: Sasha spielt wahnsinnig gern Fußball, und Dad hat sich nach Kräften bemüht, sie zu ermutigen. Ich will nicht, dass sie dieses Hobby einfach aufgibt, jetzt, wo er weg ist.

»Mal schauen …«, meint sie gedankenversunken. »Und ich vermisse unsere Pizza-Abende immer mittwochs. Das haben wir schon ewig nicht mehr gemacht.«

»Aber wir könnten wieder damit anfangen.«

»Es wäre nicht dasselbe.«

»Das nicht, vielleicht allerdings trotzdem ganz schön?«

»Hmm … Er fehlt mir einfach.«

Ich drücke sie an mich, ein bisschen ungelenk seitlich mit einem Arm. »Mir auch.«

Als hätte meine Berührung etwas in ihr getriggert, blickt sie zu mir hoch und fragt: »Findest du meine Arme zu schwabbelig?«

Ich schlucke. »Nein. Ich finde, sie sind genau richtig so, wie sie sind. Wieso?«

Sie zuckt mit den Schultern. »Alle anderen haben weniger schwabbelige Arme.«

»Und das stört dich?«

Sie wirkt, als müsse sie das gründlich erwägen, aber eventuell täuscht der Eindruck und sie ist mittlerweile lediglich wieder voll auf das Videospiel konzentriert. »Keine Ahnung.« Kurz kaut sie auf dem Ende einer Haarsträhne herum – was ziemlich ekelhaft ist, und normalerweise würde ich sie anstupsen und ihr sagen, dass sie das lassen soll, aber gerade möchte ich sie nicht unterbrechen. »Meinst du, deshalb mag Jake mich nicht?«

Das versetzt mir einen Stich ins Herz. Einen richtig schmerzhaften.

»So ein Quatsch. Natürlich mag er dich! Er spielt bloß den schrecklichen großen Bruder. Das ist alles. Und ich finde dich nicht zu schwabbelig. Oder zu *was auch immer*. Falls irgendjemand dir diesen Eindruck vermittelt, dann … sag es mir einfach und wir reden darüber, ja?« Ich höre die Treppenstufen hinter uns knarzen und dann, fast lautlos, Schritte, die sich wieder entfernen. Jake. Zumindest kapiert er, wann er unerwünscht ist.

»Jaaa«, murmelt sie und nickt. Aber ich bin mir nicht so sicher, ob ich mich darauf verlassen kann. Vor allem, wenn es so ist wie in den Horrorfilmen, mit denen April und ich uns so gern die Nerven schreddern: *Der Anruf kommt aus dem Haus.*

Später beim Abendessen spähe ich immer wieder über den Tisch hinweg zu Sasha und frage mich, wie es sein kann, dass sie sich mit zehn Jahren schon solche Gedanken über ihren Körper macht. Ich frage mich, wann das beginnt. Wie es beginnt. Ich wünschte, ich wüsste noch, wie alt ich war, als mir zum ersten Mal klar geworden ist, dass mit meinem Körper angeblich irgendetwas *nicht stimmt*. Ich habe mich damals dafür entschieden, den Ball zurückzuspielen und nicht mein ganzes Leben davon beeinträchtigen zu lassen, aber was, wenn Sasha das nicht schafft? Was, wenn hier gerade etwas seinen Anfang nimmt, das ihre Zeit und Energie auffressen und sie beschränken wird in dem, was sie sich selbst zutraut? Bei dieser Vorstellung läuft mir ein Schauder über den Rücken.

»Alles in Ordnung, Roo?«, fragt Mum.

»Jep, alles prima«, antworte ich.

»Du hast gerade total weggetreten gewirkt!«, meint sie lachend.

»Wahrscheinlich hat sie in irgendwelchen feministischen Zukunftsfantasien geschwelgt«, ätzt Jake, dem es offensichtlich kein bisschen zu denken gibt, dass er eine Unterhaltung seiner Schwestern darüber belauscht hat, wie sehr er ihnen zusetzt.

Ich richte meine Gabel auf ihn und kneife ein Auge zu wie eine Jägerin, die ihre Beute ins Visier nimmt. »Volltreffer.«

Der schrille Klingelton unseres Telefons gellt durch das Esszimmer. Wir sitzen alle da, beäugen einander lauernd und warten darauf, dass jemand sich erbarmt, abzunehmen.

»Ach, ich bitte euch«, schnaubt Mum, steht auf und tappt ins Wohnzimmer.

»Hallo? Oh, hi …« Schon anhand dieser wenigen Worte – und ohne die andere Hälfte des Gesprächs mitzubekommen – erkenne ich, dass Dad am Apparat ist. Wir alle erkennen es.

Daran, wie sich Mums Tonfall verändert. Wie sich die Atmosphäre im Haus verändert. »Ja, uns geht es gut. Wir essen gerade. Alles in Ordnung bei dir?« Eine Pause. »Wunderbar. Schön, dass du dich einlebst. Tja, wie gesagt, wir sind im Moment beim Abendessen, aber wenn du später noch mal anrufst, kannst du mit ihnen sprechen.« Noch eine Pause. »Ach, tatsächlich? Ein nettes Lokal? Na, dann versuch sie doch morgen auf dem Handy zu erreichen. Okay. In Ordnung. Dann bis bald. Tschüss.«

Als sie an den Tisch zurückkehrt, fragt Jake sofort: »Wieso hast du uns nicht mit ihm sprechen lassen?«

»Weil wir beim Abendessen sind! Genau wie ich es ihm gesagt habe!«, erwidert Mum und widmet sich wieder ihren Spaghetti.

»Das ist doch egal. Ich wollte mit ihm sprechen.«

»Und derweil wäre dein Essen kalt geworden – von daher: nein. Wenn es dir so wichtig ist, wieso rufst du ihn dann nicht selbst an?«

Jake zuckt mit den Schultern.

»Na bitte«, sagt sie, als wäre die Sache damit erledigt. Aber eine Wolke senkt sich danach über den Esstisch. Eine Unbehaglichkeit.

Gefühlt habe ich erst ein paar Minuten geschlafen, da kriecht der Gestank von Zigarettenqualm in mein Zimmer. Raucht Jake etwa oben unter dem Dach? Das wäre typisch für ihn, dass er sein Bestes gibt, um uns alle umzubringen. Ich schleiche hinaus auf den Treppenabsatz und wende mich zu den Stufen, die zu seinem Zimmer führen. Jetzt rieche ich nichts mehr. Auf dem Rückweg in mein Zimmer wird mir klar, dass der Geruch von draußen kommt. Ich presse mein Gesicht ans Fenster und spähe nach unten – und da sitzt Mum, zusammengekauert in Morgenmantel und Hausschuhen, auf der niedrigen Vorgartenmauer, angestrahlt von unserer Sicherheitsleuchte. Sie weint. Sie raucht und lässt dabei einfach ihren Tränen freien Lauf. Ich *wusste* nicht mal, dass sie raucht. Vielleicht hat sie erst kürzlich damit angefangen. Der Anblick tut mir in der Seele weh. Ob ich nach unten gehen und mit ihr reden sollte? Oder wäre ihr das peinlich? Ich habe keine Ahnung, wie ich mich am besten verhalte. Also stehe ich einfach nur da und nage an meiner Unterlippe. Gerade als ich beschlossen habe, hinunterzugehen und sie zu fragen, ob alles in Ordnung ist, sehe ich, wie sie aufsteht, die Zigarette auf der Mauer ausdrückt und wieder hereinkommt. Ich höre nicht einmal die Tür hinter ihr ins Schloss fallen, so leise ist sie. Vielleicht war es richtig, sie nicht zu stören.

Kapitel 4

Haben April und ich uns erst gestern gesehen? Schon möglich. Ist sie jetzt gerade bei mir daheim? Unleugbar.

Wir liegen auf dem Rasen im Vorgarten, gegenüber der Steinmauer, auf der Mum letzte Nacht gesessen hat. Als ich heute Morgen aufgewacht bin, habe ich mich kurz gefragt, ob alles nur ein Traum war. Doch das Gefühl dazu war zu real. Und außerdem: Wieso sollte sie auch nicht mitten in der Nacht allein draußen gesessen und geraucht haben? Ich grübele in einem fort, ob es eine gute Idee wäre, sie darauf anzusprechen, aber allein bei der Vorstellung winde ich mich innerlich. Die entscheidende Frage ist ja: Wie oft hat sie das schon gemacht, *ohne* dass ich etwas davon mitbekommen habe? Ich beschließe, einfach besonders nett zu ihr zu sein, und hoffe, das genügt.

April liegt auf dem Rücken und liest eine gebrauchte Ausgabe von *Die Glasglocke,* die schon ziemlich mitgenommen aussieht. Ich liege auf dem Bauch und schiele über die herzförmigen Gläser meiner Sonnenbrille hinunter auf die Panels in *Diary of a Teenage Girl*. Schließlich klappe ich das Buch zu und lasse mich einfach von der Sonne wärmen. Das Gras kitzelt meine Oberschenkel unterhalb der abgeschnittenen Jeans, und das fühlt sich so herrlich sommerlich an, dass ich mich am liebsten nie mehr bewegen würde.

Nach einem Moment der Stille hole ich tief Luft. Mag sein, dass ich nicht mit meiner Mum über letzte Nacht reden kann. Danach, wie es meiner besten Freundin geht, kann ich mich aber definitiv erkundigen, so ungern sie sich auch darüber unterhalten möchte. »Ich weiß, du sprichst nicht gern über deine Gefühle, aber … mir zuliebe? Ist alles okay?«

April knurrt wie ein Hund und dreht sich ebenfalls auf den Bauch. »Ja und nein«, brummt sie schließlich.

»Ein bisschen ausführlicher?«

»Ja im Sinne von: Ich werde es überleben. Und nein im Sinne von: Ich wünschte, Juliet und ich wären noch zusammen.«

Ich seufze. »Es tut mir leid. Ich würde so gern irgendetwas für dich tun, damit es dir besser geht. Wozu hat man denn sonst beste Freundinnen?«

»Jaaa …«, meint April, schnippt mir gegen den Arm und grinst. »Wozu habe ich dich überhaupt?«

Unsere Diskussion wird unterbrochen von einem Umzugstransporter, der vor unserem Haus hält. Ein Loch tut sich in meinem Magen auf. Das weckt allzu frische Erinnerungen: an meinen Dad, wie er langsam und verdrießlich hin- und herschlurft zwischen unserer Haustür und einem Transporter, der viel kleiner war als dieses Exemplar und trotzdem selbst mit all seinen Sachen darin noch halb leer wirkte.

Niemand steigt aus dem Transporter, was komisch ist, aber auch bedeutet, dass wir weiterquatschen können, solange nichts Spannenderes passiert.

»Jedenfalls«, sagt April, »habe ich gehört, dass Juliet jetzt mit Rosie Wood zusammen ist, und damit sind solche Träumereien sowieso zwecklos. Ich muss einfach über sie hinwegkommen.«

»Arme Bestie«, sage ich und streichle ihren blonden Pixie.

»Schon okay. Andere Mütter haben auch Töchter oder was weiß ich«, murmelt sie, aber ich ahne, wie sehr es sie schmerzt, dass es mit Juliet nicht geklappt hat. Mit Sicherheit sagen kann ich es jedoch nicht, denn ich war noch nie in ihrer Situation. Ich habe mich noch nie bei April wegen einer kaputten Beziehung ausgeweint, weil ich noch nie eine Beziehung hatte. Genau genommen habe ich das bisher bewusst vermieden. Nicht, dass ich nie in irgendjemanden verknallt gewesen wäre – aber ich war noch nie bereit dafür, so *aus mir herauszugehen*. Das klingt echt richtig schrecklich.

»Hast du Jake von dem Mädel im Park erzählt?«

»Habe ich, und er wusste zuerst nicht einmal, von wem ich geredet habe. Absolut erbärmlich!«

»Ist er immer noch so ein Arsch zu Sasha?«

»Oh ja, und wie. Er hat sich geweigert, ihr ein Malteser zu geben – weil sie keinen Sport treibt. Er ist ein absoluter Widerling.«

April ist empört. »Sasha ist zehn!«

»Ich weiß! Er versucht die ganze Zeit, sie dazu zu bringen, diese Konsolenspiele zu spielen, die eigentlich Workouts sind. Wie ein Besessener. Beinahe kommt es mir vor, als wäre ihm klar geworden, dass er gegen mich nicht gewinnen kann – also hat er sich jetzt darauf verlegt, Sasha zu terrorisieren.«

In diesem Moment hält ein Auto am Straßenrand, und beinahe zeitgleich öffnen sich die Türen des Transporters. Aus dem Auto steigen drei Leute: ein Mann, eine Frau und ein Junge, ungefähr in meinem Alter. Sofort machen sich die Umzugshelfer an die Arbeit, laden Kartons aus und wuchten einen Bettrahmen von der Ladefläche. Der Mann geht auf die Haustür nebenan zu, betrachtet einen Moment prüfend den Schlüsselbund in seiner Hand. Derweil schaut der Junge sich um. Er ist groß, schlank, allerdings mit breiten Schultern, und trägt ein weißes T-Shirt, schwarze Jeans und Skaterschuhe. Soweit ich das auf den ersten verstohlenen Blick erkennen kann, ist er tatsächlich ziemlich ... süß. Ich erhasche kurz das Gesicht der Frau und frage mich, woher ich sie kenne. Ist sie Lehrerin an meiner Schule? Vielleicht arbeitet sie auch bei Sainsbury's oder so. Sie kommt mir vage, aber eindeutig bekannt vor.

»Das fühlt sich irgendwie komisch an: hier herumzuliegen, während diese Typen sich halb totschleppen mit dem ganzen Kram aus dem Transporter ...«, sinniert April und springt auf. »Komm, wir gehen rein.«

Ich bin ein bisschen enttäuscht: Ich würde lieber noch weiter zuschauen – weil ich mehr über den Jungen wissen will –, folge ihr aber. Wir begrüßen Sasha, die vor dem Fernseher liegt, und Mum, die in der Küche an ein paar Bestellungen werkelt. Mum versucht, uns in ein Gespräch zu verwickeln, aber wir haben eine Mission. Eine wichtige Spionagemission. Wir stapfen nach oben in mein Zimmer, das nach vorne zur Straße hin liegt und einen perfekten Ausblick bietet. Von dort sehen wir den Umzugshelfern dabei zu, wie sie alle möglichen Gegenstände aus dem Transporter wuchten: ein stylisches Sofa, das nur gekippt durch die Tür passt, eine robust wirkende Kommode – kein Modell Selbstaufbau von IKEA – und ein Fahrrad. Und dann erscheint der Junge wieder. Er hockt sich auf das Ende der Mauer, die unseren Vorgarten von seinem trennt, und tippt auf seinem Handy herum. Aber die Sonne ist so grell, dass er sich zur Seite drehen muss, damit sein Schatten auf das Display fällt, und prompt ist er uns zugewandt.

Sogar aus der Ferne bestätigt sich nun, dass ich mit meiner ersten Einschätzung – *süßer Typ* – keineswegs danebenlag. Jetzt kann ich ihn ausgiebiger betrachten und mir Zeit dabei lassen. Dichte, verwuschelte dunkelrote Haare. Volle Lippen. Das Gesicht: ein Hauch *sweet*, jede Menge *hot*. Ich verspüre dieses luftig leichte Prickeln in der Brust. Vorbote eines lästigen Crushs. Aber inmitten der kribbelnden Aufregung meldet sich erneut ein Anflug von Déjà-vu.

»Hey«, sagt April in diesem Moment und stützt ihren Ellenbogen auf die Fensterbank, das Kinn in die Handfläche. »Ich glaube, ich kenne ihn.«

»Diesen Typ?«

»Jep. Oliver, wenn ich mich nicht täusche. Oliver Cowan.«

»Woher?«

»Hmm … Vielleicht von den Pfadfindern?«

»Oooh, *von früher* meinst du. Erzähl!«

Aber ehe sie Gelegenheit hat, zu antworten, schaut Oliver zu unserem Fenster hoch. Nein! Super-GAU! Womöglich sollten wir noch ein wenig an unseren Überwachungstaktiken feilen.

Er blinzelt zu uns hoch, nur für den Bruchteil einer Sekunde, als wäre er nicht sicher, ob wir wirklich da sind.

»Runter!«, zische ich und ziehe April auf den Boden, wo wir prompt einen Kicheranfall bekommen. Als wir uns wieder beruhigt haben, ist meine Neugier nur noch größer.

»Hey, du Blödie«, sage ich und stoße sie aus unserer absurden Liegeposition an. »Was sagt seine Akte?«

»Keine Ahnung. Viel weiß ich auch nicht. Ich erinnere mich bloß noch, dass er auf die St Alfred's gegangen ist.« Sie setzt sich auf und lehnt sich an den Bettrahmen. »Wieso? Bist du etwa verknallt? Stehst du auf Rotschöpfe?«

»Verknallt? Nicht mehr, seit ich weiß, dass er auf der St Alfred's ist.« Ich tue, als müsste ich mich übergeben, um sie vom Thema abzulenken.

»Warum dann so interessiert?« Sie zieht eine Augenbraue hoch. Die Botschaft ist eindeutig: *Erwischt!*

»Nur so«, behaupte ich so beiläufig wie möglich.

»Du weißt schon, dass du verknallt sein *darfst*?«, merkt April an.

»Was soll das denn heißen?« Ich bin ein bisschen baff, weil … Tja, ich hätte einfach nicht damit gerechnet, dass sie mich derart mühelos durchschaut.

»Jedes Mal, wenn du einen Crush hast …« Sie gestikuliert in ihren schwarzen, fingerlosen Spitzenhandschuhen, auf der Suche nach den richtigen Worten. »Dann kommt es mir beinahe vor, als wäre es dir peinlich. Du wirkst total schuldbewusst – dabei ist das doch etwas völlig Normales, oder nicht? Bei dir könnte man meinen, man müsste sich dafür schämen … oder eher: speziell *du* müsstest dich dafür schämen.«

Ich spüre, wie meine Wangen zu glühen anfangen. »Nein … Das ist … nicht …«, fange ich an, ohne jeden Plan, was ich eigentlich sagen will. Denn die Wahrheit ist: Sie hat recht. Arrgh, so durchschaubar zu sein, ist die reinste Folter!

»Schon okay«, sagt sie leichthin. »Ich finde bloß, es gibt keinen Grund, warum du dich so fühlen solltest.«

»Das ist einfach dermaßen cringe und entmutigend, weißt du?«, sage ich und realisiere, dass es tatsächlich okay ist, mit April darüber zu reden. »Ich komme mir blöd dabei vor, für irgendjemanden zu schwärmen, weil … Ich meine, wieso um alles in der Welt sollte derjenige auch auf mich stehen? Und damit bleibt es einseitig und ist total schräg.«

»Derjenige sollte auf dich stehen, weil du phänomenal bist«, versichert sie mir. »Aber ich verstehe dich. Oder eher: Ich verstehe dich nicht wirklich, aber ich verstehe, was du sagen willst.«

»Ich habe echt kein Problem mit meinem Körper! Da sind bloß diese *Kleinigkeiten*, die mich immer wieder triggern und stressen. Und darauf habe ich keinen Bock! Ich will doch bloß in Frieden mein Leben lebcn! Mein absolut wunderbares Leben!«

»Das kann ich voll nachempfinden. Aber wenn ich das anmerken darf: Ich glaube, du machst dich manchmal selbst zu schlecht. Beispiel: Erinnerst du dich noch daran, wie du mal in diesen Typ aus deinem Geschichtskurs verknallt warst?«

»Leider ja«, murmele ich grimmig und sehe prompt Angus Moore wieder vor mir.

»Da hast du's! Du bist immer so negativ eingestellt in solchen Dingen, aber ich bin mir fast sicher, er mochte dich wirklich gern! Schließlich hat er dich gefragt, ob du zu Harrys Party gehst.«

Ich zucke mit den Schultern. »Hmm, tja, ich bin nicht hingegangen. Sondern habe stattdessen mit dir und Salma gechillt.«

»Tatsache ist allerdings: Er hat dich gefragt! Aber du bist einfach so überzeugt davon, dass niemand je auf dich stehen könnte, dass du alles, was auf das Gegenteil hindeutet, einfach abtust.«

»Du glaubst *wirklich*, Angus mochte mich?« Ich habe nach wie vor meine Zweifel, muss jedoch zugeben, dass ich ihre Hypothese ein klein wenig spannend finde.

»Keine Ahnung – ich kann ihm ja nicht hinter die Stirn schauen! Ich weiß nur, es gibt keinerlei gesicherte Beweise dafür, dass er dich *nicht* mochte – aber für dich war das sofort ausgemachte Sache. Du sabotierst dich selbst! Wenn du also Oliver Cowan süß findest, dann darfst du das ruhig zugeben! Ehrenwort.«

Ich atme laut aus. »Schön. Ich finde ihn süß«, nuschele ich. »Was allerdings nicht heißt, dass ich in ihn verliebt bin oder so! Ich habe ihn ja gerade zum ersten Mal richtig gesehen! Ich sage bloß, dass er süß ist.«

»Und das genügt mir«, erwidert April und klatscht in die Hände. »Oliver Cowan ist dein neuer Crush. Das beglaubige ich hiermit.« Sie tut, als würde sie ein Papier abstempeln.

Wieder diese Vertrautheit. Ich konzentriere mich mit aller Kraft und sage laut seinen Namen.

»Was wird das, eine Beschwörung? Murmelst du irgendeinen Liebeszauber? Ich hätte nicht gedacht, dass du auf solchen Hexenmist stehst.« April beäugt mich argwöhnisch.

»Nein … Ich versuche nur, ihn zuzuordnen. Ich habe das Gefühl, den Namen irgendwann – vor langer Zeit – mal gekannt zu haben, aber mir fällt einfach nicht ein, wo ich ihn hinstecken soll …« Ich kneife die Augen zusammen, lege die Stirn in Falten, zermartere mir den Kopf. Und dann fällt es mir ein! »Ollie Cowan! Er war mein bester Kumpel, im Kindergarten! Noch bevor ich *dich* auch nur kennengelernt habe.«

»Na, so was!«, stutzt April. »Und du hast ihn nicht gleich wiedererkannt?«

»Kurioserweise hat er sich ein bisschen verändert, seit er vier war …«

»Und wie wirkt sich diese Erkenntnis auf den Crush-Status aus? Positiv? Negativ?«

»Neutral, denke ich? Das hat doch gar nichts zu bedeuten, oder?«

Sie zuckt mit den Schultern. »Nicht wirklich.«

Wir spielen eine gute Stunde lang Karten auf meinem Fußboden, ehe April sich auf den Heimweg macht, aber die ganze Zeit über wälze ich in Gedanken ihre Worte hin und her. Also schön: Ich finde Ollie süß, das kann ich eingestehen, aber ich bezweifle trotzdem, dass ich jemals Chancen bei ihm hätte. Und dieser Umstand wird sich auch kaum über Nacht ändern lassen.

Kapitel 5

Mum späht in den Kühlschrank. Ihr großer blonder Dutt fungiert als Puffer zwischen ihrem Kopf und der Schrankkante, und sie ist eindeutig mit den Nerven am Ende. Hektisch kramt sie zwischen den Einmachgläsern im obersten Fach. »Himmel noch mal!«, ruft sie.

»Was ist denn los?« Ich ahne, dass die Antwort kaum ihrem Stresspegel gerecht wird.

»Ich dachte, wir haben noch eingelegte Jalapeños, und jetzt stelle ich fest, dass sie leer sind! Wie soll ich ohne Jalapeños denn Quesadillas machen?« Sie wirkt völlig überfordert. Solche Kleinigkeiten scheinen ihr in der letzten Zeit über den Kopf zu wachsen. »Das Rezept verlangt vier Zutaten! Und eine davon fehlt uns! Das ist ein Viertel, Roo! Fünfundzwanzig Prozent!«

Ich zucke mit den Schultern, versuche, dieses Dilemma zu entschärfen – von »lebensbedrohlich« zu »banale Unannehmlichkeit«. »Ich kann uns schnell welche besorgen gehen.«

Erleichterung breitet sich über ihr Gesicht aus. »Wärst du so lieb?«

»Klar, kein Problem. Ich habe gerade nichts anderes vor.« Wann habe ich überhaupt mal etwas anderes vor?

Sie schaut auf die Uhr über dem Backofen. »Ginge es jetzt

sofort? Ich möchte nicht, dass wir so ultraspät zu Abend essen«, bittet sie.

»Schon gut, schon gut, wenn es dir so wichtig ist«, antworte ich, ramme meine Füße in ein Paar Flipflops und schnappe mir eine Einkaufstüte aus der brechend vollen Einkaufstüte, in der wir Einkaufstüten sammeln. Ich strecke die Hand nach ein wenig Bargeld aus und sie legt mir anstandslos einige Pfund in die Hand. »In dem heruntergekommenen kleinen Sainsbury's am Bahnhof wird es vermutlich keine Jalapeños geben, also laufe ich zum großen.«

»Du bist eine gute Tochter.« Ja, Mum, das bin ich. »Und solange du das erledigst, kann ich schnell unseren neuen Nachbarn eine Schachtel meiner Brownies als Willkommensgruß nach drüben bringen. Ich war gerade am Backen, als ich den Umzugstransporter gesehen habe. Das wäre doch nett, meinst du nicht?«

»Erinnerst du dich noch an meinen kleinen rothaarigen Kumpel Ollie aus dem Kindergarten?«

Sie überlegt kurz, zieht dabei konzentriert die Nase kraus. »Ja!«, sagt sie schließlich. »Herrje, den hatte ich komplett vergessen! Ach, ihr zwei wart so niedlich. Ich musste dich immer halb aus dem Kindergarten schleifen, weil du beim Spielen mit ihm nie ein Ende finden konntest.«

»Tja, er und seine Eltern sind da nebenan eingezogen«, sage ich.

»Wie lustig! Und du hast ihn erkannt? Nach all den Jahren?«

»Nein, aber April meinte, sie war mit ihm bei den Pfadfindern, und als sie dann seinen Namen genannt hat, ist es mir wieder eingefallen.«

Sie schüttelt den Kopf. »Oliver Cowan. Na, ich weiß zwar nicht mehr, ob er Brownies mag, aber ich wollte ja ohnehin einmal Hallo sagen.«

»*Und* es schadet nie, potenzielle neue Kunden zu werben.«

»Neue Kunden sind das Letzte, was ich im Moment brauche! Ich komme kaum hinterher mit den Bestellungen der Kunden, die ich schon habe!« Sie seufzt. Das ist einer ihrer vielen Stressfaktoren. Sie hatte irgendwann die Nase voll davon, Standgebühren für eine kleine Bude auf dem Markt im Crystal Palace Park zu zahlen, und hat dann beschlossen, einen Versuch zu wagen und ein paar Monate lang einfach auf eigene Faust über Instagram ihre Kuchenkreationen zu verkaufen. Auf diesem Weg läuft es mindestens genauso gut und sie muss sich nicht mit den Launen des Wetters herumschlagen oder darum sorgen, ob sie genügend Kleingeld zum Wechseln hat, oder um die ganzen anderen Sachen, an die man denken muss, wenn man auf einem Markt verkauft. Ich finde es so auch viel besser, denn früher hat sie mich ständig zum Helfen eingespannt, und ich habe es gehasst, in der Kälte herumzustehen und nur hoffen zu können, dass ich eines Tages meine erfrorenen Finger wieder spüren würde. Wohlgemerkt: An sich helfe ich ihr gern! Ich bin stolz auf sie, dass sie ihr eigenes Unternehmen führt, ob nun im echten Leben oder online.

»Vielleicht kann ich dir zur Hand gehen, falls du mich brauchst? Ach ja, und sobald ich zurück bin, könnten wir uns ja eventuell noch mal über die Zimmerverteilung unterhalten …«, werfe ich im Gehen über die Schulter.

Als ich durch die Haustür in die Abendluft hinaustrete, ist es immer noch hell und auf den Rasenflächen der Sozialwohnungen auf der anderen Straßenseite spielen Kinder. Alles fühlt sich friedlich an. Ich schlage den Weg zur Hauptstraße ein, versuche mich an einem zügigen Schritttempo.

Am Ende der Straße habe ich zwei Möglichkeiten: Ich kann entweder die Hauptstraße nehmen, um die Kurve bis zum Supermarkt – was länger dauert. Oder ich gehe den Hügel hinauf und auf der anderen Seite wieder hinunter, die kürzere Option. Natürlich würde ich lieber *nicht* den Round Hill erklimmen, aber Mum scheint sich wegen des Abendessens wirklich übel zu stressen. Also doch der Hügel.

Ich schreite zur Tat. Nun handelt es sich bei unserem Round Hill allerdings nicht um eine sanft ansteigende Erhebung in der Landschaft. Er ist *steil*. So steil, dass ich, soweit ich mich erinnern kann, noch nie jemanden mit dem Fahrrad habe heruntersausen sehen – aus Angst, unten angekommen vor lauter Schwung geradewegs in den Gegenverkehr hineinzuschießen.

Jeder Schritt fühlt sich wie eine Strafe an, Schmerz schießt mir in die Beine und meine Lunge brennt vor Anstrengung. Verdammt noch mal, auf welchem Planeten war ich bloß, als ich behauptet habe, ich könne den Dawson Dash gewinnen? Planet Größenwahn. Ich liebe es, meinen süßen kleinen Hintern zu bewegen – auf Rollschuhen. Aber das hier ist ein ganz anderes Kaliber. Meine Waden stehen kurz vor dem Streik, bis ich oben bin, und ich ringe lautstark nach Luft.

Aber ich habe es geschafft. Ich habe es geschafft. Japsend stütze ich mich an einem Briefkasten ab. Da kommt ein kleiner weizenblonder Scottish Terrier angeflitzt und schnuppert an meinen Knöcheln. Ich beuge mich nach unten, um ihn zu begrüßen, immer noch kurzatmig, als über mir der Besitzer auftaucht. Mr Pearce. Der diabolische Sportlehrer. Wie kommt ein solcher Teufel an einen so süßen Hund? So was sollte verboten sein.

»Hallo, Ruby«, sagt er und mustert mich so abschätzig wie eh und je. Komisch, dass er sich überhaupt an meinen Namen erinnert, denn ich war in seinem Unterricht ja keinesfalls eine Musterschülerin. Obwohl es Sommer und somit definitiv kein Sweatshirt-Wetter ist, trägt er sein klassisches Lehrer-Outfit: ein Sweatshirt über einem Poloshirt zu Shorts und Turnschuhen, mit maximal hochgezogenen Socken. Der Sportlehrer-Look für alle Jahreszeiten – ob Sportlehrer wohl so auf die Welt kommen?

»Hi, Mr Pearce«, grüße ich widerstrebend und noch immer ein bisschen keuchend. Okay, mehr als ein bisschen. Dieser Hügel ist nichts für Schwächlinge.

»Geht es dir … gut?«

»Ja, bestens, ich bin bloß ein bisschen zu schnell den Hügel hinaufgestapft. Ich muss nur erst wieder zu Atem kommen.«

Er betrachtet mich einen Moment, als müsste er sich überlegen, ob er seine nächsten Worte aussprechen soll oder besser nicht. »Weißt du, wenn du nicht *ganz* so viel Fleisch auf den Knochen hättest, würde es dir auch leichter fallen, von A nach B zu kommen.«

Wütend starre ich ihn an. An sein Fatshaming im Sportunterricht war ich gewöhnt, aber in den Sommerferien brauche ich mir das wirklich nicht anzuhören. »Wow, so ein weiser Ratschlag. Das behalte ich im Hinterkopf«, entgegne ich und neige sarkastisch den Kopf. Sofort fühle ich mich zurückversetzt in die Unterrichtsstunden, in denen er mir während eines Beep-Tests – oder eigentlich immer, wenn wir uns zügig bewegen mussten – quer durch die Sporthalle »Los, Tempo, Lahmarsch!« zugebrüllt hat. Arrgh! Das Echo hallt mir immer noch durch den Schädel! Schrecklich.

»Es besteht *kein* Grund, in diesem Tonfall mit mir zu reden, Ruby Morgan.« Und dann, als hätte mein Name ihn an etwas erinnert: »Du solltest dir ein Beispiel an deinem Bruder nehmen. Ein wahrer Sportler – ich habe gehört, er rudert jetzt in Oxford, hmm?« Ah, verstehe. Deshalb erinnert er sich noch an mich. Das große Mysterium: Wie kann es sein, dass Jake und Ruby Morgan miteinander verwandt sind?

»Richtig gehört«, antworte ich schulterzuckend. »Tja, und

jetzt muss ich weiter.« Ich stapfe in Richtung Sainsbury's davon, ehe er noch weitere Lobeshymnen auf Jake singen kann. Manchmal kommt es mir vor, als hätte Jake allen Leuten eine Gehirnwäsche verpasst, sodass sie ihn jetzt für unfassbar toll halten! Er ist nicht toll! Er ist ein Arschloch!

Eine dicke Wutwolke schwebt über meinem Kopf, während ich den Einkauf erledige. Die Jalapeños sind in der Tüte, das Abendessen ist gerettet! Auf dem Heimweg nehme ich nicht noch einmal die direkte Route über den Round Hill, sondern stattdessen die längere Strecke entlang der Hauptstraße, um auf keinen Fall erneut Mr Pearce zu begegnen. Ich habe noch nie verstanden, weshalb manche Menschen so dreist ihre Meinung zu meinem Körper kundtun müssen: was damit nicht stimmt, wie der Makel zu beheben wäre. Danach habe ich nie gefragt. Genau genommen wünsche ich mir nichts weiter, als arglos mein Leben leben und tun und lassen zu dürfen, was ich will – und renne stattdessen in einem fort gegen diese Flutwelle aus Bullshit an. Warum machen es die Leute es einem bloß so schwer? Je näher ich unserem Haus komme, desto wütender werde ich. Wieso ist Jake in aller Augen das Musterkind, wo er doch seine kleine Schwester buchstäblich *terrorisiert*? Nicht mich – ich komme schon klar. Sasha! Was ist mit ihr?

Verdammt noch mal. Wenn die Vorstellung, ich könnte an dem Rennen teilnehmen, für Jake ein einziger großer Witz ist, dann werde ich ihm zeigen, wie falsch er damit liegt. Wenn Mr Pearce glaubt, ich bräuchte dringend weniger »Fleisch auf den Knochen«, um leichter »von A nach B zu kommen«, dann werde ich ihm zeigen, dass ich *mit meinen fleischbepackten Knochen* nicht nur sehr wohl in der Lage bin, problemlos von A nach B zu kommen, sondern dazu noch den Dawson Dash gewinnen kann. Wenn Sasha sich im Alter von zehn Jahren schon wegen ihres süßen, perfekten Körpers Gedanken macht, dann werde ich ihr zeigen, dass sie alles schaffen kann, was sie sich vornimmt, zu ihren eigenen Bedingungen und in genau dem Körper, den sie hat.

Kapitel 6

Nach dem Abendessen gehe ich in mein Zimmer und ziehe systematisch Klamotten aus meinem Kleiderschrank. Dabei bete ich stumm, dass meine Turnschuhe noch da sind. Und tatsächlich: Ganz hinten an der Rückwand liegt mein alter Sportbeutel. Ich kippe den Inhalt auf den Boden und hebe die Schuhe auf, schlüpfe dann in ein T-Shirt und Leggings. Vielleicht brauche ich einen Sport-BH? Tja, dafür ist es jetzt zu spät – ich arbeite einfach mit dem, was ich habe.

Ich schleiche wieder nach unten, so leise wie nur menschenmöglich. Stille Scham! Mum sieht im Wohnzimmer fern, und als ich die Haustür öffne, rufe ich ihr zu: »Ich gehe noch ein bisschen raus, bin aber bald zurück!« Ich höre sie ebenfalls etwas rufen – sie fragt, wo ich hinwill, aber sie soll mich nicht in meinem Lauf-Outfit sehen, deshalb schlüpfe ich schnell hinaus.

Auf der Schwelle ziehe ich mein Handy hervor und texte April:

SELBSTVERPFLICHTUNG! Zuallererst: Du darfst nicht lachen. Das ist kein Scherz. Ich nehme am Dawson Dash teil. Jake war wieder ein Arsch, und dann bin ich Mr Pearce über den Weg gelaufen [KREISCH!] und durfte mir eine Runde

Fatshaming anhören, und ich bin diese Idioten so leid und will Sasha zeigen, dass sie jeden coolen Scheiß schaffen kann, den sie sich vornimmt.

Ihre Antwort kommt sofort.

Schadenfreude ist keine schlechte Motivation. Du packst das.

Obwohl Aprils Rückhalt mich zusätzlich anspornt, wird mir auf dem Weg den Gartenpfad entlang klar, dass ich im Grunde keine Ahnung habe, was genau ich hier eigentlich gerade tue. Ich schätze, ich gehe … laufen? Also sollte ich am besten … einfach anfangen, oder? Gleich hier und jetzt? Vorn an der Straße sprinte ich los. Meine Füße trommeln auf den Asphalt, ich pumpe mit den Armen, laufe, so schnell ich kann. Ich … renne! Ich renne! Wirklich und wahrhaftig! Vielleicht ist es doch gar nicht so schwer? Das einzige Problem: Mein BH hält nicht mit. Es ruckelt und rüttelt *enorm* darin und tut fast schon weh.

Aber ganz egal! Was zählt, ist das große Ganze! Hier bin ich, federe fröhlich und in beachtlichem Tempo die Sydenham Park Road hinunter und überlege, wohin mein Lauf mich wohl führen wird! Mein Lauf! Aber irgendetwas fühlt sich plötzlich … nicht richtig an. Überhaupt nicht richtig. Sondern beinahe so, als wären meine Eingeweide einmal komplett auf links gedreht worden, als lägen die Quesadillas mir irgendwo in der Brust statt unten in meinem Magen. Oh nein. Das ist schlecht. Das ist absolut *no bueno*. Ich bleibe keuchend stehen, vor einem der riesigen schicken Häuser mit Doppelfassade und gekiester Einfahrt. Und genau dort – während ich vornübergebeugt noch verzweifelt versuche, wieder zu Atem zu kommen und meine

Organe zu ordnen – übergebe ich mich. Ich will gar nicht ins Detail gehen, nur so viel: Die hart erkämpften Jalapeños feiern ein glorreiches Comeback.

Oh Gott. Das war ganz eindeutig ein Reinfall. Erste Lektion verinnerlicht: Laufen direkt nach dem Abendessen ist keine gute Idee. Da winkt die Kotzerei. Zweite Lektion: Ich brauche definitiv einen Sport-BH.

Was mich inmitten dieses ganzen innerlichen und äußerlichen Durcheinanders aber wirklich umhaut, ist dieses Gefühl der ersten, ähm, zwanzig Sekunden? Das war … gut. Es hat sich stark angefühlt. Ich habe mich stark gefühlt. Und womöglich schaffe ich es ja, das noch mal heraufzubeschwören. Ganz klar: Ich habe keinen Plan, was ich hier treibe. Aber das heißt ja nicht, dass ich es nicht eventuell lernen kann. Wie in der Schule. Ich kann alles Nötige lernen, solange ich mich nur dahinterklemme, konzentriert und entschlossen an die Sache herangehe, die richtige Ausrüstung und ein wenig Unterstützung habe. Das mit der Unterstützung … Das muss ich überdenken. Vielleicht sollte ich mir wirklich ein bisschen Hilfe organisieren.

Ich stehe noch immer auf dem Bürgersteig, die Hände auf die Knie gestützt, Auge in Auge mit meinem Abendessen, als sich mir flotte Schritte nähern. Ich schaue hoch, und zu meinem bodenlosen Entsetzen kommt Ollie angejoggt, und zwar in *extrem* kurzen Shorts. Er winkt mir im Vorbeilaufen kurz zu, stutzt dann aber und dreht wieder um. Shit!

»Ähm …«, macht er und betrachtet mich mit gerunzelter Stirn. »Alles okay bei dir?«

Ganz kurz ziehe ich in Erwägung, so zu tun, als hätte nicht *ich* gerade gekotzt, sondern irgendwer anders, und ich würde das Debakel bloß … begutachten. »Bestens!«, verkünde ich leichthin. »Und bei dir?«

»Na ja, ich bin immerhin nicht derjenige, der gerade ...« Er deutet vage zu Boden.

»Ach das! Nein, kein Grund zur Sorge! Alles allerbestens!«

»Sicher?«, fragt er und hebt erwartungsvoll die geraden, buschigen Augenbrauen. Ganz offensichtlich erkennt er mich nicht wieder – völlig verständlich, schließlich habe ich ihn genau genommen zuerst auch nicht wiedererkannt. Ob ich ihn ins Bild setzen sollte? Doch ehe ich ein Wort über unsere gemeinsame Vergangenheit verlieren oder ihm noch einmal versichern kann, dass es mir gut geht, verspüre ich erneut das nun vertraute Brennen und Rumoren in meiner Brust, und prompt erbreche ich mich zum zweiten Mal. Der Schwall platscht auf den Boden und verpasst um Haaresbreite seine Laufschuhe, die selbst aus meiner Kopfüberperspektive neben meinen ramponierten »weißen« Chucks megaprofessionell wirken. Er springt einen halben Meter zurück. Nachvollziehbar.

»Oh ... mein Gott«, stammele ich ungläubig. Ich richte mich wieder auf und starre ihn abgrundtief schockiert an. »Das tut mir so leid!«

»Dafür musst du dich doch nicht entschuldigen«, sagt er. »Na komm, wir schaffen dich nach Hause.« Und damit machen wir uns gemeinsam auf den Rückweg. Keine Ahnung, welche Erwartungen ich nach ein paar Minuten Spionage in Bezug auf ihn hatte, aber er ist viel ... netter, als ich dachte. Als ob heiße Typen nicht auch nett sein könnten! Ist das ein gängiges Klischee? So oder so: Ich bin froh, dass er nett ist, aber gleichzeitig macht er es mir so natürlich noch schwerer, meine Schwärmerei im Keim zu ersticken.

»Du musst mich nicht begleiten. Ich werde auf den paar Metern schon nicht zusammenklappen. Schau!«, sage ich und deute nach vorn. »Das da vorne ist mein Haus.«

»Ich weiß, wo du wohnst. Ich habe dich gestern im Garten

gesehen, als wir eingezogen sind. Meinst du etwa, ich hätte auch angeboten, dich nach Hause zu bringen, wenn du weiter weg wohnen würdest?« Er lächelt verschmitzt.

Ich nutze die Gelegenheit. »Hey, sorry, ähm … Keine Ahnung, ob du dich an mich erinnerst. Vage vielleicht? Klar, das ist ewig lange her, also vermutlich eher nicht, aber … ich glaube, wir waren zusammen im Kindergarten«, haspele ich ganz untypisch unbeholfen.

Er dreht den Kopf und mustert mich im Gehen. »Ach, echt?«

»Jaaa … Ruby?«

Und da breitet sich ein Lächeln über sein Gesicht aus. »Ruby! Oh wow, dich hatte ich komplett vergessen! Sorry, nicht böse gemeint.«

»Nein, alles gut, mir ging es zuerst genauso!«

»Krass …« Er lächelt noch immer. »Aber ja, jetzt erinnere ich mich wieder. Du hattest immer knallbunte Klamotten an.«

»Ha! Die Kindergarten-Fashion-Queen. Das klingt ganz nach mir.« Ich bin heilfroh, dass ich mir nicht alles nur eingebildet habe. »Tut mir leid, dass ich deinen Lauf unterbrochen habe«, schiebe ich hinterher und schneide eine Grimasse.

Er zuckt mit den Schultern. »Kein Problem. Ich laufe einfach gleich noch mal los. Du trainierst also auch?« Mir scheint, dass wir gerade sehr langsam gehen. Obwohl die Entfernung zwischen dem Ort meiner Schande und meiner Haustür wirklich nicht groß ist, brauchen wir gefühlt ziemlich lange dafür. Beinahe so, als ob einer von uns oder wir beide absichtlich trödeln würden.

»Nein, das war mein erster Versuch. Aber eindeutig zu einem ganz schlechten Zeitpunkt …«

»Der menschliche Körper ist schon merkwürdig, nicht wahr?«

»Was du nicht sagst.«

Als wir unsere beiden einträchtig nebeneinanderstehenden Häuser erreichen, sagt er zu mir: »Tja, falls du mal Unterstützung möchtest oder so, melde dich einfach. Du weißt ja, wo du mich findest.« Er nickt zu dem rechten der zwei Häuser.

»Danke« erwidere ich und frage mich dabei, ob er das ernst meint oder nur höflich sein will oder gar gerade ein bisschen machomäßig herumprotzt. »Viel Spaß bei deinem Lauf!«

Er nickt mir noch einmal zu und tritt dann wieder auf die Straße, joggt locker los, als wäre das der reinste Klacks. Und vielleicht ist es für ihn ja ein Klacks! Aber ich bin es gewohnt … gut zu sein in dem, was ich mache. Deshalb wurmt es mich enorm, dass ich in dieser Sache unbestreitbar schlecht bin.

»Wo warst du?«, ruft Mum aus dem Wohnzimmer.

»Frag lieber nicht«, grummele ich und schlurfe die Treppe hoch, um mich umzuziehen.

April, ich habe gekotzt.

Aaaahh! Das ist echt brutal!!! Dann ist
der Traum also begraben? Oder bedeutet
SELBSTVERPFLICHTUNG, dass ich jetzt sagen
soll: GANZ EGAL, OB DU GEKOTZT HAST –
AUFSTEHEN UND WEITERMACHEN, MEIN KIND.

Jaaa, genau das. Das Zweite.

Ich glaube an dich, Kotzerei hin oder her.

Kapitel 7

Als ich im Schlafanzug zurück nach unten komme, liegen meine Laufklamotten wieder in ihrem blauen Nylonbeutel ganz hinten in meinem Schrank. Mum sitzt auf dem Sofa, vor sich auf dem Tisch eine kleine Fertigungsstraße aus noch platten Pappschachteln und in schickes Krepppapier eingeschlagenen Cookies und Schleifen und Post-its mit daraufgekritzelten Adressen.

»Soll ich dir helfen?«, frage ich.

»Falls du nicht zu beschäftigt bist mit diesem mysteriösen kleinen Projekt, das du anscheinend am Laufen hast«, meint sie und schiebt einen Stapel Schachteln vom Sofa, sodass ich mich neben sie setzen kann.

»Ich bin nie zu beschäftigt, um meiner lieben Mummy zu helfen«, säusele ich.

»Aaah, verstehe. Das hat etwas damit zu tun, dass du Jakes Zimmer willst, gib es zu.« Sie grinst.

»Ganz und gar nicht! Erstens: Wie kannst du so von mir denken?«, empöre ich mich. »Und zweitens … noch mal – wie kannst du so von mir denken?«

»Ich kenne dich schon länger, als du auf der Welt bist«, schmunzelt sie kopfschüttelnd. »Mir machst du nichts vor.«

»Also, was soll ich tun?«

»Du sollst …« Sie schaut sich um, vergewissert sich, dass alles da ist, was sie braucht. »Du sollst *ordentlich* die Adressen der Leute auf die Schachteln schreiben, und zwar bevor du die Schachteln faltest. Wenn du sie dann gefaltet hast, reichst du sie mir, und ich verpacke die Bestellungen. Alles klar?«

Sie dreht den Laptop so zu mir hin, dass ich die Liste mit sämtlichen Bestellungen sehe.

Ich nicke. »Alles klar.«

Eine Weile sitzen wir stumm nebeneinander, während ich sorgfältig die erste Adresse vom Bildschirm auf die Pappe abschreibe, dann die Schachtel in Form knicke und ihr gebe.

»So?«, frage ich.

»Perfekt«, antwortet sie. »So eine hübsche Handschrift. Die hast du von deinem Dad.«

Ich lächele. »Besser die Handschrift als seine Ohren.«

»Ha!«, macht sie, aber es klingt ein bisschen halbherzig.

»Also …«, fange ich an, um die Unterhaltung von meinem Dad wegzusteuern, »hast du die Brownies nach nebenan gebracht?«

»Jep«, erwidert sie und versteift sich ein bisschen. »Kurios, ich hätte Ollie absolut nicht erkannt, hättest du vorher nichts gesagt gehabt – aber kaum dass er die Tür geöffnet hatte, habe ich ihn sofort wieder als kleinen Jungen vor mir gesehen. Er hat damals ständig seinen Daumen gelutscht, das weiß ich noch genau.«

Ich schmunzele. »Stimmt, das hatte ich ganz vergessen.« Und seinem Lächeln nach zu urteilen, hat er zwischenzeitlich eindeutig Zahnspange getragen.

»Seine Mum habe ich nicht getroffen. Ich meine mich aber an sie zu erinnern … Sie ist Italienerin, stimmt's? Von seinem Dad war ich allerdings nicht sonderlich begeistert.«

»Ach?«

Sie schüttelt den Kopf. »Nein, das ist unfair von mir. Bestimmt ist er im Grunde ein netter Kerl. Ich fand sein Verhalten vorhin bloß ein bisschen komisch.«

»Inwiefern?«

Sie seufzt. »Ich hatte einfach den Eindruck, dass er *sehr* darauf bedacht war, mir deutlich zu machen: Hierherzuziehen war definitiv nicht seine erste Wahl. Immer wieder hat er mir Fragen zu den Sozialwohnungen gegenüber gestellt, als würde dort jeden Abend das pure Chaos ausbrechen, sobald die Sonne untergegangen ist.«

»Ach du Schande«, urteile ich.

»Und weißt du, am liebsten hätte ich zu ihm gesagt: Ich lebe hier seit zwei Jahrzehnten, ich habe mich dafür entschieden, meine Kinder hier großzuziehen, und nie gab es irgendwelche Probleme! Keine Ahnung ... Vielleicht bin ich überempfindlich. Er kam mir nur ein bisschen ungehobelt vor, das ist alles.«

»Immerhin nicht so ungehobelt, dass du ihm deine berühmten Brownies verwehrt hättest.«

»Ich konnte sie ja schlecht zurückfordern!«

Ich zucke mit den Schultern. »Ach, so hättest du bei den neuen Nachbarn direkt einen bleibenden Eindruck hinterlassen.«

»Allem Anschein nach fängt dein kleiner Kindergartenkumpel nach den Ferien auch an der Dawson in der Oberstufe an.«

Ich runzele die Stirn, verspüre aber zugleich ein kribbeliges Flattern in der Magengegend bei dem Gedanken daran, dass Ollie bald an meiner Schule ist. »Ich dachte, er geht auf die St Alfred's?«

»Tja, offenbar ein sozialer Abstieg auf ganzer Linie für seine Familie«, meint sie mit hochgezogenen Augenbrauen.

»Ha!«

»Hast du das gerade mitbekommen?«, fragt Mum und nickt zum Fernseher. »Immer die gleiche verdammte Schwafelei auf diesem Sender. Der Typ mit den Tattoos hat gerade gesagt, er ist *ein echter Familienmensch*, und darauf prompt die Frau: *Oooh ja, ich auch. Ich bin ein absoluter Familienmensch*. Es wäre doch wirklich witzig, wenn sich ausnahmsweise mal jemand hinstellen und verkünden würde: *Ach nee, ich nicht. Ich hasse Familien. Kann sie nicht ausstehen. Würde meine nicht mal aus einem brennenden Gebäude retten!* – meinst du nicht?«

Ich lache. »Würdest du das über uns sagen?«

»Nein, du Scherzkeks. Für euch würde ich alles tun.«

»Sogar für Jake?«

»Sogar für ihn.«

»Na dann«, murmele ich und muss mich konzentrieren, um das »z« in »Katarzyna« an die richtige Stelle zu setzen. »Du hast eine Bestellung von Aprils Mum!«

»Ich sage ihr immer wieder, dass sie nicht den regulären Preis bezahlen muss, aber sie besteht darauf.«

»Dafür hat man doch Freunde! Wenn die nicht bereit sind, einen zu unterstützen, wer dann?«

»Du bist so weise«, erwidert Mum und streicht mir übers Haar.

In gefühlt kürzester Zeit – tatsächlich sind es allerdings ganze zwei Stunden Arbeit – haben wir all ihre Bestellungen fertig gemacht, sodass sie morgen im gesamten Umkreis ausgeliefert werden können.

Sie drückt mich noch einmal fest an sich, ehe ich nach oben ins Bett verschwinde. »Du bist so eine tolle Tochter und hilfst mir so viel, und ich habe dich sehr, sehr lieb.« Sie lässt mich los, holt ihre Handtasche und zieht den Geldbeutel hervor. Dann reicht sie mir 30 Pfund.

»Ich bin die Letzte, die Geld ablehnt – aber du weißt schon, dass du mich für so was nicht bezahlen musst, oder?«

»Nimm es einfach.« Sie drängt es mir praktisch auf.

»Okay ... Wenn du darauf bestehst. Aber ich helfe dir immer, wenn du mich brauchst, egal wann, ja? Ich sehe doch, wie viel du um die Ohren hast.«

»Ich hasse es einfach, euch Kinder um Hilfe zu bitten ... Ich sollte das alleine stemmen können – es ist schließlich mein Unternehmen! Bobbie's Bakery, Himmel noch mal, und nicht etwa ... Sasha, Jake, Ruby and Bobbie's Bakery!«

»Ja, aber du hast gerade erst deinen Auslieferungsfahrer eingebüßt ...«, gebe ich leise zu bedenken. Es ist immer noch ungewohnt, dass auf der Liste der Mitglieder der Familie Morgan kein James mehr steht. »Da ist es doch klar, dass du irgendwie, bei irgendwas, Hilfe brauchst.«

»Ooohh, erinnere mich nicht daran«, stöhnt sie und verzieht das Gesicht. »Kann Jake rein zufällig insgeheim schon Auto fahren? Oder du?«

»Nein, aber versuch es doch mal bei Sasha.«

»Ich könnte Sasha auf ihrem kleinen pinkfarbenen Fahrrad losschicken, mit einem Anhänger hintendran. Oder wäre das Kinderarbeit?«

»Ähm, ja, ich glaube nicht, dass eine Zehnjährige als Kurierfahrerin schuften darf. Und du würdest mir fehlen, wenn du ins Gefängnis müsstest.«

»Sehr umsichtig von dir.« Mum drückt mich noch einmal. »Was würde ich nur ohne dich machen?«

Kapitel 8

Am nächsten Tag beschließe ich, Ollies Angebot, mich zu unterstützen, auf die Probe zu stellen.

Mein Herz hämmert wie wild in meiner Brust, als ich nebenan auf die Türklingel drücke. Beinahe ist es, als würde ich vor meinem eigenen Haus warten, bloß ist die Holzverkleidung des Obergeschosses grün gestrichen und nicht blau wie bei uns. Ich harre ein paar Sekunden aus, beschließe dann, dass es doch eine dumme Idee ist, und wende mich zum Gehen. Dabei muss ich allerdings feststellen, dass der Rasen im Vorgarten mir keinerlei Versteckmöglichkeit bietet. Während ich noch die weitere Umgebung nach einer großen Pflanze absuche, hinter der ich abtauchen könnte, und stumm darüber fluche, dass ich keine zarte kleine Elfe bin, die hinter dem Rosenstrauch verschwinden würde, schwingt die Haustür auf. Ich wirbele wieder herum und stehe Ollies Dad gegenüber. Er lächelt mich fragend an, mit den gleichen sanften, freundlichen braunen Augen wie Ollie. Hinter ihm im Flur ragen wackelig gestapelte braune Umzugskartons in die Höhe, offensichtlich leer, die darauf warten, zerkleinert und recycelt zu werden.

»Hallo?«

»Oh, hallo«, sage ich und hoffe inständig, dass ich nicht allzu irre und verschwitzt wirke. »Ist … Ollie da?«

»Ich glaube, er ist in seinem Zimmer. Ich hole ihn schnell, eine Sekunde. Was soll ich ihm sagen, wer da ist?«

»Ähm, Ruby. Von gestern Abend«, antworte ich, ehe mir bewusst wird, dass das womöglich ein bisschen zweideutig klingt und zu falschen Schlüssen führen könnte. »Ich meine, gestern Abend, als er laufen war. Und ich laufen war. Und dann musste ich mich übergeben. Er wird wissen, wer gemeint ist.«

Ollies Dad schaut mich amüsiert an. »Da bin ich mir sicher …« Er lässt die Tür einen Spaltbreit offen, und ich hocke mich auf die niedrige Mauer, die Ollies Vorgarten von meinem trennt, und bereue alles jetzt schon zutiefst. So eine bescheuerte Idee. Wieso sollte er mir helfen wollen? Wie käme er überhaupt dazu, den Wunsch zu verspüren, Zeit mit mir zu verbringen? Er kennt mich nicht einmal! Wahrscheinlich ist mir dieser Quatsch nur eingefallen, weil ich ihn süß finde, und das wiederum ist so was von cringe.

Als Ollie an der Türschwelle auftaucht, ist er sogar noch süßer, als ich ihn in Erinnerung hatte. Meine Reue vertieft sich. Er wirkt überrascht, mich zu sehen. Verdammt, das ist alles so abgrundtief peinlich! Ich hätte diesen ganzen Plan einfach fallen lassen sollen, solange ich noch die Chance dazu hatte – aber jetzt, da ich schon so tief drinstecke und auch noch meinen Crush mit hineingezogen habe? Verflixt noch mal.

»Hi«, sagt er langsam und fragend.

»Hi!«, erwidere ich im Brustton der Überzeugung, eifrig darum bemüht, meine Verlegenheit niederzuringen. Ich brauche Hilfe, und ich bitte um Hilfe. So einfach ist das! »Also. Wegen der Sache mit dem Laufen. Tja, du weißt ja, dass die Dawson sich immer kurz vor Beginn des Schuljahres einmal den Sportplatz deiner Schule – ich meine, deiner alten Schule – borgt, nicht wahr? Für dieses Rennen, den Dawson Dash.«

»Ja, das habe ich schon mitbekommen. Am Einführungstag hieß es sogar, ich könne mich gern dafür anmelden. Anscheinend ist das für euch ja ein richtig großes Ding … Mal schauen, vielleicht mache ich mit. Wieso?«

»Okay, pass auf – na ja, ich habe beschlossen, dass ich dieses Jahr teilnehme, was sich wahrscheinlich echt dämlich anhört, weil … schon klar, ich bin nun wirklich keine richtige Sportlerin, aber ich ziehe das trotzdem durch. Allerdings brauche ich ein bisschen Unterstützung, und ich habe mich gefragt, ob du mir vielleicht ein wenig unter die Arme greifen könntest.«

»Im Sinne von … Ich soll dich trainieren?«, fragt er, belustigt, aber mit einer Wärme in der Stimme, die mich überrascht.

Was für ein süßes Lächeln! Arrgh!

»So in der Art«, erwidere ich schulterzuckend und muss selbst ein Lächeln unterdrücken.

»Dir ist aber klar, dass ich auch kein Experte bin, oder? Sondern einfach nur ein ganz normaler Typ. Nur damit du keine zu hohen Erwartungen hast …«

Wir stehen inzwischen lange genug hier beieinander, dass ich seinen Duft einatmen kann. Das Sehnsuchtsgefühl, das mich ergreift, ist übermächtig. Saubere Kleider. Frisch gewaschen. Blütenrein. Zum Hineinsinken.

»Ja, ich stelle mir jetzt kein professionelles Marathontraining vor oder so. Ich will nicht zu Olympia. Super wäre nur, wenn irgendwer mir einfach ein bisschen Struktur geben könnte, verstehst du? Und Anleitung. Außerdem habe ich bei meinem ersten Laufversuch prompt gekotzt, von daher …«

Er schneidet eine Grimasse. »Daran kann ich mich bestens erinnern.«

»Bedauerlicherweise.« Einen Moment lang stehen wir wortlos da. »Also, ähm, was meinst du? Bist du dabei?«

»Klar.« Er zuckt mit den Schultern. »Wieso nicht? Ich habe sonst im Grunde sowieso nichts vor diesen Sommer. Und damit hätte ich außerdem einen guten Grund, aus dem Haus zu kommen. Ich ertrage keine weitere Diskussion darüber, haargenau welche Nuance von Hellblau am perfektesten für das Badezimmer wäre.«

»Ich kann dir gar nicht sagen, wie sehr ich das zu schätzen wüsste«, beteuere ich. »Ich überlege mir auf jeden Fall, wie ich mich dafür revanchieren kann.«

»Genau genommen …«, setzt er an, zögert dann aber. »Genau genommen gibt es da tatsächlich etwas, wobei ich dich um Hilfe bitten wollte.«

»Ach ja?«

Na, das kommt unerwartet. Was sollte ich ihm schon zu bieten haben?

»Hmm, ja.« Er wirft einen Blick über die Schulter und zieht dann die Haustür zu. Spannend! »Also, ich würde gern mein eigenes kleines Unternehmen gründen – und Selbstgebackenes verkaufen. Im Grunde genau das, was deine Mum macht. Sie hat neulich Brownies vorbeigebracht, und in der Schachtel lag ihr Visitenkärtchen. Daher weiß ich, dass das nicht nur so was wie ein Hobby ist für sie.«

»Ganz definitiv nicht«, sage ich ernster als beabsichtigt. Womöglich, weil er den unmissverständlichen Eindruck erweckt, dass unser Gespräch streng vertraulich sein soll.

»Insofern, tja … Ich schätze … es wäre total hilfreich für mich, wenn ich ihr irgendwann mal ein paar Fragen stellen könnte – dazu, wie das alles funktioniert. Also … wie man kalkuliert und skaliert, um genug Ware zu produzieren, und die ganze Logistik dahinter: was man vorher alles organisieren muss, ehe man anfangen kann, zu verkaufen, und so.«

»Oh! Kein Ding. Ich wette, darüber unterhält sie sich gern

mit dir. Im Moment ist sie ein bisschen durch den Wind, seit mein Dad ausgezogen ist, aber sie kann dir bestimmt erklären, wie du am besten loslegst.«

»Shit, das mit deinem Dad tut mir leid …« Er legt die Stirn in Falten.

Ich zucke mit den Schultern. »Was will man machen?«

»Jedenfalls: Sollen wir dann bald anfangen?« Ollie überlegt kurz, rechnet im Kopf nach. »Wir haben noch gut sechs Wochen bis zu dem Rennen. Das ist absolut machbar.«

In Anbetracht meines ersten Versuchs gestern Abend klingt das für mich nicht unbedingt allzu machbar. Eher im Gegenteil, wenn ich ehrlich bin. Aber wenn Ollie meint, dass es zu schaffen ist, wie könnte ich da widersprechen?

»Jep – je schneller, desto besser.«

»Morgen?«

»Morgen passt mir super.« Ich zucke noch einmal mit den Schultern, einerseits nervös im Hinblick auf den Lauf, andererseits vorfreudig, weil das Training bedeutet, dass ich mehr Zeit mit Ollie verbringen werde. »Vielleicht idealerweise nicht … direkt nach dem Essen.«

Seine Miene hellt sich auf. »Ha! Okay, unter meinem Kommando wird nicht öffentlich gekotzt. Wie wäre es mit … sagen wir: halb sechs morgen Abend?«

»Klingt perfekt«, antworte ich und nicke entschlossen.

»Verrückt, aber irgendwie habe ich jetzt schon das Gefühl, dass das richtig Spaß machen könnte!« Ollie sprüht auf einmal regelrecht vor Eifer.

Ich bringe ein schwaches Lächeln zustande. »Jaaa …« Davon bin ich nicht überzeugt. »Dann also bis morgen. Hier draußen um halb sechs?«

»Deal. Und gib mir Bescheid wegen deiner Mum«, sagt er, eine Hand schon an der Tür, um wieder hineinzugehen.

»Auf jeden Fall!«, verspreche ich, ehe ich über die Mauer hinweg zurück zu meiner eigenen Haustür hüpfe.

»Eine Sache noch!« Er reckt den Kopf aus dem Türrahmen und erwischt mich gerade eben, bevor ich meine Tür aufstoße. »Ich habe die Turnschuhe gesehen, die du anhattest. Damit machst du dir so was von die Knie und die Knöchel kaputt. Schon klar, die Dinger sind nicht billig, aber … du brauchst wirklich gescheite Laufschuhe. Ohne kannst du die ganze Aktion vergessen, weil du dir dann nächste Woche den Knöchel brichst – und das war's. Auf Krücken kannst du wohl kaum zum Dawson Dash antreten.« Er lächelt breit. »Na ja, du könntest vermutlich schon … *Zugelassen* würdest du bestimmt. Aber in jedem Fall besorgst du dir besser ein paar vernünftige Schuhe.«

»Okay, ich versuche, da etwas zu organisieren bis …« Ich muss kurz nachdenken. »Na ja, bis morgen Abend dann wohl!«

»Bis dann.«

Das wäre also geklärt. Ich beschaffe mir ein Paar Laufschuhe, in denen ich nicht meine körperliche Unversehrtheit riskiere, und einen Sport-BH, und dann gehe ich morgen zum ersten Mal mit Ollie laufen. Alles schick! Ich bin in der Erfolgsspur! »Ruby Morgan: der neue Stern am Sportlerhimmel« – ich sehe die Schlagzeile praktisch schon vor mir.

Kapitel 9

Was meinst du: Sind die zu hässlich?«, frage ich April. Sie schaut von ihrem Handy auf. »Na ja … Die sind schon *echt* fies. Allerdings sind sämtliche Laufschuhe, die ich hier vor mir sehe« – sie erfasst mit einer ausladenden Geste den gesamten Sport-Discounter –, »ziemlich furchtbar. Und so betrachtet hast du gerade nicht die *aller*hässlichsten an.«

Ich seufze. Dann drehe ich ein paar Runden durch den Laden in den Schuhen, nehme schließlich den Karton hoch, um noch mal den Preis zu checken. Allein deswegen – und in Anbetracht der Tatsache, dass sie passen, dass es weitaus hässlichere Laufschuhe gibt *und* dass es sich nicht um Chucks handelt – führt kein Weg an ihnen vorbei.

»Hey«, sage ich. »Vielleicht spielt es mir sogar in die Hände, dass sie potthässlich sind. Nachdem Ollie mir aufgetragen hat, neue Sportschuhe zu organisieren, weil meine angeblich eine echte Todesfalle sind, nimmt er mich womöglich in diesen klobigen Ungetümen auf einen Schlag ernster.«

»Guck dir das an«, entgegnet sie und hält mir ihr Handy hin. »Wie kann es sein, dass sie so talentiert ist?«

Ich hocke mich neben sie auf die Bank in der Sportschuhabteilung und linse auf das Display, wo ein Video läuft, in dem Salma sich selbst ein ultimativ perfektes Augen-Make-up zaubert, das an einen tropischen Sonnenuntergang erinnert. Wahnsinn.

»Uff! Salma! Kannst du dir auch nur vorstellen, so was mit Lidschatten hinzukriegen? So viel Fantasie!«

»Nicht nur Fantasie! So ruhige Hände! Sie hat so viel Talent, dass ich schreien möchte!«

»Dito«, murmele ich und frage mich dabei insgeheim, ob ich mental stark genug dafür bin, in diesem Laden auch nur den Versuch zu starten, einen passenden Sport-BH zu finden. Unglücklicherweise *brauche* ich einen, wie die wenigen Sekunden Vorbauflummi gestern Abend mir allzu deutlich gemacht haben. Und wenn ich es gegeneinander abwäge, dann erscheint mir das Risiko, mir mit meinen eigenen Brüsten den Kiefer zu brechen, vordringlicher als die Gefahr, etwas in einem Laden kaufen zu wollen und festzustellen, dass meine Größe nicht vorrätig ist – im Übrigen ein Phänomen, mit dem ich als seit jeher dickes Mädchen bereits *sehr* vertraut bin.

Ich durchstöbere eine Stange mit Sport-BHs nach einem, der passen könnte. Keine Chance. Himmel, fast könnte man meinen, die Welt *wolle* gar nicht, dass pummelige Babes wie ich Sport treiben. Was soll das denn? Kein Modell ist auch nur annähernd groß genug! Ich gehe sogar auf die Knie, um mich zu vergewissern, dass sich nicht etwa ganz unten, ganz hinten noch irgendetwas versteckt. Nope.

»Das ist so ein Bullshit!«, schäume ich gegenüber April. »Ich wusste, dass so was passieren würde. Und auch noch, bevor ich überhaupt richtig losgelegt habe!«

»Das ist echt ein *Mega*-Bullshit«, stimmt sie mir zu. »Aber davon lässt du dich nicht aufhalten! Komm, wir durchforsten die Sachen im Schlussverkauf.« Sie steuert mich auf die reduzierten Artikel mit ihren roten Aufklebern zu und wir ziehen systematisch jeden BH hervor und werfen für alle Fälle einen Blick auf das Etikett.

»Ha!«, ruft April schließlich und klatscht mir ein schrill neonpink-silbernes Ungetüm aus Polyester ins Gesicht.

»Danke, absolut scheußlich«, entgegne ich. »Aber ich verstehe und akzeptiere, dass ich keine Wahl habe.« Ich schließe die Augen und bekreuzige mich, als wollte ich eine Kirche betreten. Ich kontrolliere sogar noch einmal und dann ein zweites Mal die Größe auf dem Etikett, um ganz sicherzugehen. Jep, es ist die richtige. Damit und mit den Laufschuhen sollte ich nun in Sachen Ausrüstung bestens für meine Herausforderung ausgestattet sein.

Vielleicht liegt es daran, dass ich nur sage und schreibe ein einziges Kleidungsstück in meiner Größe gefunden habe – jedenfalls beschleicht mich auf dem Weg durch den Laden zur Kasse ein unbehagliches Gefühl. Als würde ich nicht hierhergehören, als wäre ich fehl am Platz. Ich argwöhne, ob die Leute mich anstarren und das Gleiche denken, sich fragen, was ich hier überhaupt will – oder, noch schlimmer, ob sie denken: *Oooh, wie gut, sie tut etwas.* Aber viel wahrscheinlicher verschwenden sie überhaupt keinen Gedanken an mich. Sondern erledigen bloß, was auch immer sie hier zu erledigen haben.

»Ich bezahle den Kram nur schnell, dann können wir uns auf den Rückweg machen. Danke, dass du Teil meiner epischen Suchmission warst.«

»Es gibt absolut niemanden, mit dem ich lieber herumbummeln würde«, meint April.

Der Typ an der Kasse fragt mich weder über die genauen Gründe für meinen Einkauf aus, noch unterzieht er mich einer Prüfung, um sich zu vergewissern, dass ich irgendwie qualifiziert dafür bin, Laufschuhe zu besitzen. Er nimmt einfach mein Geld und entlässt mich mit meinen Schnäppchen.

»Ich wünschte echt, Lower Sydenham und unser eigentliches Sydenham wären nicht durch diesen Riesenhügel getrennt«, sage ich und stapfe mit äußerster Entschlossenheit den Perry Rise hinauf.

»Betrachte es als Konditionstraining für das Rennen«, schlägt April vor und stößt mich mit der Hüfte an.

»Und du hast wirklich keine Lust, auch teilzunehmen?«, frage ich. »Um deiner besten Freundin Ruby Gesellschaft zu leisten?«

»Ha!« Sie bellt das Lachen heraus. »Oh, Sekunde – war das ernst gemeint?«

Ich zucke mit den Schultern. »Wenn ich es schaffe!«, verkünde ich überschwänglich, nur um schnell hinzuzufügen: »Was, wenn wir ehrlich sind, keineswegs garantiert ist.«

»Seit wann begeistere ich mich *auch nur ansatzweise* für Sportveranstaltungen irgendeiner Art?«

»Seit nie«, räume ich ein. April in diese Geschichte hineinziehen zu wollen, ist eindeutig aussichtslos.

»Und überhaupt: Du brauchst keine Gesellschaft! Du hast doch jetzt Ollie Cowan!«

Bei der Erwähnung seines Namens wird mir ein wenig flau im Magen. »Scheint so …« Ich überlege kurz. »Erinnerst du dich *wirklich* an nichts Spannendes über ihn von damals bei den Pfadfindern? Ich versuche bloß, so viele Infos wie möglich zu sammeln, um eine solide Entscheidungsgrundlage dafür zu haben, ob er als Crush eine gute Wahl ist oder nicht.«

Nun ist es an April, mit den Schultern zu zucken. »Er war eher ruhig und zurückhaltend, aber … schon nett. Also, kein so ätzend übertrieben *männlicher* Junge, weißt du?«

Damit lässt sich nicht allzu viel anfangen. Ich schätze, ich werde es einfach selbst herausbekommen müssen. Aber jedes Mal, wenn ich anfange, mir auszumalen, wie ich Ollie näher kennenlerne, verlässt mich sofort der Mut und macht Platz für Verlegenheit und Scham – und die Sorge, dass er mir niemals so würde helfen wollen, wie wir es jetzt vorhaben, wenn er wüsste, ich finde ihn süß.

»Wie oft lauft ihr dann ab sofort zusammen?«, fragt April, sobald wir ganz oben auf dem Perry Rise stehen. Geplauder und das Klirren von Gläsern schweben zu uns herüber aus dem Pub samt Biergarten an der Ecke des Gässchens, das hinunter zu Aprils Haus führt. Auf dem Dach prangt ein riesiger Cowboystiefel, aus Gründen, die niemand so wirklich durchschaut. Ich meine, wir sind hier im Südosten Londons, nicht im Wilden Westen.

»Keine Ahnung! Darüber habe ich mir ehrlich gesagt noch keinerlei Gedanken gemacht …«

»Das ist ja schon ein *immenses* Projekt – nichts für ungut, aber ihr fangt schließlich … na ja, bei null an.«

»Wie kannst du es wagen?! Ich bin quasi Profisportlerin!«, empöre ich mich scherzhaft und knuffe sie in den Arm. »Aber im Ernst: Jaaa, ich weiß auch nicht. Der Lauf ist in rund sechs Wochen, von daher muss ich mich wohl, so schrecklich die Vorstellung ist, ein bisschen ins Zeug legen.«

»Ich glaube an dich!«, verkündet April untypisch fröhlich und umarmt mich vor ihrer Haustür zum Abschied. »Berichte, wie es läuft! Aber, ähm … übernimm dich nicht! Ich fürchte, wenn ich noch eine Nachricht über irgendeine Kotzattacke von dir kriege, sehe ich mich gezwungen, dich mit körperlicher Gewalt davon abzuhalten, diese Aktion weiter zu verfolgen.«

»Du glaubst wirklich, ich schaffe das?«, frage ich. Dass ich nicht noch mal kotze, will ich doch schwer hoffen.

»Ich glaube, dass du eine wunderschöne und starke Amazone bist und alles schaffen kannst, was du dir in den Kopf setzt.«

»Ich weiß deinen Optimismus zu schätzen.«

Den restlichen Heimweg lege ich allein zurück. Mag sein, dass ich, was das Equipment anbelangt, nun gerüstet bin – aber bin ich auch mental bereit?

Kapitel 10

Als ich daheim ankomme, sitzt Mum im Wohnzimmer auf dem Teppich, inmitten eines Meers aus Fotos. Oh-oh, das sieht nicht gut aus.

»Was hast du vor?«, frage ich und lasse die Einkaufstüte auf die Treppenstufen plumpsen.

»Ich habe nach dem pinkfarbenen Schleifenband gesucht, um die Schachteln mit den Bestellungen zu verzieren. Ich war mir sicher, dass es in einer der Boxen im Wohnzimmer ist, aber stattdessen habe ich diese niedlichen Bilder von uns gefunden, als wir alle zusammen in Disneyland waren … Ich dachte, ich könnte eins davon eurem Dad schicken. Ich wette, er hat überhaupt keine richtigen Fotoabzüge von euch.«

Ich nehme ein Bild von dem Stapel neben ihr. Jake, Sasha und ich in Disneyland Paris. Wir waren in erster Linie für Sasha dort, Jake und ich waren definitiv schon zu alt, hatten aber trotzdem einen Riesenspaß. »Puh! Zwölf war eindeutig *keine* niedliche Phase meines Lebens«, stelle ich fest und schüttele mich angesichts meiner viel zu dünnen Augenbrauen. Wieso habe ich überhaupt daran herumgepfuscht?! Ein Glück, dass sie inzwischen vernünftig nachgewachsen sind.

»Ach Quatsch! Du warst schon immer eine ganz Süße«, sagt sie und reicht mir ein Foto, auf dem Jake und ich auf einem windgepeitschten britischen Strand stehen, sechs und vier Jahre alt, ehe es Sasha auch nur gab. Zugegeben, darauf bin ich wirklich extrem niedlich.

Fwump, fwump, fwump tönt es aus dem ersten Stock. Jake ist auf dem Weg zu uns.

»Verdammt noch mal«, brüllt er von der Treppe, »willst du mich umbringen, indem du deinen Kram hier auf die Stufen schmeißt, sodass man darüberfällt?« Ich höre, wie er der Tüte mit meinen blitzblanken neuen Laufschuhen und dem hart erkämpften Sport-BH einen Tritt versetzt.

»Hast du keine Augen im Kopf?«, kontere ich ebenso hitzig, als er ins Zimmer platzt.

»Darum geht es nicht. Und was macht ihr hier überhaupt?« Er hockt sich auf die Armlehne des Sofas neben mir. Natürlich nicht *auf* das Sofa – jeder soll schließlich merken, wie beschäftigt und wichtig er ist, indem er eben nur auf der *Armlehne* sitzt.

»Wir schauen Fotos durch«, antworte ich und recke ihm das Bild hin, das Mum gerade mir gegeben hat. »Und stellen ein paar für Dad zusammen.« Die Vorstellung, dass Dad Fotos von uns braucht, weil er uns nicht mehr jeden Tag zu Gesicht bekommt, ist absolut bizarr und schrecklich, und ich bezweifle, dass ich mich jemals daran gewöhnen werde.

»Meine Güte«, schnaubt Jake und wirft das Disneyland-Foto wieder zu Mum auf den Boden. »Schick ihm bloß nicht *das*. Guck nur, wie fett ich war. Ekelhaft.«

Ach ja, habe ich das schon erwähnt? Der Grund, aus dem Jake meint, sich so arschig über meinen Körper auslassen zu können, ist, dass er früher selbst dick war. Leute, die früher selbst dick waren, sind oftmals viel gefährlichere Instanzen als diejenigen, die immer schon dünn sind. Auf Jake trifft das jedenfalls *einhundertprozentig* zu. Er hat es geschafft –

wieso dann nicht ich?! Vielleicht, weil ich gar keine Lust dazu habe, du Honk? Vielleicht, weil ich nicht der Meinung bin, dass Schlanksein das Nonplusultra ist? Jemals daran gedacht, hmm? Nein, das hat er natürlich nicht.

Ich seufze. »Du siehst ganz normal aus.«

»Klar, dass du das sagst«, meint er abfällig und springt wieder auf die Füße.

»Ich sage es, weil es stimmt. Kannst du dir vorstellen, wie sehr ich mich beherrschen muss, um dir nicht an den Kopf zu werfen, dass du mittlerweile abgrundtief beschissen ausschaust?«, fauche ich ihn an, bevor er es aus dem Raum geschafft hat.

»Das reicht, ihr zwei«, fleht Mum so entnervt, dass wir wirklich den Mund halten.

Die Sache ist die: Jake und ich haben eindeutig ein vollkommen unterschiedliches Körpergefühl. Was an sich kein Problem ist. Ich begreife bloß nicht, weshalb er beschlossen hat, dass seine Sichtweise die einzig richtige ist! Er soll mich doch einfach mein Leben leben lassen!

Während Mum weiter im Wohnzimmer Fotos sortiert, schleppe ich mich zusammen mit der Einkaufstüte nach oben. Dort werfe ich mich auf mein Bett und lese noch mal die erste Hälfte von Alison Bechdels *Fun Home*, weil mein Schädel so knallvoll ist, dass er brummt und mich nervt. In solchen Fällen brauche ich immer etwas Vertrautes, Tröstendes, das mir nicht sonderlich viel Konzentration abverlangt. Ganz ehrlich: Alles, was ich mir wünsche, ist, von Jake in Ruhe gelassen zu werden. Dass er mich in Ruhe dick sein lässt. Ich kann getrost darauf verzichten, mir an jedem einzelnen Tag meines Lebens anhören zu müssen, wie minderwertig mein Körper ist und wie haushoch er mir inzwischen überlegen. Wie kann jemand, der durch die Welt spaziert und dabei alle anderen wegen ihres Aussehens niedermacht, überlegen sein, hmm? Das würde ich gern verstehen! Zum Glück bin ich mental so stark wie ein Ochse (*mit dazu passendem Körperbau, hohö,* höhnt Jake in meinem Kopf) und darum in der Lage, trotz dieses ganzen Mists einfach weiterzuackern.

Um fünf vor halb sechs schlüpfe ich in meinen neuen Sport-BH, ein T-Shirt, Leggings, Socken und die neuen Laufschuhe. Ich betrachte mich im Spiegel. Meine Nervosität steigt, und mir ist nur zu bewusst, wie weit ich mich gleich aus meiner Komfortzone wage. Aber das ist kein Grund, jetzt zu kneifen.

Sieht so eine Läuferin aus? Ja, verdammt noch mal! Genau so!

Kapitel 11

Du bist pünktlich!«, stellt Ollie lächelnd fest, als ich aus der Haustür trete. Er trägt wieder diese extrem kurzen Shorts.

»Natürlich! Wir haben etwas Wichtiges vor!« *Starr nicht auf seine Oberschenkel. Starr nicht auf seine Oberschenkel. Starr nicht auf seine Oberschenkel.*

Sein Blick fällt auf meine Schuhe. »Die sehen schon *um Welten* besser aus.«

»Oh, gut. Ich war mir nicht sicher, welche ich kaufen sollte, aber … ähm, die waren günstig, von daher …«

»Nicht übel für den Anfang – und falls du merkst, dass dir das Laufen Spaß macht, kannst du später ja immer noch upgraden.«

»Diese ganze Aktion ist einzig und allein Mittel zum Zweck«, mache ich deutlich, während wir nebeneinanderher bis ans Ende der Straße gehen, wo die Fußgängerbrücke über die Schienen führt. »Ich tue das für den Dawson Dash. Als Racheakt. Punkt, aus, Ende.«

Er wirft mir einen neugierigen Blick zu, nickt aber bloß. »Okay, kapiert. Mittel zum Zweck.«

»Also …«, fange ich an. »Wo gehen wir hin? Und wieso laufen wir nicht?«

»Wir gehen in den Park. Und wir laufen nicht, weil … wir uns gerade erst einmal aufwärmen.«

»Oh, ach ja, logisch. Man kann ja nicht einfach gleich durch die Gegend rennen.«

»Nein, ganz genau«, erwidert er und lächelt gutmütig. »Niemand verlangt von dir, dass du schon im Spurt aus deiner Haustür platzt, bevor deine Beine überhaupt wissen, was los ist.« Wir steigen die Stufen zur Brücke hinauf. Huh, ich bin jetzt schon ein bisschen außer Atem. Das fängt ja großartig an!

»Alles klar.« Vielleicht war das gleich mein erster Fehler am Kotzabend.

»Tja … Der Dawson Dash, ja?«, meint er.

Langsam tappe ich die Treppe auf der anderen Seite der Eisenbahnbrücke wieder hinunter – sie ist so steil, dass ich hier jedes Mal Sorge habe, mein vorzeitiges Ende zu finden.

»Jep. Ich muss ihn gewinnen.«

Er bleibt wie angewurzelt stehen, direkt vor mir, und schaut mich über die Schulter hinweg an. »Gewinnen?«

»Mhmm«, mache ich lässig.

»Okay«, sagt er. »Damit ist die Herausforderung größer, als ich angenommen hatte, aber ich bin dabei.«

Ich hüpfe die letzte Stufe hinunter. »Man soll sich große Ziele setzen!«

»Man *muss* sich große Ziele setzen«, bekräftigt er, und als er schon wieder lächelt, drückt sich ein kleines Grübchen in jede seiner Wangen und ich würde am liebsten schreien.

Der Mayow Park ist noch voller Familien und kleiner Sportvereine und Jogger, als wir ankommen. Jogger – ich schätze, das sind wir jetzt auch gleich! Wer hätte das je gedacht?

»So«, verkündet Ollie und blickt von seinem Handy auf. »Bereit?«

Ich schlucke nervös. Jetzt wird es ernst! »Jep … Ich bin bereit.«

»Dann los!«

Oh! Er rennt allen Ernstes einfach davon! *Dann los* war wörtlich gemeint! Na, ich spute mich besser …

Ich jogge ihm hinterher und realisiere, dass er eigentlich gar nicht so schnell unterwegs ist. Das ist machbar! Fast erscheint es mir, wenn ich das sagen darf … ein bisschen langsam?

»Stopp!«, verlangt er, als sein Handy-Timer zu piepen anfängt, und drosselt sein Tempo.

»Was – jetzt?«, frage ich beinahe entrüstet. Es wurde gerade erst ein winziges bisschen anstrengend!

»Ja, jetzt!«

Ich werde ebenfalls langsamer, bis ich neben ihm hergehe. Ein riesiger Berner Sennenhund trabt an uns vorbei, seine baumstammdicken Beine trommeln den Pfad entlang.

»Wir gehen ein Stück«, erklärt Ollie und stellt erneut die Stoppuhr.

»Okay …«, mache ich.

»Und das Ganze insgesamt sechs Mal hintereinander.«

»Oha«, murmele ich, froh, dass er offenbar so was wie einen Plan hat.

Im Gehen überlege ich, ob es in Ordnung ist, wenn ich mich mit ihm unterhalte – oder ist das hier eine rein geschäftliche Angelegenheit? »Also …«, wage ich schließlich einen Vorstoß, »welche Fächer hast du gewählt an der Dawson?«

»Ähm, Mathe –« Der Alarm plärrt los. »Loslaufen!«

Und prompt nimmt er wieder die Beine in die Hand und ist auf und davon. Wenn ich einfach nur wieder das Gleiche tun muss wie gerade eben, dann: prima. Ich renne ihm nach, bis die Zeit abgelaufen ist und wir wieder in Schritttempo fallen.

»Wovon hatten wir es gerade?«, fragt er. »Ach ja. Ich habe Mathe, Chemie und Geografie gewählt. Und Kunst für ein bisschen Abwechslung.«

»Meine beste Freundin April ist ein totaler Mathenerd. Halte mal Ausschau nach ihr – die spindeldürre kleine Goth.«

»Gut zu wissen. Du machst aber kein Mathe, oder?«

»Auf keinen Fall. Ganz definitiv *nicht* mein Ding.«

»Und was *ist* dein Ding?«

»Mein zukünftiges Ding ist Geschichte, Politik, Spanisch und Englisch.«

»Klingt gut.« Er nickt beifällig. Vielleicht liegt es daran, dass wir diese ganz grundlegende Basis aus ferner Vergangenheit haben – dass wir uns schon einmal gekannt haben: Er hat eine so ungezwungene Art an sich. Keine Ahnung, was ich erwartet habe. Eventuell, dass er … grober ist? Gemeiner? Ich weiß es nicht. Vermutlich ist mein Gehirn einfach zermürbt von all den anderen schrecklichen Typen in der Schule. Meine Erwartungen an süße Jungs sind unterirdisch!

Das Piepen seines Handys unterbricht uns. »Auf geht's!«

Diesmal ist es ein wenig anstrengender. Mein anfänglicher Überschwang, dieses Gefühl, ich hätte noch lange über den Timer hinaus weiterrennen können, fühlt sich am Ende dieser Einheit an wie eine entfernte Erinnerung. Meine Lunge platzt fast, und als Ollie das Kommando zum Abbremsen gibt, atme ich viel zu schnell und brauche einen Moment, um meine Puste zurückzugewinnen.

»Es wird schwerer, was?«, meint er. »Wie gesagt: Ich habe einen Plan!«

»Ich merke es …«, sage ich, peinlich berührt davon, wie wenig vonnöten war, um mich zum Schnaufen zu bringen.

Er versteht den Wink und fängt diesmal nicht wieder zu plaudern an, sondern gibt mir Zeit, um zu Atem zu kommen.

Das ist nett von ihm. Allerdings bin ich noch längst nicht so weit, als es zur nächsten Runde bimmelt. Das wird ja immer brutaler! Und beim ersten Intervall dachte ich noch, ich schlage mich großartig!

Am Ende der letzten Runde bin auch ich absolut am Ende. Meine Waden brennen und ich kann kaum noch reden. Aber es ist vollbracht.

Ollie klopft mir auf die Schulter. »Du hast es geschafft! Du hast deinen ersten Lauf hinter dich gebracht!«

»Das zählt aber nicht richtig, oder?«

»Wieso sollte es nicht zählen?«

»Wir waren ja vor allem im Schritttempo unterwegs …«, hechele ich erledigt.

»Das zählt trotzdem!«

»Wenn du darauf bestehst …«

Auf unserem Weg aus dem Park nach Hause werfe ich einen Blick auf mein Handy. Es ist erst kurz nach sechs! Wenn man den Hinweg abzieht, können wir nicht mehr als zwanzig Minuten im Park gewesen sein! Ich bin davon ausgegangen, dass er verstanden hat, wie knapp unsere Zeit für Operation Super Champ bemessen ist! Wobei: Viel mehr als das, was wir gemacht haben, hätte ich heute sowieso nicht geschafft. Das ist kein so gutes Zeichen für besagte Operation Super Champ, oder?

Gerade will ich den Mund aufmachen, um dieses Dilemma anzusprechen, als Ollie meint: »Der Mayow Park ist super, aber lass uns ein bisschen Abwechslung hineinbringen. Es ist nicht optimal, ständig nur dieselbe Route zu laufen.«

»Abwechslung ist die Würze des Lebens«, entgegne ich und wackele vielsagend mit den Augenbrauen, obwohl ich mir gar nicht wirklich sicher bin, was das ausdrücken soll.

Außerdem sehe ich gerade bestimmt aus wie eine Tomate mit Augenbrauen.

»Ganz meine Meinung. Boah, diese Stufen sind Mord«, stöhnt er, als wir wieder die Eisenbahnbrücke erreichen.

»Ich dachte immer, fitten Leuten fällt das gar nicht auf«, erwidere ich, fest überzeugt, dass ich bis in alle Ewigkeit *nicht* zu diesem Kreis zählen werde.

»Ha! Du bist witzig«, sagt er.

So war das eigentlich nicht gemeint.

»Also: Bist du – du weißt schon …« Ich setze das Wort mit den Fingern in Anführungszeichen: *»Sportlich?«*

Wieder lächelt er. »Ich schätze schon, oder? An meiner alten Schule war ich im Rugbyteam, und Hockey habe ich auch gespielt. Und ich laufe gern.«

»Tja, dass du gern läufst, freut mich, denn sonst müsste ich ja ein schlechtes Gewissen haben, dass ich dich nötige, mich bei meiner kleinen Mission zu unterstützen.«

»Laufen gehen würde ich ohnehin. So läuft mein Training jetzt bloß ein bisschen anders als gewöhnlich.« Er zuckt mit den Schultern, als wäre das keine große Sache, wo ich ihn doch offenkundig von seiner bewährten Trainingsroutine abhalte.

»Na … Ich weiß es jedenfalls sehr zu schätzen.«

»Bedank dich nicht zu früh! Wir fangen ja gerade erst an.«

Aus dem Augenwinkel erhasche ich, wie mein Handydisplay aufleuchtet. Ein Anruf von Dad. Ein paar Sekunden lang starre ich einfach nur auf den Screen. Ich rufe ihn später zurück. Oder soll ich jetzt rangehen und ihm sagen, dass ich ihn später zurückrufe? Ach was, ich rufe ihn einfach später zurück. Allerdings fühlt es sich immer noch so komisch an, mit ihm zu reden, dass ich mir nicht sicher bin, ob ich ihn später tatsächlich zurückrufen *will*. Und da geht mir auf, dass ich schon viel zu lange einfach nur schweige und Ollie eine Reaktion erwartet.

»Nein, nein«, beteure ich eilig. »Ich ziehe das durch. Ich muss. Allein schon aus Prinzip.«

»Aus *Prinzip*, hmm?«

»Jep! Was soll ich sagen – ich bin ein sehr prinzipientreues Mädel!« Wo kam das denn jetzt her?

»Tja.« Wir stehen wieder vor meinem Haus. »Übermut tut selten gut, von daher machen wir morgen Pause – aber würde dir übermorgen passen?«

Ich überlege kurz. »Ja, das klappt«, antworte ich.

»Dann bis dann. Gleiche Zeit, selber Ort.«

»Dann bis dann!«, echoe ich und schiebe den Schlüssel ins Schlüsselloch. »Und danke!«

Zu meinem bemitleidenswerten Pech kommt auf der anderen Seite der Tür gerade Jake die Treppe herunter. Mit einem Blick erfasst er mein krebsrotes Gesicht, das verschwitzte Haar und die Leggings.

»Ach du meine Scheiße!«, prustet er. »Ohne Scherz? Du machst das echt?« Er sieht buchstäblich fassungslos aus.

»Mhmm«, knurre ich. »Darauf kannst du Gift nehmen.«

»Was?«, ruft Mum aus dem Wohnzimmer.

»Nichts!«, brülle ich zurück.

»Ruby war laufen!«, ruft Jake ihr zu.

»Oh!«, kommt ihre verblüffte Antwort.

Ich gehe zu ihr hinein. »Jake war wie so oft ein Arsch, also habe ich mal wieder überreagiert und ihm verkündet, ich könnte den Dawson Dash gewinnen, wenn ich es nur wollte. Dafür trainiere ich jetzt.«

»Gute Idee«, sagt Mum. Jake schlurft hinter mir ins Zimmer.

»Da kommt mir gerade ein Gedanke«, verkünde ich. »Falls ich gewinne – kriege ich dann dein Zimmer?«

Jake lacht. »Äh, klar – mein Zimmer und die nächste Auszahlung meines Studienkredits noch dazu.«

Ich strecke ihm die Hand hin.

»Das war ernst gemeint?«, fragt er.

»Todernst. Und von deiner Seite?«

Er runzelt die Stirn. »Meinetwegen.« Damit packt er meine Hand, als wäre sie eine Walnuss und er ein Nussknacker, dreht sich dann um und stapft in die Küche. Kriegt man so brutale Handschläge in Oxford beigebracht?

Mum seufzt. Sie ist es schon lange gewohnt, als Schiedsrichterin zwischen Jake und mir fungieren zu müssen. »Solange ihr beiden das unter euch klärt, mische ich mich da nicht ein.«

Als ich nach dem Duschen auf meinem Bett sitze, den Föhn tief in meinem dichten Haar vergraben, dröhnt nur ein Gedanke in Dauerschleife durch meinen Kopf: *Ich muss Dad zurückrufen.* Aber ich tue es nicht. Nicht vor dem Abendessen. Auch nicht danach. Ebenso wenig vor dem Zubettgehen. Morgen früh, sage ich mir. Nicht wahr?

Kapitel 12

Letztlich rufe ich ihn überhaupt nicht zurück, schicke ihm aber eine Textnachricht. Ihn anzurufen, fühlt sich einfach zu komisch an. Dass ich ihm erzählen muss, wie mein Tag war, weil er nicht hier ist, um ihn mitzuerleben. Schräg. Maximal schräg. Texten kommt mir immerhin ein bisschen normaler vor, wobei mir klar ist, dass ich es nicht mehr allzu lange aufschieben kann, richtig mit ihm zu reden. Seine Nachrichten klingen fröhlich – meine allerdings vermutlich auch. Das Laufen erwähne ich nicht. Na ja, ich war ja auch erst ein einziges Mal, insofern gibt es nicht viel zu berichten. Was ich eigentlich wohl eher meine: Ich erwähne nicht, dass ich beim Dawson Dash mitmache. Das erscheint mir zu verfänglich – vielleicht, da ich nicht näher darauf eingehen möchte, *warum* ich mitmache. (Nämlich weil Jake ein Arsch ist und es mir nicht zutraut, und weil ich Sasha demonstrieren möchte, dass sie sich nicht von anderen Leuten in ihrem Glauben an sich selbst einschränken zu lassen braucht.) Diese Gründe fühlen sich intim an.

Zwei Tage nach meinem ersten Training mit Ollie schnüre ich wieder die Laufschuhe. Als ich abends vor die Tür trete, rechne ich halb damit, dass Ollie nicht da ist. Doch er steht schon bereit, in seinen blauen Mikroshorts und einem T-Shirt mit Loch im Saum.

»Du bist wieder da!«, sagt er.

»Das Gleiche habe ich gerade auch von dir gedacht«, erwidere ich lächelnd.

»Wieso sollte ich nicht da sein?«

»Weil es langweilig für dich ist«, seufze ich.

»Quatsch – das ist eine spaßige Challenge. So was habe ich noch nie gemacht!«

»Wozu auch? Die meisten Leute kriegen das mit dem Laufen ja quasi einfach … selbst hin. Ohne auf fremde Hilfe angewiesen zu sein.«

Er schüttelt den Kopf. »Ach, jeder ist doch anders. Und manchmal ist es gut, um Hilfe zu bitten.«

Nicht nach meinem Empfinden, aber das verrate ich ihm nicht.

Wir gehen los, diesmal in die andere Richtung, und Ollie hat offenbar ein Ziel im Sinn.

»Wohin heute?«, frage ich.

»In den Wells Park«, antwortet er, und sofort packt mich die Angst.

»Ich sage es ja nur ungern«, fange ich an, »aber der Wells Park ist auf einem Hügel.«

»Jaaa – und?«, meint er und wirft mir aus dem Augenwinkel einen Blick zu.

»Sehe ich aus, als könnte ich einen Hügel hochrennen?«

»Du siehst aus, als könntest du alles tun, was du dir in den Kopf setzt, aber da wir sowieso nur kurze Laufintervalle machen, rennen wir einfach hangabwärts und gehen dann in der Erholungsphase die Steigung wieder nach oben«, sagt er schulterzuckend.

»Okay, das klingt gut. Oder zumindest etwas besser.«

»Wunderbar! Du sollst das Ganze nämlich nicht schrecklich finden, weißt du?«

»Wie meinst du das?«

»Also … Das ist alles vollkommen freiwillig, von daher … Wenn du es wirklich so schlimm findest, dann musst du es nicht machen, okay?«

Ich spüre, wie ich rot werde, und komme mir ein bisschen dumm vor. »Klar, weiß ich. Aber das Gleiche gilt auch für dich.«

Er hebt abwehrend die Hände. »Mir macht es Spaß! Aber wenn dir jedes Mal schon davor graut, ehe wir überhaupt loslegen, dann …«

Ich räuspere mich entschieden. »Nein, alles gut. Mir graut nicht davor. Ich freue mich darauf, es noch mal zu probieren.« Das ist gelogen, doch er gibt sich damit zufrieden.

Als wir den Wells Park erreichen, spielen in einer Ecke zwei Typen Tischtennis an einer der öffentlichen Platten. Wieso kann der Dawson Dash anstelle eines Fünfkilometerlaufs nicht lieber ein Tischtennisturnier sein? Das wäre ein Sport, für den ich mich begeistern könnte. Wir gehen bis ganz nach oben und traben schließlich los.

»Auf geht's!«, ruft er, und ich jogge direkt hinter ihm her. Er hält Wort: Wir laufen bergab. »Stopp!«

Ich falle in Schritttempo. »Das war nicht besonders lange«, sage ich, ebenso überrascht wie dankbar.

»Genauso lange wie vorgestern«, entgegnet er und bedeutet mir, dass wir umdrehen und wieder nach oben stapfen.

»Oh …« Ich schätze, ich bin davon ausgegangen, dass wir uns steigern würden, statt noch mal das Gleiche zu wiederholen.

»Das ist unsere Erfolgsstrategie! Wiederholungen, bis es dir leicht genug fällt, um die nächste Schwierigkeitsstufe in Angriff zu nehmen.«

»Kapiert«, sage ich.

Wir sind kaum wieder oben angekommen, da ist es schon Zeit, erneut zu rennen, und auch diesmal fühlt es sich fast *zu* leicht an.

Ollie spürt es ebenfalls. »Okay, genug bergab gelaufen.« Er deutet hügelaufwärts. »Es gibt einen Weg mitten durch den Park, den nehmen wir. Eine Art Kompromiss.«

Ich seufze theatralisch. »Von mir aus.«

Und ja, auf ebener Strecke ist das Laufen ein bisschen anstrengender als bergab, aber am Ende unserer Trainingseinheit stelle ich verblüfft fest, dass ich nicht *ganz* so heftig schnaufe wie beim ersten Mal. Oha! Vielleicht weiß er tatsächlich, was er da tut!

»Wie fühlst du dich – gut?«, fragt er, als wir nach der letzten schnellen Runde wieder langsamer werden.

»Relativ«, sage ich. Ich komme mir blöd vor ihm gegenüber, so außer Form, wie ich bin. Er schwitzt nicht mal bei dem, was wir hier treiben! Unvorstellbar, dass ich diesen Zustand jemals auch erreiche – dass ich laufe, als wäre es das Natürlichste der Welt und nicht etwas, wovor mein Körper panisch zurückschreckt.

»Du solltest Wasser mitnehmen«, rät er. »Dein Körper braucht Flüssigkeit. Wie jeder Körper! Außerdem haben deine Hände dann beim Laufen etwas zu tun.«

»Darüber hatte ich sowieso schon gegrübelt«, antworte ich. »Es hat sich irgendwie übertrieben angefühlt, meine Arme … keine Ahnung, so entschlossen mitzuschwingen wie die Läufer bei den Olympischen Spielen oder so. Aber gar nichts damit anzustellen, sieht vermutlich auch seltsam aus.«

»Mir gefällt die Kombination von Wasser in einer Hand und dem Handy in der anderen. Aber du brauchst nicht unbedingt dein Handy, Wasser tut es auch.«

»Alles klar.« Er hat recht. Ich will hier nicht einschrumpeln wie eine Traube in der Sonne. Meine Haut soll gut hydriert und elastisch bleiben wie ein reifer Pfirsich. Und für meine inneren Organe ist Wasser vermutlich auch nicht verkehrt.

Wir verlassen den Park und gehen hügelabwärts in Richtung Hauptstraße, quer durch die Sozialsiedlung zu beiden Seiten der Straße.

»Ruby!«, höre ich jemanden rufen, und noch ehe ich mich umschaue, weiß ich schon: Es ist Jessica.

»Hey!« Ich winke.

Sie lehnt sich über die Mauer des Laubengangs vor ihrer Wohnung im ersten Stock, in der Hand ein blaues Eis am Stiel.

»Was treibst du?«, ruft sie.

»Ich laufe, was sonst?«, brülle ich zurück.

»Was sonst?! Wer ist dein Freund?«

»Das ist Ollie«, antworte ich und werde rot, obwohl das in Anbetracht meines bereits vor Anstrengung geröteten und verschwitzten Gesichts wohl niemand bemerken dürfte.

»Hi, Ollie!« Sie winkt ihm.

Er späht mit zusammengekniffenen Augen zu ihr hinauf und winkt zurück.

»Also, ich schreibe dir dann später«, rufe ich.

»Das will ich hoffen«, kommt es von ihr zurück.

Wir setzen unseren Heimweg fort, aber Jessica zu treffen, während ich mit Ollie unterwegs war, hat meine innere Unsicherheit wieder angestachelt. *Ach ja, so sieht noch mal ein hübsches Mädchen aus.* Und: *Ach je, wie peinlich, in jemanden verknallt zu sein, der mich freiwillig kein zweites Mal anschauen würde.*

»Eine Freundin von dir?«, unterbricht er lächelnd meine Gedanken.

»Eine meiner besten Freundinnen: Jessica.« Und wahrscheinlich ein Mädchen wie aus Ollies Träumen. Hübsch, cool.

Und, ganz wichtig: schlank. Erpicht auf einen Themawechsel sage ich eilig: »Kommen welche von deinen Freunden mit an die Dawson?«

Er räuspert sich und lässt den Blick die Straße entlangschweifen, als müsste er sich enorm konzentrieren. »Ähm, nein, ich glaube nicht.«

Es muss komisch sein, an eine so große und chaotische Schule wie die Dawson zu wechseln. Ich bin dort, seit ich elf war, und entsprechend daran gewöhnt, aber für alle, die erst in der Oberstufe dazustoßen, ist es sicher nicht leicht.

»Na, du wirst schon am ersten Tag genügend Leute kennenlernen, mach dir also deswegen keine Sorgen.«

Zu Hause dusche ich direkt, und bis ich fertig bin, glüht unser Gruppenchat bereits.

Jessica: Ruby hat 'nen Kerl und
keinem was verraten.

Salma: Nee, echt jetzt? Wen?

Jessica: Rotlöckchen. Groß und schlank.

Salma: Kenn ich nicht.

April: Ollie Cowan, Sandkastenliebe. Aber
ziemlich sicher nicht ihr Kerl … Noch nicht.

Jessica: Wieso? Was läuft hier?

April: Dawson Dash, oder?

Salma: Ach ja! Klar!

Jessica: Krass! Also sind wir jetzt Konkurrentinnen, Ruby?

Salma: Läufst du auch mit, April? Oder nicht? Ich kann mich nicht entscheiden.

April: Definitiv nicht, aber mach du ruhig.

Ruby: HALLO, HIER BIN ICH! Nein, er ist nicht mein Kerl. Ja, ich laufe mit beim Dawson Dash. Bitte nagelt mich darauf fest und lasst mich nicht kneifen – ich muss das machen, um meinem arschigen Bruder mal zu zeigen, wo der Hammer hängt.

Salma: Deinem durchtrainierten Bruder.

Ruby: Bäh.

Jessica: Wieso bäh – sie hat doch recht?!

Ruby: Bäh.

Während ich Klamotten fürs Abendessen heraussuche, sehe ich wieder Sasha neulich auf dem Sofa vor mir, als sie mich gefragt hat, ob ihre Arme »zu schwabbelig« seien. Ich ziehe entschlossen ein weißes Tanktop aus dem Schrank und schlüpfe hinein. Ich hadere durchaus auch mit meinem Selbstbewusstsein, aber trotzdem will ich so viel wie nur möglich für ihres tun.

Kapitel 13

Ich wage zu behaupten: Nachdem wir unsere immer gleiche kleine Routine zum dritten Mal durchgespielt haben, spüre ich, dass ich Fortschritte mache. Nicht so große, wie ich gern hätte, aber ganz ehrlich: Meine Ansprüche sind so hoch, dass ich idealerweise gern jetzt – nach einer Woche Training – in der Lage wäre, das Rennen zu laufen. Trotzdem: Fortschritte sind Fortschritte. Fällt es mir leicht? Nein. Aber fühle ich mich nach der dritten Einheit anders als nach der ersten? Ja.

Beinahe bin ich ein wenig traurig, dass das Wochenende mir zwei freie Tage hintereinander beschert, aber im Nu ist wieder Montag.

»Crystal Palace Park heute, okay?«, fragt Ollie, als wir abends vor unserer jeweiligen Haustür stehen.

»Vollkommen okay«, erwidere ich. »Dann kann ich mal eine der Joggerinnen sein, denen ich sonst immer zuschaue, wenn ich dort auf Rollen unterwegs bin und mir denke: *Wie machen sie das nur? Und vor allem … wieso?*«

Er lacht. »Du fährst Skateboard? Cool!«

»Nein, ich bin Teil einer kleinen Rollschuh-Gang, zusammen mit meinen drei besten Freundinnen. April, die Goth aus deinem zukünftigen Mathekurs, dann Jessica, die du neulich kennengelernt hast, und meine Freundin Salma. Sie ist unfassbar gut in Naturwissenschaften, aber gleichzeitig auch ein Make-up-Genie. Ach ja, und begnadet, was Videos angeht. Ihre Überblendungen sind der Wahnsinn. Hey, da fällt mir auf: Crystal Palace hat ja auch wieder eine Million Hügel!«, rufe ich, als ich mit einem Mal sein Spiel durchschaue.

»Ich suche uns einen hübsch flachen Bereich aus.«

»Versprochen?«, frage ich.

»Versprochen«, entgegnet er mit einem Augenrollen.

»Tut mir leid! Ich habe einfach gewisse Bedürfnisse!«

»Schon klar«, erwidert er lächelnd.

Ich frage mich, wie es wohl wäre, wenn wir auf dieselbe Grundschule und dann gemeinsam auf die Dawson gegangen wären und einander die ganze Zeit über gekannt hätten. Ich frage mich, ob wir dann heute befreundet wären. Ich frage mich, ob ich unter diesen Voraussetzungen auch auf ihn stehen würde – oder ob unsere Freundschaft solche Gefühle verhindert hätte. Wer weiß, vielleicht wären wir ja nicht mal befreundet?

»Hey«, sage ich, fest entschlossen, die Gelegenheit zu nutzen, da der Weg zum Crystal Palace Park ein bisschen länger ist. »Wie kommt es eigentlich, dass ihr umgezogen seid? Und dass du für die Oberstufe auf die Dawson wechselst?«

Er seufzt. Und schluckt. »Na ja«, druckst er, »das hängt alles miteinander zusammen.«

»Ach?«

»Also, meine Eltern hatten dieses Restaurant. Ich weiß nicht, ob du dich aus Kindergartenzeiten überhaupt noch an meine Mum erinnerst, aber sie ist Italienerin, und sie hat gemeinsam mit meinem Dad ein italienisches Restaurant geführt. In Crystal Palace. Zanetti's hieß es – nach ihrem Mädchennamen. Jedenfalls war es total beliebt, total erfolgreich, hat uns jede Menge Geld eingebracht und alles.«

»Jaaa«, sage ich nickend. Ich ahne, dass gleich eine unschöne Wendung kommt.

»Deshalb haben sie ein zweites Restaurant in Dulwich eröffnet. Und das war sozusagen der Anfang vom Ende. Das erste Restaurant ist super gelaufen, weil meine Eltern auf alles ein Auge haben konnten, alles im Griff hatten, selbst Qualitätskontrollen durchgeführt haben und solchen Kram. Dass sie dann ihre Aufmerksamkeit auf zwei Restaurants aufteilen mussten, war einfach zu viel, und dann kam noch so eine Geschichte mit ihrem Steuerberater dazu, die alles noch schlimmer gemacht hat, und plötzlich sind gefühlt auf einen Schlag die Besucher ausgeblieben, weil die Qualität auf einmal zu wünschen übrig ließ, *und* da war nun dieser gigantische Steuerbescheid, der bezahlt werden wollte.« Er zuckt mit den Schultern. »Das war's dann. Beide Restaurants dicht.«

Ich will ihn nicht unterbrechen, kann aber nicht mehr an mich halten: »Das tut mir leid.«

»Und von daher … Ich war, wie du ja weißt, auf der St Alfred's«, fährt er fort und schielt aus dem Augenwinkel zu mir herüber.

»Schick«, kommentiere ich. St Alfred's ist ohne Zweifel die nobelste Schule weit und breit.

»Ach, das ist sowieso alles ein Haufen Mist …«, schnaubt er verbittert. »Ich habe dort also die Unterstufe und die Mittelstufe gemacht, aber natürlich war dann, als die Restaurants zugemacht haben, sozusagen … kein Geld mehr da, jedenfalls nicht genug für die Oberstufe. Für mich persönlich kein großer Verlust. Aber meine Eltern hatten quasi ihr komplettes Vermögen eingesetzt, um den Laden am Laufen zu halten und die Angestellten weiter zu beschäftigen, sogar noch, als schon klar war, dass es einfach nichts wird. Beinahe so, als hätten sie ihren Traum einfach nicht aufgeben können.«

Ich bin gelinde überrascht davon, wie mitteilsam er ist. Und frage mich insgeheim, ob er normalerweise vielleicht gar niemanden hat, bei dem er all diese Gedanken loswerden kann.

»Deshalb also wechselst du an die Dawson.«

»Jep«, bestätigt er. »Und umziehen mussten wir, weil meine Eltern … Tja, im Wesentlichen waren sie gezwungen, das Haus zu verkaufen, um ihre Schulden zu tilgen.«

Mir fällt wieder ein, wie voreingenommen sein Dad im Hinblick auf unsere Gegend war, als Mum die Brownies nach nebenan gebracht hat. »Wo habt ihr vorher gewohnt?«

»Dulwich«, antwortet er mit einem Seufzer.

»Und wieder kann ich nur sagen: *schick*.« Ich lächele.

»Wenn es einem gefällt.«

»Dir hat es nicht gefallen?«

Er schüttelt den Kopf. »Ich hatte nie wirklich das Gefühl, dorthin zu passen. Mir kam es eher so vor, als würden sich meine Eltern die ganze Zeit nur krampfhaft bemühen, dazuzugehören, zu erreichen, was alle anderen hatten, statt einfach, keine Ahnung, glücklich zu sein? Normal zu sein? Sie haben immer versucht, mehr zu tun, mehr zu bekommen – und was hat es ihnen am Ende gebracht?« Seine Miene verdüstert sich. Ich spüre, dass er nicht weiter darüber reden mag.

»Danke für das Update«, sage ich. »Jetzt weiß ich wenigstens, was bei dir so los war, seit wir uns aus den Augen verloren haben.«

Er nickt. Den restlichen Weg zum Park legen wir schweigend zurück, und ich bereue ein wenig, gefragt zu haben. Aber wie hätte ich ahnen sollen, dass alles so kompliziert ist?

»Also dann«, sagt er, sobald wir unser Ziel erreicht haben. »Legen wir los.« Beinahe so, als wollte er es möglichst schnell hinter sich bringen. Mir schwant, dass ich irgendwie die Stimmung vergiftet habe.

»Jep. Was steht diese Woche an?«

»Das Gleiche wie letzte Woche, nur mit etwas längeren Intervallen.«

»Alles klar«, antworte ich. »Ich denke, das schaffe ich.«

Wann geht es endlich ans Eingemachte? Tja, vermutlich, wenn ich bereit bin.

Was Ollie tatsächlich gemeint hat mit *etwas längeren Intervallen*, ist: Wir rennen doppelt so lang. Und ja, in meinem Fall sind das nun gerade einmal zwei Minuten statt einer, doch die Verdopplung erweist sich bereits als echte Herausforderung. Vielleicht sollte ich nicht *ganz so sehr* darauf drängen, dass wir uns möglichst flott steigern.

»Endspurt!«, ruft er über die Schulter, als ich durch meine letzte schnelle Einheit des Tages stolpere.

»Ich … versuch's …«, japse ich und bin insgeheim dankbar dafür, dass er normalerweise davon absieht, sich beim Rennen mit mir zu unterhalten. Das hier sind – und ich kann es gar nicht genug betonen – die bisher längsten zwei Minuten meines Lebens. Meine Lunge fühlt sich an, als wolle sie jeden Moment kollabieren. Wie schaffen es andere Leute, noch länger am Stück zu laufen?

»Stopp!«, verkündet Ollie und dreht sich mit einem triumphierenden Lächeln zu mir um. »Jetzt weißt du, dass du es draufhast! Und du brauchst nichts weiter zu tun, als das Ganze am Mittwoch zu wiederholen!«

»Und am Freitag?«, frage ich und schnappe zwischen den Wörtern noch immer nach Luft.

»Am Freitag probieren wir *drei* Minuten.«

Ich nicke entschlossen. »Ich treffe hier und jetzt die bewusste Entscheidung, an mich zu glauben.«

»Eine verdammt gute Entscheidung.« Er stößt mich grinsend mit dem Ellenbogen in die Seite, was mir offen gestanden keine Begeisterungsstürme entlockt. Aber immerhin habe ich mit meiner aufdringlichen Neugier auf dem Weg hierher eventuell doch nicht endgültig alles verdorben.

»Tut mir leid, dass ich vorhin so, na ja, übergriffige Fragen gestellt habe«, entschuldige ich mich auf dem Heimweg.

»Schon in Ordnung«, erwidert er und zuckt mit den breiten Schultern, auf seine ganz typische Art, die mir inzwischen vertraut ist. »Dieser Kram hat in den letzten Jahren einen so großen Teil meines Lebens ausgemacht, dass es wahrscheinlich ziemlich unmöglich wäre, nicht irgendwann darauf zu sprechen zu kommen. Er hat Einfluss auf einfach alles genommen.« Er schluckt.

»Alles?«, hake ich nach.

»*Gefühlt* alles«, murmelt er.

Ich frage mich, ob ich genauso offen mit ihm über Sachen wie zum Beispiel die Trennung meiner Eltern reden könnte. Wobei Dads Auszug wirklich noch sehr frisch ist und ich nicht einmal weiß, was ich überhaupt dazu sagen soll, geschweige denn zu jemand anders.

»Deshalb habe ich so verstohlen nach dem Kuchen-Service deiner Mum gefragt.«

»Ach ja«, fällt es mir wieder ein und ich runzele die Stirn.

»Das möchte ich nämlich machen. Oder vielmehr: Das *mache* ich, ich bin schon dabei. Ich backe unheimlich gern, erfinde neue Rezepte, probiere herum und verfeinere sie, bis alles passt und am Ende der perfekteste, köstlichste Kuchen oder Cookie oder Blondie dabei herauskommt – oder was auch immer ich mir ausgedacht habe.«

»Oha!«, entfährt es mir. Ich bin ein bisschen baff, obwohl es dafür eigentlich keinen Grund gibt. Schließlich kenne ich Ollie gar nicht wirklich.

»Aber meine Eltern sind so *traumatisiert* von der ganzen Geschichte, dass ihnen vor nichts mehr graut als davor, dass ich in dieselbe Branche gehen könnte. Sie haben es mir praktisch verboten. Weil ich gut in Mathe bin, haben sie beschlossen, dass die logische Konsequenz daraus eine Karriere in der *Finanzwirtschaft* ist.« Er verzieht angewidert die Lippen.

»Wie können sie dir etwas *verbieten*, das du so gern tust?«

»Na ja, sie haben es nicht wortwörtlich verboten, aber wann immer ich erwähne, dass ich gern eine Ausbildung in der Gastronomie machen oder Konditor werden oder – ihr allergrößter Albtraum – einfach mein eigenes Ding aufziehen möchte, dann … tun sie das einfach mit einem Lachen ab, als könnte ich so was ja unmöglich ernst meinen. Ich teste immer neue Sachen, zur Übung und um auszuloten, was mir am meisten Spaß macht, was ich am besten kann – allerdings muss ich jedes Mal schwindeln und irgendeinen Anlass dafür vorschützen. Ich behaupte dann, irgendjemand hätte Geburtstag oder ich hätte angeboten, für einen Kuchenverkauf zu backen oder so, verstehst du?«, fragt er und schirmt die Augen gegen die Sonne ab, als er mich ansieht. »Und am Ende gebe ich das Zeug dann irgendwelchen Obdachlosen, nachdem ich es probiert habe, aus lauter Ratlosigkeit, was ich sonst damit anstellen soll!«

»Das ist süß von dir«, erwidere ich lächelnd.

»Ich bin es einfach leid, meinen Eltern etwas vorzugaukeln, nur um den Familienfrieden zu wahren … Bloß fühlt es sich im Moment nach dem allerschlechtesten Zeitpunkt an, um ihnen begreiflich zu machen, dass ich mir genau das für meine Zukunft wünsche.«

Ich komme mir vor, als wäre ein Schmetterling auf meiner Hand gelandet, den ich keinesfalls erschrecken will, damit er nicht wegfliegt. Ich möchte alles über Ollie wissen, aber auch nicht *zu* interessiert wirken. »Glauben sie, dass sie dich …

keine Ahnung, beschützen, indem sie dir das auszureden versuchen?«

»Vermutlich …«, sinniert er. »Aber in Wirklichkeit hemmen sie mich nur. Mir wird es nicht genauso ergehen wie ihnen – und selbst wenn: Es ist meine eigene Entscheidung!«

»Und sie meinen, du solltest stattdessen irgendwas mit Finanzen machen?«

»Bevor sie das Restaurant gegründet haben, war mein Dad in der Geldwirtschaft, demnach drängt er jetzt natürlich darauf, nach dem Motto *Oh ja, das ist immer eine gute Idee, mach das, geh an die Uni, schreib dich für BWL ein,* und wenn ich darauf antworte, dass ich überhaupt nicht an die Uni *will* … Das können sie absolut nicht begreifen. Aber egal.« Mit einem Mal scheint ihm peinlich zu sein, wie viel er mir erzählt hat. »Ich bin es nicht gewohnt, so lang und breit über mich selbst zu reden. Und wie man merkt, weiß ich nicht, wann ich besser aufhören sollte.«

»Nein, nein«, sage ich schnell, denn – klar! – was könnte irgendjemand (konkreter: ich) interessanter finden, als mehr über den eigenen Crush (konkreter: Ollie) zu erfahren? »Das ist wirklich total in Ordnung. Reden tut gut.« Und dann kommt mir noch ein Gedanke: »Hey … Du wolltest dich doch mit meiner Mum über ihr Unternehmen unterhalten, oder?«

»Jaaa«, sagt er mit eifrigem Blick.

»Hast du ein Fahrrad?«

»Ein Fahrrad? Ein ganz normales Fahrrad, meinst du?«

Ich nicke.

»Habe ich. Es ist schon ein bisschen abgenutzt, aber ich hole es immer mal wieder am Wochenende heraus. Wieso?«

»Tja, aus Gründen, die wir jetzt nicht näher beleuchten müssen, hat meine Mum kürzlich ihren Auslieferer für die Bestellungen hier im Umkreis verloren, und ich vermute ganz stark, dass es sie immens entlasten würde, jemand Vertrauenswürdiges zu haben, der – zum Beispiel mit dem Fahrrad – die Runde machen und in Sydenham, Forest Hill, Dulwich, Crystal Palace und so ihre Kreationen ausliefern könnte.«

»Da wäre ich auf alle Fälle dabei!«

»Ich wette, sie würde dich auch anständig dafür bezahlen«, sage ich und denke dabei an meine 30 Pfund vorige Woche, für die ich wirklich nicht viel schuften musste. »Ich meine, ich kann dir keine Garantie geben oder so, aber ich könnte mir vorstellen, dass das eine riesige Erleichterung für sie wäre, und von daher würde ich es ihr gegenüber einfach mal nebenbei erwähnen – falls das für dich okay ist?«

»Unbedingt!« Er wirkt aufrichtig begeistert.

»So hättest du eine Möglichkeit, ein bisschen Geld zu verdienen, und außerdem einen guten Vorwand, um sie mit allen möglichen Fragen zu löchern. Und du wärst ihr wirklich eine große Hilfe.«

»Ihre Brownies waren der Hammer. Ich dachte, ich habe für den Rest meines Lebens genug Brownies gesehen – ich meine, selbst backe ich schon ewig keine mehr. Aber ihre waren einfach perfekt«, schwärmt er andächtig.

»Also dann: Ich frage sie direkt, wenn ich heimkomme, ja? Sie hat so einen kleinen Anhänger, den du dir ans Rad hängen könntest. Da würde sie dann einfach ihre Kuchenschachteln hineinstellen.«

»Klingt super. Nur eine Sache – erzähl bitte meinen Eltern nichts davon. Es macht mir das Leben leichter, sie einfach in dem Glauben zu lassen, ich habe mit dieser ganzen Idee – dem Backen, der Konditorlehre und allem – abgeschlossen. Wenn sie wüssten, dass ich auf diese Weise versuche, zu lernen, wie man ein eigenes Unternehmen aufbaut …«

»Kapiert«, erwidere ich nickend.

Ich möchte ihm helfen! Er hilft mir so viel, dass ich das Gefühl habe, ich sollte mich revanchieren.

»Mum!«, rufe ich, als ich durch die Tür trete und sie triumphierend hinter mir zuschlage.

»Was?«, kommt ihre Stimme aus der Küche. »Und knall die Tür nicht so! Ich schwitze sowieso schon Blut und Wasser bei diesem Topping. Eine falsche Bewegung und ich habe ein gewaltiges Problem.«

»Tut mir leid«, murmele ich kleinlaut und schiebe mich in die Küche, wo sie mit akribischer Sorgfalt eine Reihe Cupcakes für eine Kindergeburtstagsparty mit Wirbeln aus rosa Frosting krönt. »Aber ich habe all deine Probleme gelöst. Oder zumindest eins.«

Sie legt die Spritztüte ab und blickt mich erwartungsvoll an. »Ich höre?«

»Du kennst doch Ollie von nebenan?«

»Deinen neuen alten besten Freund«, meint sie lächelnd. »Ja, ich weiß, wen du meinst.«

»Okay, also: Er will unbedingt backen. Im Sinne von: *beruflich*. Er brennt so richtig dafür und möchte sich nach dem Schulabschluss damit wirklich etwas aufbauen.«

»Ich kann im Moment keinen Lehrling gebrauchen, Roo!«, sagt sie mit erschrocken aufgerissenen Augen, als hätte ich ihn eingeladen, täglich acht Stunden bei uns neben ihr in der Küche zu stehen.

»Nein, darum geht es nicht«, wiegele ich ab. »Er ist ohnehin viel draußen und fährt gern Rad und hat auch ein eigenes – daher dachte ich, vielleicht könnte er deine Auslieferungstouren hier im Umkreis übernehmen.«

Sie schaut einen Moment lang nachdenklich. »Wow … Na, das würde *tatsächlich* einen Teil meiner Probleme lösen …«

»Siehst du? So nutzlos bin ich also doch nicht! Und du könntest ihn auch ein bisschen dafür bezahlen, oder?«

»Ja, natürlich. Ich werde nicht irgendeinen Jungen, den ich kaum kenne, stundenlang ohne jeden Lohn für mich durch den Südosten Londons strampeln lassen, einzig und allein zugunsten seiner körperlichen Fitness.«

»Und vielleicht könntest du ihm auch das eine oder andere erzählen – zum Beispiel über dieses Hygienezertifikat von der Behörde und wie man mit einem Marktstand anfängt und solchen Kram?«

»Sehr gern!«, sagt sie. »Meinst du, er hätte dieses Wochenende Zeit, mich zu unterstützen? Diese Cupcakes muss ich selbst zu der Geburtstagsfeier fahren, und das bringt meine ursprüngliche Planung ziemlich durcheinander.«

»Keine Ahnung, aber ich kann ihn fragen«, biete ich schulterzuckend an. »Bin ich dein Lieblingskind?«

»Hier und jetzt in diesem Raum bist du mein Lieblingskind«, antwortet sie und ihre Augen werden schmal.

»Hey!«, ruft Sasha aus dem Wohnzimmer und tappt in die Küche. »Und jetzt?«

Mum wirft ergeben die Hände in die Luft. »Tja, jetzt bin ich in der Zwickmühle!«

»Alles klar bei dir, Sash?«, frage ich.

Sie nickt, und ihre runden Wangen hüpfen dabei auf und ab wie süße kleine Äpfelchen. »Ich habe gerade mit Dad telefoniert. Er sagt, du sollst ihn anrufen, wenn du Lust hast.«

Mum räuspert sich. »Das solltest du wirklich, Roo. Zoomt doch oder so, dann könnt ihr euch auch sehen.«

»Ja, ja, später«, wimmele ich sie ab.

»Er sagt, du hast ihn ewig nicht mehr angerufen«, merkt Sasha in leicht flehendem Tonfall an.

»Das weiß ich selbst«, gebe ich ein bisschen unwirsch zurück. Nur ein bisschen. Ich mag es nun mal nicht, so festgelegt zu werden!

»Warum nicht?«, fragt sie, weil sie keinerlei Gespür dafür hat, wann es reicht.

Mum äugt nur nervös zwischen uns hin und her.

»Darum! Einfach darum! Weil ich es immer noch absurd finde, ihn über mein Leben auf dem Laufenden halten zu müssen. Dass er einfach keinen blassen Schimmer hat, was ich treibe! Und weil ich nichts von *seinem* neuen Leben hören will! Wozu sollte ich ihn also anrufen?«

»Aber er ist unser Dad«, sagt Sasha und klingt an seiner Stelle so verletzt, dass mir fast die Tränen kommen.

»Ich weiß«, erwidere ich sanfter. »Ich rufe ihn an.«

In der Nacht weckt mich ein Weinen und Schniefen unter meinem Fenster. Diesmal brauche ich gar nicht erst das Gesicht an die Scheibe zu legen, um zu wissen, dass es von Mum stammt.

Kapitel 14

Als ich am nächsten Tag nach Hause komme – ganz platt und happy und hibbelig nach einer kleinen Rollschuh-Session im Park mit April und Salma und Jessica –, sitzt Ollie bei uns im Wohnzimmer. Er schaut hoch und begrüßt mich mit seinem einzigartigen Lächeln. Wie es sich anfühlt, im eigenen Zuhause überrumpelt zu werden? Von dem süßesten Jungen, den ich kenne? Der eintausend Schmetterlinge in meinem Bauch auffliegen lässt? Ungeheuerlich.

»Hey, Ruby«, sagt er. »Vielen, vielen Dank, dass du das angeleiert hast!«

»Ich bin mir nicht so sicher, ob du ihr noch dankbar sein wirst, nachdem du die erste Tour gefahren bist«, meint Mum und schneidet eine Grimasse. »Falls du es wirklich furchtbar findest, sag es einfach, dann bezahle ich dich für diese Woche und wir reden nie wieder darüber.«

»Nein, nein, ich verspreche, dass ich meinen Job gut machen werde«, beteuert er eifrig.

»Schon kurios: Ich dachte, ich habe gar keine Erinnerungen an dich als kleinen Jungen, aber jetzt, wo du hier bist, kommt alles wieder hoch. Du warst so ein *wohlerzogenes* Kind – du weißt schon, nie raffgierig, nie hast du gedrängelt oder geschubst. Sondern immer sehr ruhig und geduldig gewartet, bis du dran warst. Was es noch ulkiger macht, dass ihr zwei ständig miteinander spielen wolltet, Ruby und du!«

»Soll das heißen, dass ich raffgierig war?«

Sie wirft mir bloß einen vielsagenden Blick zu und verschränkt die Arme vor der Brust. »Jedenfalls: Ollie, fühlst du dich gerüstet für deinen Auftrag?«

Er nickt. »Jep. Ich habe alle Adressen im Handy gespeichert, sortiert nach Wohngebiet. Und meine Route ausgearbeitet. Der Anhänger ist schon ans Fahrrad gekoppelt. Was soll da noch schiefgehen?«

»Sag so was nicht. Das stresst mich extrem«, sagt Mum.

»Kein Stress mehr!«, verkünde ich und klatsche entschieden in die Hände. »Ollie packt das. Und alles, was du im Gegenzug dafür tun musst, ist, ihm Geld zu geben und ihn in deine Geschäftsgeheimnisse einzuweihen.«

»Wenn mir so mehr Zeit bleibt, um meine Aufträge zu erfüllen, bin ich absolut einverstanden.«

Ich helfe den beiden dabei, die Schachteln in den Anhänger zu stapeln, in der umgekehrten Reihenfolge, wie Ollie sie ausliefern will, und winke ihm dann nach, als er davonfährt.

»Netter Junge«, meint Mum, nachdem er um die Ecke auf die Hauptstraße abgebogen ist.

»Jep«, sage ich ausdruckslos. Man muss es mit der Begeisterung ja nicht übertreiben.

Sie späht aus dem Augenwinkel zu mir herüber. »Ach, so ist das, hmm?«

»Wie ist was?«

»Nichts, nichts …« Sie grinst.

»Grrmph!«

»Ollie hat uns Schoko-Orangen-Brownies mit einem Topping aus geriebener Orangenschale mitgebracht und wollte wissen, was ich davon halte.«

»Netter Junge«, murmele ich leise.

Wir gehen wieder rein und ich rufe Sasha und ihrer Freundin Ellie, die in Sashas Zimmer spielen, zu, dass sie jetzt wieder ins Wohnzimmer dürfen – was ich auf der Stelle bereue, denn kaum dass sie die Treppe heruntergepoltert sind, schalten sie sofort einen Musiksender ein. Ich habe es mir in der Zwischenzeit in einem Sessel gemütlich gemacht und lese zum ungefähr eintausendsten Mal *Ghost World*. Die beiden breiten sich auf dem Sofa aus und Ellies feines braunes Haar ergießt sich über die Rückenlehne. Ich ziehe die Knie an und lasse mich von der Geräuschkulisse der Videos einlullen. Meine Oberschenkelmuskeln brennen immer noch vom Rollschuhlaufen. Meine Augen schweifen über die Panels von *Ghost World* – meine absolute Wohlfühllektüre –, und obwohl ich jede Szene, jede Figur in- und auswendig kenne, lenkt mich der Fernseher ab.

Letztlich gebe ich das Lesen auf und öffne Instagram in der vagen Absicht, durch irgendwelche Urlaubsfotos von Leuten aus meinem Jahrgang zu scrollen, doch in meiner Inbox wartet eine Nachricht auf mich.

Hey, sorry, falls das creepy klingt, aber ich habe dich neulich im Park laufen sehen und wollte nur sagen, dass du total rockst!

Als ich das kleine Icon genauer ins Visier nehme, wird mir klar: Die Absenderin ist Liv, das andere dicke Mädchen. Oha! Na, das ist mal eine Überraschung! Ich lese die Nachricht ein zweites Mal. Der Gedanke, dass Leute, die ich kenne, Zeugen meiner unvorteilhaftesten Momente werden, gefällt mir nicht besonders, aber … das ist irgendwie cool von ihr, oder? Bestärkung und Motivation durchströmen mich beim Anblick ihrer Worte, und ich beschließe, dass genau jetzt der richtige

Zeitpunkt ist, um mich mit einem anderen Pummelchen zu verbünden.

Ihr Ja kommt prompt, und wir verabreden uns für die kommende Woche in einem Café in Forest Hill. Ich habe bisher keine dicken Freundinnen! Und vielleicht fehlt mir genau das! Es sei denn, sie entpuppt sich als gigantische Bitch – so was fehlt mir ganz sicher nicht. Ich behalte mir das Urteil noch vor.

Ich schiebe das Handy zurück in die Tasche meiner Shorts. Mum taucht in der Tür zur Küche auf. »Ich habe noch Reste von der großen Bestellung, die ich gestern fertig gemacht habe. Wer möchte einen Cupcake?«

»Ich!«, rufen Sasha und ich wie aus einem Mund.

»Ellie?«, fragt Mum.

Ellies Augen kleben am Bildschirm. »Nein danke. Meine Mum sagt, Cupcakes machen dick.«

Schlagartig ist die Atmosphäre im Raum so angespannt, dass die Luft fast knistert. Ich vermeide es, Sasha anzuschauen. Und Mum würde ich lieber auch nicht ansehen.

»Oh«, sagt sie. »Tja, es gibt Schlimmeres.«

Ellie zuckt bloß mit den Schultern.

»Dann also keinen Cupcake?«

Ellie schüttelt den Kopf. Als Mum sich wieder zur Küche dreht, um Sasha und mir je einen zu holen, höre ich Sasha sagen: »Ich will auch keinen.«

»Aber gerade wolltest du doch einen?«, meint Mum. Ihre Stimme klingt gepresst, leicht panisch.

»Das war ein *Witz*«, grummelt Sasha, verdreht die Augen und schielt Zustimmung heischend zu Ellie, die das alles kaum zu interessieren scheint.

»Sicher?«

»Sicher«, bekräftigt Sasha.

Während ich meinen kleinen Cupcake mit rosa Frosting

esse, muss ich mit aller Macht die Tränen zurückhalten. Ich verspüre sogar ein heißes, schamvolles Kribbeln, weil ich nicht ebenfalls abgelehnt habe. Es ist doch bloß ein Cupcake! Wie kann es sein, dass Sasha sich jetzt schon mit so einem Mist herumschlagen muss? Wieso wissen diese Kids derart früh über alles Bescheid? Ich schicke ein stummes Dankgebet ans Universum – dafür, dass es mir eine Mum geschenkt hat, die unsere jungen, formbaren Gehirne nie mit solchem Gedankengut bestückt hat – und versuche, einfach … meinen Cupcake zu genießen. Wenn das nicht ihr Daseinszweck wäre, wieso sollten Cupcakes dann so köstlich sein? Das muss mir bitte mal jemand erklären!

Immer wieder spähe ich verstohlen zu Sasha und frage mich, was sie wohl gerade denkt. Ich kann mir nicht länger vormachen, dass ihr das alles nicht zusetzt. Und wenn ich ehrlich bin: Ich war auch mal in ihrer Position, obwohl sich das inzwischen sehr lange her anfühlt. Dahin, wo ich heute bin, hat mich die knallharte Entscheidung gebracht, dass mir dieser Kram *brutalst* den Buckel hinunterrutschen kann. Es hat mich immense Anstrengungen gekostet, standhaft zu bleiben und nicht zuzulassen, dass diese nagenden Stimmen in meinen Kopf einsickern und in mein Verhalten und meine Ausdrucksweise. Aber ich war entschlossen. Ich wollte herausfinden, ob es nicht noch eine andere Herangehensweise an das Leben gibt, eine andere Denkweise und Sicht auf meinen Körper und Körper im Allgemeinen. Und genau das wünsche ich mir so sehr auch für Sasha.

»Okay, euch beiden noch viel Spaß«, sage ich zu Sasha und Ellie und rufe dann in die Küche: »Mum, ich gehe zu Salma!«

»Alles klar – bist du zum Tee wieder da?«

»Ja, ich schreibe dir, wenn ich mich auf den Heimweg mache«, antworte ich und stecke meinen Schlüssel ein.

Kapitel 15

April und Jessica sind schon da, als ich zwanzig Minuten später bei Salma eintrudele. April salutiert zur Begrüßung lässig. Jessica lümmelt auf Salmas Bett, hängt kopfüber von der Matratze, sodass ihre geflochtenen Zöpfe sich über den Boden ringeln wie blaue Schlangen.

»Hey, du«, sagt sie und setzt sich auf.

Salma, die mir die Tür geöffnet hat, klemmt nun ihr Handy in das Stativ auf ihrem Schreibtisch. »Seid ihr bereit?«

»So was von bereit«, verkündet Jessica und zappelt vor Aufregung mit den Schultern.

Salma dreht ein Video für ihre Instagram-Reels, in dem sie ein komplettes Aquarell-Augen-Make-up an Jessica demonstriert. Jetzt platziert sie Jessica auf ihrem Schreibtischstuhl mit dem Gesicht zum Fenster, durch das herrliches Sonnenlicht fällt.

»Wir sind so aber nicht im Hintergrund zu sehen, oder?«, fragt April und blickt sich verstohlen um.

»Nicht, wenn ihr am Kopfende des Betts bleibt«, sagt Salma.

»Wir rollen uns hier ein wie Kätzchen, sodass wir nicht stören«, versichere ich ihr.

»Dürfen wir reden?«, fragt April, die von der ganzen Aktion unverhohlen verstört wirkt.

»Ja! Das wird ein Zeitraffer-Video, also ohne Ton.«

»Puh!«, schnaufe ich.

Jessica lacht gutmütig. »Könnt ihr euch eine Ruby vorstellen, die länger als fünf Sekunden den Mund hält?«

»Das ist unfair: Ich denke, zehn Sekunden würde sie schaffen!«

April zwinkert mir zu.

»Boah! Ihr seid so was von fies!«, erwidere ich empört, obwohl sie durchaus recht haben.

Salma beugt sich über ihr Handy im Stativ, tippt auf einen Button und sagt: »So, Film läuft!« Dann legt sie Hand an Jessicas Gesicht.

»Jessica«, meint April, »gibt es schon Fortschritte bei dir und deinem Sommer-Crush?«

»Joshua?«, fragt Jessica zurück.

»Jaaa … Das heißt: Wieso, wie viele hast du denn?«, werfe ich ein.

»Ich habe nur Augen für ihn«, schwärmt sie, und ich sehe auf dem Handydisplay ihr breites Lächeln.

»Beweg dein Gesicht nicht so viel«, herrscht Salma sie ungeduldig an.

»Schon gut!« Jessica reißt sich zusammen und bewegt den Mund bei ihren nächsten Worten nur minimal: »Ich treffe mich morgen mit ihm im Park.«

»Ooooh! Ein Date!«, quietsche ich. »Ich freu mich für dich!«

»Und wie läuft es bei dir und dem Rotschopf?«, fragt Jessica mich und dreht sich zu mir und April, die wir beide im Schneidersitz auf dem Bett hocken. Salma gibt ihr mit dem Make-up-Pinsel einen Klaps auf den Kopf. »Ach herrje, sorry!«, ruft Jessica, in vollem Bewusstsein, dass sie in ihrer Modelrolle gerade alles andere als glänzt.

Salma wirft uns über die Schulter ebenfalls einen Blick zu,

pustet sich dabei eine glänzende schwarze Locke aus den Augen. »Ja, erzähl uns mehr über diese Geschichte, die du da am Start hast. Laufen, ein Kerl, der Dawson Dash – was hat es damit auf sich? In allen Einzelheiten, bitte.«

Ich seufze und frage mich insgeheim, wie dämlich das alles klingen wird, sobald ich es laut ausspreche. »Na ja, angefangen hat es damit, dass ich diese Diskussion mit meinem Bruder hatte –«

»Mit deinem durchtrainierten Bruder«, seufzt Salma.

Ich werde nie verstehen, was sie an ihm findet. »Bäh, nein, hör auf, das ist einfach widerlich!« Ich erschaudere. »Jedenfalls ging es um diesen verdammten ... Dawson Dash. Er hat so eine schwachsinnige Macho-Nummer abgezogen und im Grunde behauptet, ich könne nicht mitmachen, weil ich dick bin – und *natürlich* lasse ich das nicht einfach so stehen. Also habe ich beschlossen, mich anzumelden, was wiederum bedeutet, dass ich dafür trainieren muss.«

»Irgendwie realisiere ich erst jetzt voll und ganz, dass du dieses Jahr allen Ernstes beim Dawson Dash mitlaufen wirst. Du, Ruby Morgan, die regelmäßig zweimal im Monat ihre Tage hatte, wann immer in der Schule Sport auf dem Stundenplan stand?«

»Der menschliche Körper ist ein Mysterium«, tue ich schulterzuckend meine zahlreichen Flunkereien gegenüber sämtlichen Sportlehrern der Dawson High ab. »Und ... ja, genau, ich werde mitlaufen. Außerdem habe ich noch erklärt, ich könne gewinnen, was den Druck *minimal* erhöht ...«

»Ach du meine Güte«, prustet Salma und schüttelt den Kopf, während sie weiter Jessicas Gesicht bearbeitet. »Schon klar, wenn du das so sagst, klingt es irgendwie verrückt, aber ... ich kann mir wirklich vorstellen, dass du gewinnst!«

Unwillkürlich muss ich lächeln. »Bis zum Rennen ist es

nicht mehr lange hin, also versuche ich einfach, die Pobacken zusammenzukneifen, und bisher klappt es auch einigermaßen, denke ich.« Zumindest bin ich bislang nicht krepiert. Und noch mal gekotzt habe ich auch nicht.

»Und wie genau passt jetzt der Rotschopf in die Gleichung?«, will Jessica wissen.

»Ollie. Er heißt Ollie. Tja, wir sind uns bei meinem ersten Laufversuch begegnet und er hat gesagt, wenn ich Unterstützung brauche oder so, solle ich ihn fragen. Und … wenig verwunderlich *brauche* ich Unterstützung.«

»Und außerdem eine gute Ausrede, um mit einem süßen Typen abzuhängen«, meint Jessica und wackelt vielsagend mit den Augenbrauen, was ihr einen zweiten Klaps mit dem Make-up-Pinsel von Salma einträgt.

»Von wegen! Ich sehe abgrundtief beschissen aus beim Laufen, insofern ist das viel eher ein Worst-Case-Szenario: mit einem süßen Typen abzuhängen, *ausgerechnet und ausschließlich* dann, wenn man beschissen aussieht.«

»Glückwunsch. Da hast du dir selbst ins Knie geschossen«, stellt Jessica grinsend fest.

»Dass ich diese Wette gegen meinen Bruder gewinne, hat Priorität vor meinen romantischen Interessen. Eine ehrenwerte Einstellung, wie ich finde.«

»Und wie oft lauft ihr?«, fragt Salma und lässt dabei den bauschigen Lidschattenpinsel in einem enteneiblauen Pfännchen kreiseln, ehe sie ihn an ihrer Schreibtischkante abklopft, sodass eine kleine Glitzerwolke in die Luft pufft wie Feenstaub.

»Dreimal pro Woche«, sage ich. »Was vielleicht eindrucksvoll klingt, aber eigentlich *machen* wir noch gar nicht allzu viel.«

»Alles zu seiner Zeit«, sinniert April weise.

»Ich bin überzeugt, dass du das rockst«, sagt Jessica.

Ich seufze. »Ich hoffe es.«

»Wie sollte es anders sein, wenn du dreimal die Woche trainierst?«, fragt Salma. »Es ist immerhin noch … ein ganzer Monat bis zum Dawson Dash.«

Ich verrate ihr lieber nicht, dass ich noch immer kein einziges Mal länger als drei Minuten am Stück gerannt bin. Ich habe noch einen weiten Weg vor mir, ich weiß!

»Meinst du wirklich?«

»Ja, meine ich«, bekräftigt sie. »Man muss bloß trainieren. Und Zeit investieren. Und sich regelmäßig steigern. Du bist so entschlossen – auf gar keinen Fall wirst du da versagen.«

»Ich habe Sorge, dass es mich, keine Ahnung … körperlich überfordert. Im Sinne von: Im Kopf *weiß* ich, dass ich es schaffen kann. Aber da ist einfach diese … quasi instinktive Angst, dass ich buchstäblich nicht dazu in der Lage bin.«

»Du trainierst und wirst besser – mehr kannst du nicht tun. Schlicht und ergreifend. Das ist so wie bei mir mit dem Make-up«, meint sie und tritt schulterzuckend einen Schritt zurück, um ihr Werk – Jessicas Gesicht – zu begutachten.

»Jaaa, aber falls du dir dessen nicht bewusst sein solltest: Du hast *megaviel Talent*«, erkläre ich Salma.

Sie rollt bloß mit den Augen. »Glaubst du wirklich, ich war von Anfang an so gut? Nein! Du kennst mich ja erst seit … was, fünf Jahren?«

»Mag sein …«, murmele ich verlegen.

»So was« – sie gestikuliert zu Jessicas Augen-Make-up – »habe ich vor ein paar Jahren ganz bestimmt noch nicht gezaubert. Keine Chance, weil ich nämlich noch nicht genug Zeit investiert hatte. Ich bin ja nicht mit einer Ausnahmebegabung fürs Schminken auf die Welt gekommen.« Noch ein Schulterzucken. »Du könntest das theoretisch genauso. Ihr alle könntet das. Aber praktisch könnt ihr es nicht, weil ihr nicht *so* dafür brennt.«

»Wahrscheinlich …«

»Aber Laufen? Wenn du dich, was weiß ich, mental darauf eingestellt hast und jemand dich antreibt und du am Ball bleibst, dann sehe ich keinen Grund, wieso es nicht klappen sollte.«

»Jep«, pflichtet Jessica ihr bei. »Ganz meine Meinung!«

Ich werde rot, vor Stolz oder Glück oder etwas in der Art, obwohl ich ja noch gar nichts erreicht habe. Allein die Tatsache, dass sie es mir zutrauen, bedeutet mir wirklich viel. Ich meine, ich habe vor Jake große Töne gespuckt und behauptet, ich könnte das auf alle Fälle schaffen, ohne jeden Zweifel, aber … schwer ist es trotzdem! Echt, echt schwer!

Doch Salma hat recht. Alles nur eine Frage des Trainings. Oder?

Kapitel 16

Das ist viel zu einfach«, sagt Jessica und fährt rückwärts in großen Bogen wieder auf uns zu, während Salma, April und ich unsere Kreise rund um den Tennisplatz im Mayow Park ziehen. »So macht es doch keinen Spaß!«

»Weil Joshua nicht hier ist, meinst du?«, gibt April trocken zurück.

»Nicht *nur* seinetwegen«, erwidert Jessica.

Wir lassen uns gegen den grünen Maschendrahtzaun sinken, der den Tennisplatz von dem Weg abgrenzt, den ich mit Ollie entlanggejoggt bin.

Salma schirmt ihre Augen gegen die Sonne ab. »Hey, sind das da nicht deine Mum und Sasha?«, sagt sie mit Blick auf den Pfad, der auf der anderen Seite am Tennisplatz vorbeiführt. Ich komme wieder auf die Füße und gleite hinüber. Mum und Sasha schlendern durch den sonnigen Park: Mum im blumenbedruckten Sommerkleid und mit Sandalen, passend zum herrlichen Wetter, Sasha allerdings in Jeans und Hoodie.

»Mum!«, rufe ich ihr zu. »Wo wollt ihr denn hin?«

»Bloß ein paar Kleinigkeiten bei Lidl holen«, ruft sie zurück.

»Hey, Sash«, begrüße ich meine Schwester. »Bist du nicht viel zu warm angezogen?«

Mum stößt hörbar die Luft aus. »Frag nicht. Diese Unterhaltung haben wir schon geführt, und ich konnte es ihr nicht ausreden.«

»Mir ist nicht zu warm. Alles bestens«, grummelt Sasha, obwohl sie ganz offensichtlich schwitzt. Das gefällt mir alles überhaupt nicht.

»Na gut, tja, ich komme bald heim, um mich umzuziehen, weil ich dann … na ja, mit Ollie wieder hierherkomme, zum Laufen.«

»Okay!«, ruft Mum mir noch hinterher und winkt, als ich zurück zu den anderen dreien rolle, die inzwischen aus ihren Wasserflaschen trinken.

»Grrr!«, mache ich und setze mich zu ihnen. »Ich sorge mich um Sasha.«

»Wieso?«

»Ich habe den Eindruck, dass sie … keine Ahnung, viel zu sehr darauf fixiert ist, wie sie aussieht. Es kommt mir vor, als würde ihr Selbstbewusstsein immer weiter schrumpfen. Habt ihr gesehen, was sie anhat? Das ist doch irre. Einen Hoodie?!«

»Vielleicht hatte sie einfach Lust, einen Hoodie zu tragen«, erwidert Salma schulterzuckend. Am liebsten würde ich ihr entgegenschleudern: *Nein! Ich weiß noch genau, wie das war, wie ich mich gefühlt habe, bevor ich für mich ausgeknobelt habe, wie ich wirklich zu meinem Körper stehe, bevor ich begriffen habe, dass ich nicht gezwungen bin, zu glauben, er ist schlecht oder falsch! Ich erinnere mich glasklar an die Zeit, in der ich auf keinen Fall meine dicken Arme oder Oberschenkel zeigen wollte, sogar im Sommer lange Klamotten getragen und mich am Strand immer unter einem Handtuch versteckt habe! Ich kenne das alles nur zu gut!*

»Da bin ich mir nicht so sicher …«, sage ich stattdessen.

»Könntest du nicht mit ihr darüber reden?«, fragt April und rückt ihre Handgelenkschützer zurecht.

»Nicht wirklich … Keine Ahnung … Ich will es nicht noch schlimmer machen.«

Dass ich von diesem Trio keine hilfreichen Ratschläge erwarten kann, ist mehr als offenkundig – auch wenn sie meine besten Freundinnen sind. Das ist einfach etwas, das ich auf eigene Faust in Angriff nehmen muss.

Wir drehen weiter unsere Runden um den Tennisplatz, bis ein reizbar aussehender grauhaariger Mann verkündet, dass er den Platz für fünf Uhr gebucht hat – ob wir bitte verschwinden könnten? Da geht mir auf, dass ich nur noch eine halbe Stunde habe, um mich zu Hause umzuziehen und fertig zu machen für meinen Lauf mit Ollie.

In bewährter Ruby-Morgan-Effizienz schaffe ich es natürlich, stehe pünktlich um halb sechs wieder draußen vor der Tür und pushe mich mental für die heutige Einheit. Und alter Schwede, das ist auch bitter nötig.

Fünf Minuten. Es sind nur fünf Minuten. Das kriege ich hin. Nur fünf Minuten. Was sind schon fünf Minuten? Gar nichts. Ein Wimpernschlag, würde ich irgendetwas anderes tun als rennen. Allerdings: Ich renne! Oder besser: Ich werde rennen. Und jedes Mal, wenn ich daran denke, wie *extrem lang* fünf Minuten unter diesen Umständen sind, bricht wieder die Ungeheuerlichkeit dieser ganzen Unternehmung über mich herein, die sich da in – herrje, kaum mehr als vier Wochen – vor mir auftürmt. Denn wenn ich tatsächlich den Dawson Dash laufen will, wird das länger als fünf Minuten dauern. Aber ich kriege das schon hin. Ich muss es hinkriegen.

»Glaubst du wirklich, ich schaffe das?«, frage ich Ollie, als wir den Hang hinunter zum Mayow Park gehen.

»Ich glaube es nicht«, sagt er und macht eine bedeutungsvolle Pause. »Ich *weiß* es.« Und in seinen Worten liegt eine solche Überzeugung, dass ich es ihm tatsächlich abnehme: Er glaubt an mich! Was ziemlich hot ist von ihm. Ich wünschte, er wäre ein bisschen weniger hot. Mit ein bisschen weniger vollen Lippen und süßen Grübchen und sanften braunen Augen und tiefrotbraunem Haar. Von alldem ein bisschen weniger, bitte.

»Aber es ist so heiß heute«, stöhne ich. Ich schwitze fast schon, ehe wir überhaupt angefangen haben.

»Daran kann ich nicht viel ändern, Roo«, meint er, und dass er meinen Spitznamen gebraucht, fühlt sich innen drin ganz weich und wohlig an, und ich muss mit aller Mühe ein Lächeln unterdrücken.

»Da hast du wohl recht.«

»Okay, lass uns einfach loslegen«, schlägt er vor und stellt den Timer in seinem Handy. »Mach dir nicht zu viele Gedanken: Denk nicht daran, wie lange du rennen musst, sondern konzentrier dich einfach nur darauf, wie du dich im jeweiligen Augenblick gerade fühlst. Und ich könnte mir vorstellen, dass du dann feststellst, es ist weitaus machbarer als erwartet.«

Irgendwie habe ich daran so meine Zweifel.

»Auf geht's!«, kommandiert er mit dieser ansteckenden Begeisterung in der Stimme, und ehe ich mich's versehe, rennen wir. Langsam. Aber wir rennen.

E i n F u ß v o r d e n a n d e r e n E i n F u ß v o r d e n a n d e r e n E i n F u ß v o r d e n a n d e r e n E i n F u ß v o r d e n a n d e r e n E i n F u ß v o r d e n a n d e r e n

Tapp, tapp, tapp trommeln meine Füße auf den Weg, der um den Park führt. Ollie wirft immer mal wieder einen Blick über die Schulter, um sich zu vergewissern, dass ich noch lebe, und wird in regelmäßigen Abständen ein wenig langsamer, sodass wir nebeneinanderlaufen können. Ich wünschte wirklich, er würde sich nicht immer dann zu mir umdrehen, wenn ich besonders tomatenrot und kurzatmig bin.

Nach gefühlt längst fünf Minuten keuche ich: »Haben wir's fast geschafft?«

»Ich verrate dir gar nichts«, gibt er zurück, ohne jeden Anflug von Erschöpfung. Typisch Sportler. »Das spielt überhaupt keine Rolle. Lauf einfach weiter!«

Ich schnaube ungnädig, befolge aber seine Anweisung und jogge weiter. Meine Lunge fühlt sich an, als wolle sie mir jede Sekunde den Dienst versagen – vollkommen überarbeitet und kurz davor, einfach zu beschließen: *Nope, das war's!* Wie kann es sein, dass fünf Minuten noch immer nicht vorbei sind? Und das Ganze soll ich heute *noch zwei Mal* machen?

»Stopp!«, ruft Ollie und grinst breit. »Du hast es geschafft!«

»Ich … bin … geschafft …«, stoße ich hervor, bleibe prompt stehen und versuche vergeblich, wieder zu Atem zu kommen.

»Nicht stehen bleiben, weitergehen! Aktive Regeneration, schon vergessen?«, beschwört er mich mit großen, ermunternden Augen, wie ein Welpe, der um Futter bettelt.

»Uff! Was ist denn aus der *passiven* Regeneration geworden?«

»Die ist aus der Mode gekommen«, kontert er und nippt an seiner Wasserflasche, wobei mir einfällt, dass es vermutlich clever wäre, das Gleiche zu tun. Als ich den ersten Schluck nehme, beschließt mein Körper haargenau im selben Moment, in dem das Wasser meine Zunge berührt, dass er nun einatmen muss, und ich röchele und pruste erbärmlich. Am liebsten würde ich im Boden versinken.

Ollie schlägt mir auf den Rücken. »Alles okay?«

»Bestens«, japse ich, sobald meine Luftröhre wieder frei ist.

»Du versuchst doch hoffentlich nicht, dich vor den nächsten zwei Runden zu drücken?«

»Ich?«, frage ich. »Würde ich so was jemals tun?«

»Nie im Leben«, entgegnet er lächelnd. Wenn er nur endlich mit dem ständigen Lächeln aufhören würde.

Wir gehen stumm nebeneinanderher, gefühlt kaum ein paar Sekunden, und schon kündigt er die nächste Temporunde an. Das sollen zwei Minuten gewesen sein?

Ich bin nicht bereit! Noch weniger als vor der ersten Runde, weil ich jetzt weiß, dass fünf Minuten tatsächlich eine *Ewigkeit* sind. Ich trabe an, mit maximal schlechter innerer Einstellung. Doch entgegen aller Wahrscheinlichkeit ist es … gerade eben erträglich? Nicht gut, aber erträglich. Ich … kann das. Ich kann es. Ich tue es. Ich laufe! Sind die fünf Minuten schon um? Nein? Oh. Na, dann weiter.

»Stopp!«, ruft Ollie nach – was, dreißig Sekunden? Zehn Minuten? »Langsam austraben, und dann gehen wir bis zur nächsten Runde.«

»Das war … besser!«, stelle ich positiv überrascht fest.

»Ja, nicht wahr?! Nennt sich Fortschritt.«

»Davon habe ich schon mal gehört.«

»Du solltest inzwischen damit *rechnen*, von Mal zu Mal besser zu werden beim Laufen! Mir ist schleierhaft, wieso es dich so verblüfft, dass das, was wir hier machen – tja, wirklich funktioniert!«

Ich komme mir ein wenig dumm vor. Er hat ja recht! Ich tue das hier, um eines Tages (genauer: am 5. September) fünf Kilometer am Stück rennen zu können. Von daher ist es nur logisch, dass ich Schritt für Schritt diesem Ziel näher kommen muss. Ich schätze, ich habe mir einfach nie vorstellen können, dass mir, Ruby Morgan, das tatsächlich … gelingen könnte?

»Einmal rennen wir heute noch«, erinnert er mich.

»Das habe ich nicht vergessen«, versichere ich ihm.

»Trink einen Schluck und achte darauf, wieder ruhiger zu

atmen«, rät er, und ich laufe abermals rot an, denn er soll nicht merken, wie erschöpft ich schon bin. Ich bin mir zwar nicht sicher, wie ich das vor ihm verbergen wollte, aber irgendwie hatte ich diese hübsche kleine Vorstellung im Kopf, die jetzt verpufft. »Aber vorsichtig! Dieses Wasser kann dir zum Verhängnis werden!«

Ich gehorche und nippe nur ganz behutsam, sorgfältig darauf bedacht, nicht gleichzeitig einzuatmen. »Siehst du?«, sage ich, als ich diesmal nicht halb ersticke.

»Wie schon gesagt: Du machst Fortschritte!«, meint er grinsend. Wir haben fast das Café erreicht. »Bereit?«

»Schon immer«, verkünde ich mit einer Überzeugung, die nur halb gespielt ist.

Kaum dass ich mich zu meinem letzten langsamen fünfminütigen Trampellauf in Bewegung setze, muss ich an Liv denken – daran, dass sie mich neulich gesehen hat und wie verlegen es mich macht, wenn jemand mich laufen sieht. Ich hasse es, und ich hasse, dass ich es hasse! Ich sollte darüberstehen! Es sollte mir gleichgültig sein! Aber das ist es nicht! Ich bin immer noch unsicher!

Andererseits: Liv hat gesagt, ich rocke, was mir ziemlich gut gefällt. Ich hoffe bloß, das war ehrlich gemeint und sie hatte nicht vielmehr in Wirklichkeit den Eindruck, dass ich kurz vor einem Kollaps stand. Wie es wohl wird, wenn wir uns morgen treffen? Hoffentlich nicht komisch und peinlich.

»Stopp!«, ruft Ollie und überrumpelt mich damit völlig.

»Oh!«, mache ich. »Ich war irgendwie mit den Gedanken ganz woanders.« Nicht, dass ich nicht trotzdem außer Puste oder nass geschwitzt wäre oder mir nicht die Beine wehtäten. Aber all diese Tatsachen haben nicht während jeder einzelnen Sekunde der Einheit mein komplettes Gehirn in Beschlag genommen. Ich habe es geschafft, mich abzulenken.

»Siehst du? Schon wieder: Fortschritt.«

»Ich schätze, wenn ich jedes Mal nur ein winziges bisschen besser werde …«, überlege ich laut und versuche gleichzeitig, meine abgehackte Atmung wieder unter Kontrolle zu bringen.

»Ja-a-a?«

»Dann bin ich eines Tages … doch vermutlich … viel besser?«

»Exakt!«, bekräftigt er. »Ich habe dir doch gesagt, dass du das schaffst!«

»Vielleicht schaffe ich es wirklich, oder?«

Er schaut mich an, und aus seinen großen braunen Augen strahlt eine so intensive Warmherzigkeit, dass ich beinahe an Ort und Stelle zu einer Pfütze mitten auf dem Weg dahinschmelze. »Du schaffst es.« Für ein paar Sekunden legt er mir eine Hand in den Nacken, obwohl ich eindeutig verschwitzt bin. Wahrscheinlich einfach nur eine kumpelhafte Geste unter Läufern, aber es fühlt sich … intim an. Ich bin es nicht gewohnt, von ihm berührt zu werden.

Aargh! Ich wünschte, wir würden nicht ausgerechnet und ausschließlich immer dann Zeit miteinander verbringen, wenn ich am furchtbarsten ausschaue. Ist das ein klassisches Catch-22-Dilemma? Er sieht mich immer nur, wenn ich total abgewrackt ausschaue, aber wir treffen uns ja auch nur, um genau der Tätigkeit nachzugehen, bei der ich zum totalen Wrack mutiere. Ganz bestimmt hatte dieser Typ, der den Roman *Catch-22* geschrieben hat, genau das im Sinn: süße dicke Mädchen, die ihrem sexy Nachbarn näherkommen wollen.

»Mum war übrigens total begeistert von deinem Lieferbotentalent«, sage ich, während mein Atem langsam, langsam wieder ruhiger geht.

»Oh, echt?«

»Ja! Sie hat gesagt, du hast gar nicht viel länger gebraucht als

Dad früher, obwohl Dad alles mit dem Auto ausgefahren hat«, erwidere ich. »Wobei: Wahrscheinlich hat er die Zeit außer Haus für lange romantische Telefonate mit Madame Soundso genutzt.« Kaum ist der Satz aus meinem Mund, bereue ich ihn.

»Hmm?«, fragt Ollie behutsam.

Ich schlucke. Denke nach. Er hat sich mir gegenüber geöffnet, oder etwa nicht? Vielleicht würde es mich nicht umbringen, ebenfalls ehrlich mit ihm zu sein.

»Jaaa, das war eine größere Sache«, sage ich. Ich weiß noch immer nicht recht, wie ich darüber reden soll. Bisher habe ich kaum je auch nur April davon erzählt, sie weiß lediglich grob, was passiert ist, und mit Mum und Jake und Sasha brauche ich eigentlich nicht zu sprechen, denn Mum und Jake sind ja im Bilde und Sasha muss nicht mit allen Einzelheiten belastet werden. Aber ich bemühe mich, die richtigen Worte zu finden. »Irgend so eine Frau, die er online kennengelernt hat … und dann stellte sich eben die Frage, wieso er überhaupt versucht, online Frauen kennenzulernen. Ich meine, das passiert ja nicht einfach so, oder? Man muss es gewissermaßen darauf anlegen.«

Ollie nickt nachdenklich, als wolle er mich nicht unterbrechen.

»Jedenfalls lebt sie in Manchester. Und folglich lebt auch *er* jetzt in Manchester.«

»Shit«, sagt Ollie.

»Jep … Und das hat keiner von uns wirklich kommen sehen. Ich zumindest hatte keinen blassen Schimmer. Also, dass meine Eltern gestritten haben, das habe ich schon mitgekriegt – aber alle Eltern streiten doch, stimmt's? Das war nicht wirklich beunruhigend. Bloß wurde es immer mehr und immer heftiger, auch wenn es mir immer noch nicht schlimm genug erschien, um sich deswegen zu trennen. Tja, dann aber … das. *Definitiv* ein Trennungsgrund.«

»Das tut mir echt leid«, sagt er, und es klingt aufrichtig.

Ich zucke mit den Schultern. »Schon okay.« Und prompt frage ich mich, warum ich ihm etwas vorspiele. »Ehrlich gesagt: Es ist ziemlich schwer. Ich habe keine Ahnung, wie ich mich ihm gegenüber jetzt verhalten soll. Und ich weiß, dass meine Mum … von dem Ganzen … wirklich fertig ist.« Ich möchte im Moment nicht über sie reden, also belasse ich es einfach dabei.

»Alles ist ja noch ganz frisch«, sagt Ollie. »Klar ist es schwer.«

»Ja, das stimmt wahrscheinlich …«, murmele ich. Und stelle fest, dass mir das fürs Erste genügt und ich lieber das Thema wechseln würde. Laut auszusprechen, dass es schwer ist und ich es schrecklich finde, reicht im Augenblick.

Den restlichen Heimweg lang schweigen wir. Aber als wir unsere Häuser erreichen, bleibt Ollie an meinem Tor stehen. »Ich wollte dir nur sagen: Mir macht das wirklich Spaß, weißt du?«

Ich lächele, froh darüber, dass ich mit meiner womöglich blamablen Sporteskapade nicht einfach nur seine Zeit verschwende. »Ja, mir auch. Und ich bin dir aufrichtig dankbar. Keine Ahnung, was für irre Sachen ich anstellen würde, wenn ich das allein durchziehen müsste.«

»Ich meine, einfach ganz allgemein …« Er unterbricht sich, denkt kurz nach. »Na, jedenfalls sehen wir uns am Mittwoch, ja?«

Ich nicke entschlossen. »Jep, am Mittwoch.«

Einfach ganz allgemein … was?

Kapitel 17

Als ich mich am nächsten Tag für meine Verabredung mit Liv fertig mache, komme ich mir vor, als wollte ich auf ein Date gehen: Ein ums andere Mal ziehe ich Klamotten aus dem Schrank, probiere sie an, betrachte mich im Spiegel und versuche mich mit Livs Augen zu sehen. Was verflixt schwierig ist, weil ich sie ja im Grunde gar nicht wirklich kenne! Schließlich entscheide ich mich für ein Oversized-T-Shirt, das ich in den hohen Bund meiner Jeans stopfen kann, und dazu meine Superstar-Sneakers. Neutral. Auf nichts festgelegt. Damit kann man nichts falsch machen.

Auf dem Weg die Treppe hinunter werfe ich einen Blick auf mein Handy, um zu checken, ob Liv mich in letzter Minute hängen lässt, finde aber stattdessen eine Nachricht von April.

Lust, später vorbeizukommen?

Wann? Ich bin gleich mit jemandem verabredet, aber heute Abend hätte ich Zeit.

KA, gegen sechs? Wer bitte ist dieser Jemand?

Erzähl ich dir später.

Also kommst du vorbei?

Jep.

Okay.

Ich rufe Mum zu, dass sie mit dem Abendessen nicht auf mich zu warten braucht, und ziehe die Haustür hinter mir ins Schloss. Mittlerweile bin ich ein bisschen spät dran, also spute ich mich auf der Hauptstraße und haste um die Ecke zu meinem Treffpunkt mit Liv. Als ich ankomme, ist sie noch nicht da, also warte ich draußen und fische mein Handy aus der Tasche, um die Zeit totzuschlagen.

Du fehlst mir sehr, Roo. Ich weiß, wir hatten in letzter Zeit keine Gelegenheit, zu reden, aber wie wäre es nächsten Mittwoch mit einem Pizza-Abend via Zoom – so wie früher?

Dad. Beim Anblick seiner Nachricht bildet sich ein Kloß in meinem Hals. Am liebsten würde ich zurückschreiben: *Wir haben noch nie einen Pizza-Abend via Zoom gemacht. Sondern immer zusammen im Wohnzimmer gegessen.* Aber ich weiß, dass ich ihn nicht ewig hinhalten kann. Deshalb stimme ich zu.

»Hey!«, reißt Liv mich aus meinen Gedanken. Als ich hochschaue, steht sie da … in einem Oversized-T-Shirt, das im Bund ihrer Jeans steckt, und Superstars.

»Oh mein Gott, haben wir …? Sind wir Zwillinge?«, frage ich und muss lachen – viel heftiger, als die Situation es hergibt, aber dank meiner Aufregung vor diesem Treffen mit einer ganz neuen potenziellen Freundin und dem Stress wegen Sasha und Dad bin ich ein totales Nervenbündel.

Sie lacht ebenfalls. »Immerhin ist mein T-Shirt weiß und deins schwarz!«, meint sie und entblößt beim Lächeln leicht überlappende Schneidezähne. Obwohl wir fast gleich angezogen sind, haben Liv und ich äußerlich sonst nur eine weitere Sache gemeinsam: Wir sind beide dick. Allerdings hat sie hellblondes, lockiges Haar, das ihr wie ein federnder Heiligenschein um den Kopf steht. Außerdem trägt sie eine Brille mit markantem quadratischem Rahmen und hat durch den Kontrast zwischen dem fast kitschig weichen Haar und der Brille beinahe Ähnlichkeit mit einer Comicfigur. Und sie ist echt groß. Ich meine, ich bin nicht unbedingt klein, aber auch nicht richtig groß. Liv dagegen ist *riesig*.

»Wollen wir …?«, fragt sie und hält mir galant die Tür auf. Fast so, als hätte sie beschlossen, dass das Ganze nicht komisch oder peinlich wird. Einfach weil sie es nicht zulässt. Vielleicht ist sie so jemand. Einem anderen Mädchen zu schreiben, dass es rockt, ist ziemlich forsch – weshalb also sollte ihr auch nur *irgendetwas* peinlich sein?

Wir gehen hinein und bestellen zwei Eiskaffee. Liv fragt nach Zuckersirup, aber es gibt keinen, nur normalen Zucker, was Liv offenkundig absurd findet. Sie nimmt trotzdem welchen. Wir setzen uns an einen großen Holztisch unter einer metallenen marokkanischen Hängelampe. Ich stoße meinen rot-weißen Trinkhalm aus Papier in den Becherdeckel. Liv tut es mir nach. Und erst jetzt, als wir einander gegenübersitzen, fühlt es sich doch irgendwie komisch an. Ein paar Sekunden lang schaut keine von uns von ihrem Eiskaffee auf. Wir sind beide unsicher, wer in dieser merkwürdigen, komplett neuen Situation, in der es nur uns beide gibt, zuerst etwas sagen sollte.

Ich hole tief Luft und beschließe, das Eis zu brechen, weiß aber, als ich den Mund aufmache, noch gar nicht, womit. »Also …«, setze ich an, doch Liv spricht im selben Moment. »Nein, du zuerst!«, meine ich hastig, vollauf bewusst, dass mir nichts auch nur ansatzweise Brauchbares auf der Zunge lag.

»Nein, ich wollte bloß sagen …«, wehrt sie ab und nippt noch einmal an ihrem Eiskaffee. Mir ist noch nie aufgefallen, wie kratzig ihre Stimme klingt. Habe ich mich tatsächlich bis heute noch nie wirklich mit ihr unterhalten? »Ich schätze, das mit der Nachricht war total schräg von mir.«

»Nein!«, widerspreche ich und werde mir dabei bewusst, wie sehr ich mir wünsche, dass das hier funktioniert – dass wir richtige Freundinnen werden. »Das war überhaupt nicht schräg. Sondern echt cool. Finde ich zumindest.«

»Ich habe dich einfach da im Wells Park gesehen und mir gedacht … Tja, sie wirkt richtig krass, weißt du? Und, na ja, dass du wohl entweder läufst, um abzunehmen, oder einfach so. Und dass dir – falls das Ganze zum Abnehmen gedacht war – eine dicke Freundin ganz guttun würde. Und falls nicht, dann könnte *mir* vielleicht eine dicke Freundin ganz guttun.«

Mit ihrer Direktheit erwischt sie mich völlig kalt. Ich bin es nicht gewohnt, dass jemand mir gegenüber so ungehemmt das Wort *dick* benutzt – und zwar nicht in der Absicht, mich zu verletzen oder zu beschämen. Aber ich wünschte, das *wäre* der Normalfall. Unwillkürlich muss ich lächeln. »Es geht nicht ums Abnehmen. Ich trainiere für den Dawson Dash, zusammen mit meinem Nachbarn. Das war der Typ, mit dem ich unterwegs war.« Ich bemühe mich nach Kräften, mir nicht anmerken zu lassen, dass ich in Ollie verknallt bin. Und frage mich im nächsten Augenblick, wieso mir das so wichtig ist. April hat versucht, mir zu vermitteln, dass auch ich jemanden süß finden darf, aber so ganz habe ich es noch nicht verinnerlicht.

»Also, jedenfalls unterstützt er mich gewissermaßen dabei … fit zu werden für den Lauf. Ich habe es vorher auf eigene Faust probiert, hatte aber eigentlich keine Ahnung, was ich da tue.«

»Dieser Scheiß kann einem echt Angst machen! Alles daran!«

»Alles woran?«

»Sport! Anstrengung! Ich bin total entspannt, was meinen Körper angeht, aber mit so was anzufangen, erfordert schon jede Menge … Willenskraft.«

»Weil es fast so ist, als wollte uns niemand dabeihaben«, sage ich und stelle gleichzeitig fest, dass das eventuell sogar stimmt.

Sie rührt in ihrem Becher. »Boah, wie soll sich Zucker in einem eiskalten Kaffee denn überhaupt auflösen? Das ist doch ein Witz. Aber ja, wie du schon sagst: Die anderen Mädels im Hockeyteam haben mich am Anfang angeglotzt nach dem Motto: *Was will die überhaupt hier?* Aber dann habe ich es ihnen so richtig gezeigt.«

»Oh … Das ist stark.« Ich will auf jeden Fall mehr darüber erfahren, wie das aussieht, wenn Liv es jemandem so richtig zeigt.

Doch ehe ich nachhaken kann, sagt sie: »Wie auch immer: Du hast echt gerockt. Du hast so entschlossen gewirkt.«

»Die Vorstellung, dass irgendjemand mir da draußen bei meinen kleinen Läufen zuschaut, ist extrem cringe, aber wenn du mich cool fandest, dann war ich das vielleicht ja auch.«

»Definitiv«, betont Liv, nimmt ihre Brille ab und putzt die Gläser an ihrem T-Shirt.

»Hast du Lust, mitzumachen?«, frage ich, ganz berauscht

von den großartigen Vibes, die ich gerade mit Liv erlebe. Doch prompt sorge ich mich, dass ich zuerst Ollie hätte fragen sollen, und bin mir gar nicht mehr so sicher, welche Antwort von Liv mir lieber wäre.

»Mal schauen!«, sagt sie fröhlich – aber ich höre das eindeutige Nein heraus. Sie schiebt sich ihre Brille zurück auf die Nase. »Ich überlege es mir.«

»Also, du sollst dich jetzt nicht *genötigt* fühlen oder so ...«

»Das ist es nicht. Ich bin einfach eher Einzelläuferin. Ein einsamer Wolf. Wenn ich denn schon laufen *muss*, verstehst du?«

»Hmm«, mache ich und nicke. »Aber beim Hockey läufst du doch auch, oder?«

»Schon, aber nie besonders lange oder weit. Kurzstrecke. Mit Pausen. Mehr als ein paar Minuten am Stück ist heftig! Deshalb habe ich so einen Respekt vor dir – zumal du das auch noch zusammen mit jemand anders machst! Wenn die Mädchen aus meinem Team ihren Fitnesskram machen, neben dem eigentlichen Hockeytraining, dann halte ich mich immer raus.« Wieder würde ich gern mehr hören, doch ehe ich zu Wort komme, um nachzuhaken, lenkt sie das Gespräch wieder auf mich. »Also. *Wozu* das Ganze?«

Ich schlucke und fühle mich jetzt schon albern. »Das ist ein bisschen ... blödsinnig, glaube ich. Aber, ähm, mein Bruder hat das Rennen vor ein paar Jahren gewonnen und mein Dad vor Ewigkeiten auch, wie ich herausgefunden habe. Und mein Bruder ist ein totales Arschloch und liegt mir ständig damit in den Ohren, dass ich abnehmen soll, und in letzter Zeit merke ich, dass dieses ganze ... *Körpergerede* unserer kleinen Schwester zusetzt, die gerade mal in der Grundschule ist! Deshalb dachte ich mir ...« Oh Mann, das klingt dermaßen blödsinnig! Habe ich mir schon mal selbst zugehört? »Ich dachte mir, indem ich mitmache, kann ich *beiden* beweisen, dass ich nicht abnehmen muss, nur um tun und lassen zu können, worauf ich Lust habe.«

»Das finde ich überhaupt nicht blödsinnig«, entgegnet Liv. »Für mich klingt das nach zwei ziemlich guten Gründen.«

»Trotz und Liebe«, meine ich lächelnd.

»Ganz genau. Also, was ist los mit deiner Schwester?«

»Na ja, Sasha – so heißt sie – ist zehn. Sie fängt nächstes Jahr an der Dawson an. Und sie … Tja, sie ist auch dick. Und außerdem so süß und lieb und durch und durch gut – aber schon jetzt scheint das alles nicht mehr zu zählen, weil sie eben nicht dünn ist. Also, für sie *selbst* zählt das alles nicht, meine ich. Meine Eltern haben ihr nie deswegen Druck gemacht und ich sowieso nicht, aber irgendwo muss es ja herkommen. Mein Bruder ist keine große Hilfe, aber zumindest in letzter Zeit selten daheim – abgesehen von *gerade jetzt*, wegen der Semesterferien. Ich … Ich weiß einfach nicht so recht, wie ich sie bestärken soll! Ich habe keine Ahnung, wie ich mit ihr darüber reden könnte, ohne das Ganze noch mehr zum Thema zu machen und sie zusätzlich zu verunsichern, verstehst du?«

»Ich weiß genau, was du meinst. Wenn vor ein paar Jahren jemand versucht hätte, mit mir über mein Gewicht zu reden, wäre ich wahrscheinlich vor Scham am liebsten im Boden versunken – sogar wenn es als absolut nette und wertfreie Unterhaltung gedacht gewesen wäre«, sagt sie und schlägt die Hände vors Gesicht.

»Ja, nach dem Motto: *Oh mein Gott, jemand hat bemerkt, dass ich dick bin!*«, sage ich und muss lachen, so absurd ist die Vorstellung.

»Ich meine, *klar* fällt das auf, oder? So sehe ich nun mal aus! Und das kann ich auch schwer verstecken, stimmt's? Trotzdem wäre mir das so abgrundtief peinlich gewesen.«

»Exakt!«, bestätige ich. »Deshalb bin ich völlig aufgeschmissen, wie ich mit ihr umgehen soll.«

»Hmm …«, macht Liv.

»Und ich …« Zuerst fixiere ich meinen gestreiften Trinkhalm, aber dann schaue ich doch hoch und sage etwas, das mir schon länger im Kopf herumspukt, das ich bisher aber nie aussprechen konnte. »Na ja, ich habe nicht so wirklich das Gefühl, darüber mit meinen Freundinnen reden zu können, weil …«

»Weil sie es vielleicht nicht verstehen würden«, bringt Liv den Satz zu Ende.

»Jep.«

Sie schiebt ihren Stuhl ein Stück zurück und schlägt die Beine übereinander. »Ich glaube, für mich hat sich etwas Entscheidendes verändert, als ich aufgehört habe, ›dick‹ als diese … keine Ahnung, diese eine prägende Eigenschaft zu betrachten, die mich ausmacht, vor allem anderen.«

»Wie meinst du das?«, frage ich. Dabei beschleicht mich die Ahnung, dass mir klar sein sollte, wovon sie spricht. Aber das ist es nicht.

»Ich habe einfach meine Perspektive verändert. Mir einfach gesagt, dass Dicksein eben … eine Spielart menschlicher Vielfalt ist. Wir sind buchstäblich alle unterschiedlich. Wir reden übers Dicksein, als wäre es das *Allerschlimmste* auf der Welt – etwas, das Einfluss nimmt auf Persönlichkeit, Verhalten, was weiß ich. Aber das ist doch Quatsch. Menschen können eben einfach so aussehen. Deshalb brauchst du mit deiner Schwester auch gar nicht darüber zu reden, als wäre es etwas ganz furchtbar Beängstigendes, irgendein … schreckliches Stigma oder so. Du kannst es ihr einfach als ganz normale individuelle Eigenheit präsentieren, so was wie Haarfarbe oder dergleichen. Denn genau das ist es.«

Ich lächele. Unwillkürlich. Ich lächele, weil das für mich zu einhundert Prozent Sinn ergibt. Es fühlt sich wahr an – weil es wahr *ist*.

»Ich habe aufgehört, mich zu hassen – nein, warte, das stimmt nicht. Ich habe mich nie gehasst«, spreche ich weiter meine Gedanken aus. »Ich habe aufgehört, mich so *verrückt zu machen* wegen meines Körpers, als ich diese ganzen tollen Leute auf Instagram und TikTok und überall entdeckt habe. Ein Teil von mir hatte allerdings immer noch Zweifel … Liege ich falsch? Ist es doch so schlimm? Aber das ist es nicht, oder? Es ist nur ein ziemlich offensichtlicher Unterschied zu anderen. Oder … Wie hast du es noch mal genannt? Eine Spielart.«

»Ich bin der Meinung, dass es überhaupt nicht schlimm ist. Himmel …« Liv schüttelt den Kopf und lacht leise. »Ganz ehrlich, ich habe keine Ahnung, wo ich ohne Internet heute wäre. Wahrscheinlich immer noch verhaftet in der Hoffnung, dass ich eines Tages – *eines Tages* – eine Bikinifigur haben würde! Oder eines Tages gut genug für das Hockeyteam wäre!«

»Darüber habe ich bis jetzt nicht einmal *nachgedacht*«, sage ich und erschaudere fast bei dieser Vision. »Kannst du dir das vorstellen?«

»Nein. Das kann ich mir beim besten Willen nicht vorstellen. Du bist das einzige andere dicke Mädchen in unserem Jahrgang, und ich habe – wie lange? – fünf Jahre gebraucht, um überhaupt mal richtig mit dir zu reden. Woher also sollen wir uns sonst Bestärkung holen, wenn nicht aus dem Internet?«

»Irgendwie lustig – weißt du noch, wie du gerade erwähnt hast, dass die Leute denken, dick zu sein, würde irgendwie Persönlichkeit und Verhalten beeinflussen, aber das glaubst du nicht?«, sinniere ich. »Ich glaube, es stimmt schon ein bisschen – aber, na ja, nicht im negativen Sinn. Eher so, dass man … sich fragt, was einem sonst noch einfach als Tatsache verkauft wird. Kram, den wir für ganz normal halten, der es aber vielleicht gar nicht ist.« Ich zucke verlegen mit den Schultern. »Ach, keine Ahnung.«

»Nein, da ist was dran«, überlegt Liv. »Jemanden in seinem Umfeld zu haben, der zumindest versuchen kann, sich ein bisschen gegen solchen Bullshit zu stemmen, macht echt viel aus. Du bist Gold wert für deine Schwester. Da bin ich mir absolut sicher.«

Von ihren Worten wird mir ganz leicht ums Herz. Und es fühlt sich so befreiend an, endlich mit jemandem reden zu können, dass ich spontan lachen muss. »Danke. Tut mir leid, dieses ganze Thema nimmt mich emotional ziemlich mit, und es tut einfach gut, alles mal rauslassen zu können.«

Sie lächelt herzlich. »Siehst du? Ich wusste doch, das wird klasse mit uns zweien.«

Und wir reden und reden und reden. Über Graphic Novels, über unsere Familien und die Schule und coole dicke Mädchen, denen wir online folgen, und darüber, was wir nach dem Abschluss vorhaben. Ringsum leert sich das Café, und schließlich kommt ein nervös wirkender Mitarbeiter zu uns herüber und meint: »Also, eigentlich schließen wir jetzt … Würde es euch etwas ausmachen, zu gehen?«

Ich schnappe nach Luft und checke die Uhrzeit auf meinem Handy. »Shit!«, entfährt es mir. »Ich sollte schon längst bei April sein! Sekunde, lass mich ihr kurz schreiben.« Ich schicke eine schnelle Nachricht ab, in der ich ihr verspreche, dass ich bald da bin.

»April, hmm?«, meint Liv und steht auf. Ich schaue von meinem Display hoch und meine, ein Lächeln zu erhaschen.

»Ja, April Nowinski. Ich weiß nicht, ob du sie kennst. Wahrscheinlich nicht.«

»Nein, aber …« Jetzt lächelt sie so richtig und wird ein bisschen rot. »Du weißt schon, so wie wir beide uns auch nicht wirklich *kannten*, aber uns der jeweils anderen irgendwie *bewusst* waren? So ähnlich ist das bei queeren Leuten.«

»Ach ja, da hast du wohl recht«, erwidere ich.

»Sie war letztes Jahr mit Juliet zusammen, oder? Die jetzt mit Rosie geht? Oder ist das eine vertrauliche Information oder so, die ich jetzt gerade ausposaunt habe?«

Diesmal halte ich ihr die Tür auf, und ich finde es irgendwie traurig, dass wir gehen – dass unser Treffen zu Ende ist und nicht erst beginnt. Es fühlt sich an, als wären wir gar nicht lange hier gewesen, dabei waren es in Wirklichkeit *Stunden*. »Nee, das weiß praktisch jeder. April ist nicht besonders glücklich darüber, aber im Bilde.«

»Dann ist April also nicht … ähm …« Mit einem Mal wirkt Liv verlegen, kilometerweit entfernt von dem Selbstvertrauen, das sie während unserer Unterhaltung die ganze Zeit über ausgestrahlt hat. »Sie ist noch nicht wieder vergeben?«

Ich schüttele den Kopf und gebe mir alle Mühe, ein Lächeln zu unterdrücken. Ich will nicht, dass sie *noch* verlegener wird.

»Ah ja«, murmelt Liv, als wäre das nur eine mäßig interessante Randinformation.

»Tja«, sage ich und gestikuliere in Richtung Forest Hill Station, »sie wohnt in diese Richtung, also muss ich unter der Brücke durch.«

»Ich wohne da drüben«, erwidert Liv und nickt in Richtung Horniman Museum. »Also …«

»Also bis bald?«

»Auf jeden Fall.«

Wir umarmen uns, und es ist ein schönes Gefühl, von jemandem in den Arm genommen zu werden, der ganz bestimmt nicht denkt: *Wow, da ist einfach so viel von ihr!* Und dann trennen sich unsere Wege.

»Hey!«, ruft Liv mir ein paar Sekunden später hinterher. Ich drehe den Kopf und blicke über die Schulter zu ihr zurück. »Vergiss nicht, April zu erzählen, wie viel Spaß es gemacht hat, mit mir abzuhängen!«

»Garantiert nicht!«, rufe ich.

Kapitel 18

April hat ihr Zimmer bereits abgedunkelt, als ich eine halbe Stunde später endlich bei ihr eintreffe.

»Oh mein Gott, wo warst du?«, fragt sie ungeduldig von ihrer gemütlichen Position auf dem Bett aus. »Ich hatte mich im Schrank versteckt, um dann rauszuspringen und dich zu erschrecken, aber irgendwann ist mir langweilig geworden und ich habe es aufgegeben.«

»Das hast du schon so lange nicht mehr gemacht, dass ich wahrscheinlich einen Herzinfarkt gekriegt hätte.«

»Also dann«, sagt sie und rutscht zur Seite, um neben sich Platz für mich zu machen. »Erzähl mir alles.«

»Alles was?«, frage ich unschuldig.

»Was hast du getrieben? Was soll diese Geheimniskrämerei? Hattest du ein Date mit Ollie? Ein richtiges?«

»Himmel! Nein. Gott, ich wünschte, ich hätte eins gehabt. Aber ich war mit Liv unterwegs.«

»Liv Bennett?« Sie klingt neugierig, und ich bin überrumpelt davon, wie sehr ich mir auf einmal wünsche, dass April jetzt nicht sagt, sie findet Liv blöd oder hat irgendwelche Gerüchte über sie gehört oder so was. Im Verlauf dieses einen Nachmittags ist Liv zu jemandem geworden, mit dem ich befreundet sein möchte. So wie mit April und Salma und Jessica.

»Jep«, antworte ich.

»Oha! Wie ist sie so?«

»Dermaßen verdammt cool«, sage ich. »Echt der totale Wahnsinn.«

»Sie ist der Hammer. Der absolute Hammer. Ich will alles wissen.«

»Wieso? Magst du sie?«

Sie weicht meinem Blick aus. »Vielleicht.«

»Echt jetzt?«

»Findest du sie nicht krass hot? Guck sie dir doch an: Sie ist so groß, und sie hat so tolle Haare!«

»April! So habe ich dich ja noch nie von jemandem reden hören! Du tust sonst immer so gefühlskalt!«

Sie zuckt mit den Schultern. »Na und? So bin ich nun mal!«

»Sie …« Ich lächele, genieße kurz das herrliche Machtgefühl, denn ich weiß da ja etwas … »Sie schien sich für dich zu interessieren.«

»Was?!«, japst April entzückt. »Machst du Witze?«

»Kein Witz! Das wäre doch total fies!«

»Wow … Okay … Wow …«, stottert sie, offenbar noch überfordert von dieser vielversprechenden neuen Entwicklung. »Wow.«

»Ich habe gesagt, ich bezweifle, dass sie dein Typ ist«, sage ich und muss kämpfen, um dabei keine Miene zu verziehen. Aus dem Augenwinkel schiele ich nach ihrer Reaktion.

»Was?! Wieso das denn?«, ruft sie und boxt mir gegen den Arm.

»Himmel noch mal, *das* war jetzt ein Witz! Ich habe überhaupt nichts gesagt! Mir war nicht mal klar, dass du sie je auch nur wahrgenommen hast!«

»Wie könnte sie mir entgangen sein? Sie ist locker eins achtzig groß und extrem hot und außerdem offen lesbisch.

Warum habt ihr zwei eigentlich so lange gebraucht, um euch anzufreunden?«

Ich seufze. »Ich schätze, wir hatten beide ein bisschen Hemmungen, auf das jeweils einzige andere dicke Mädchen in unserer Stufe zuzugehen? Keine Ahnung, vielleicht schließe ich da auch nur von mir auf sie. Gut möglich, dass Liv noch nie zuvor einen Gedanken an mich verschwendet hat. Aber … Ja, ich denke, mir war das ein bisschen … peinlich? Also, damals in der siebten Klasse, weißt du? Und je länger ich mich nicht getraut habe, desto komischer wäre es gewesen, einfach zu verkünden: *Ach, wenn ich es mir recht überlege: Ich will doch ganz gern mit dir befreundet sein, weil ich mich auf einmal nicht mehr dafür schäme, dick zu sein*, oder?«

»Jaaa, das verstehe ich irgendwie«, meint April und nickt nachdenklich. »Ich wollte zum Beispiel ewig lange auf keinen Fall irgendwas … *machen*, das andere Leute quasi auf den Gedanken bringen könnte, dass ich lesbisch bin. Und deshalb auch definitiv nichts mit Rosie Wood zu tun haben, nachdem sie sich als Erste geoutet hatte. Vorher schon haben alle sie ständig blöd angemacht und als Lesbe betitelt, was ja gestimmt hat, aber darum ging es nicht. Ich hatte keine Lust, ebenfalls so behandelt zu werden, nur weil die Leute uns miteinander in Verbindung bringen.«

»Und jetzt willst du nichts mit Rosie zu tun haben, weil sie dir dein Mädchen ausgespannt hat«, stelle ich fest und hoffe insgeheim, dass ich so was sagen darf – jetzt, da April von der Aussicht auf Liv abgelenkt ist.

»Bingo.«

Was April und ich zusammen unternehmen, wenn wir allein sind – also ohne Jessica und Salma: Wir schauen Horrorfilme. Das müssen gar nicht zwangsläufig neue sein. Oder gute. Einfach nur Horrorfilme, das reicht schon.

»Hast du Lust auf etwas, das du schon kennst, oder lieber was Unbekanntes?«, fragt April und klappt ihren Laptop auf.

»Komm, wir schauen *Ring*«, schlage ich vor und muss schmunzeln bei der Erinnerung daran, wie schlecht April geschlafen hat, nachdem wir ihn zum ersten Mal geschaut hatten.

»Die amerikanische Version, ja?«, fragt sie hoffnungsvoll.

»Nein! Das japanische Original!«

Sie schlägt die Hände vors Gesicht. »Na gut«, stöhnt sie und macht sich bei diversen Streaming-Plattformen auf die Suche. Wir kuscheln uns eng zusammengequetscht unter die Daunendecke ihres schmalen Betts und klammern uns in besonders beängstigenden Szenen – also ziemlich oft – richtig aneinander, als hinge unser Leben davon ab. Denn zwar schauen wir liebend gern Horrorfilme, aber das Beste daran ist ja, sich gemeinsam zu gruseln. Als das Video gezeigt wird, das die Kids im Film tötet, windet April sich regelrecht vor Panik und gräbt ihre (zum Glück kurzen) Fingernägel in meinen Arm.

»Hast du jetzt keine Angst, allein nach Hause zu gehen?«, fragt sie mit untypisch verschrecktem Blick, als ich nach einem köstlichen Teller hausgemachter Spaghetti carbonara von ihrem Dad verkünde, dass ich losmuss.

»Wovor – dass ein unheimliches Mädchen mit langen Haaren plötzlich aus der Dunkelheit auf mich zutaumelt? Nein, weil es nämlich noch hell draußen ist.«

»Du bist so mutig«, kontert sie ausdruckslos, jetzt wieder ganz die April, die ich kenne. Dann umarmt sie mich. »Triffst du dich bald wieder mit Liv?«

»Wir haben nichts konkret geplant, aber … bestimmt?«, sage ich. »Soll ich ein gutes Wort für dich einlegen? Falls wir uns noch mal treffen, versteht sich.«

»Oh mein Gott, nein! Aber vielleicht kannst du uns irgendwann mal einander vorstellen.«

»Vielleicht kann ich das«, erwidere ich und wackele bedeutsam mit den Augenbrauen. »Bis dann.«

Auf dem Heimweg fühle ich mich richtig beschwingt, fast so, als – und das traue ich mich kaum laut auszusprechen – würde ich mich auf das nächste Lauftraining freuen. Ich denke nämlich, dass ich eventuell, möglicherweise … mein Ziel erreichen kann?

Kapitel 19

Ich trage ein wenig Mascara auf und versuche, meine Haare zu bändigen, ehe ich extrem lässig die Treppe hinunterschlendere.

»Oh, hi, Ollie«, sage ich. »Ich wusste gar nicht, dass du da bist!« Eine sehr leicht durchschaubare Lüge.

Es ist Dienstag und somit sein üblicher Auslieferungstag für die Bestellungen hier in der Gegend.

»Hey, du«, sagt er, schaut von den Schachteln auf, die er gerade in seinen Anhänger stapelt, und lächelt.

Ich gebe mir alle Mühe, nicht allzu strahlend zurückzulächeln, aber es kostet mich immense Anstrengung. In seiner Gegenwart ist mir einfach nach Lächeln zumute! Also, zumindest solange er mich nicht gerade beim Laufen meinen Tod herbeisehnen lässt.

»Was treibst du so, Roo?«, fragt Mum, doch bevor ich Gelegenheit zum Antworten habe, fliegt die Tür auf und Jake stampft herein.

»Himmel, es ist so bullenheiß da draußen. Der Pub wird heute Abend wieder brechend voll sein«, sagt er und nimmt einen Zug aus seiner Wasserflasche. Das alberne weite Muskelshirt, mit dem er sich den Schweiß von der Stirn wischt, verrät mir, dass er laufen war. »Oh, tut mir leid, wenn ich euch unterbreche – was macht ihr gerade?« Er beäugt Ollie misstrauisch.

»Jake«, sagt Mum, »das ist Ollie. Er hilft mir, die Bestellungen auszuliefern, da du ja wenig Interesse gezeigt hast, dich einzubringen. Er wohnt nebenan. Ollie, das ist Rubys Bruder Jake.«

Die beiden nicken einander zu, und Ollie widmet sich wieder den Schachteln. Jake zieht im Flur seine Laufschuhe aus, während ich ein wenig verloren im Sessel sitze und mich frage, ob ich Ollie helfen sollte oder ob das bloß nervig und aufdringlich wäre. Schließlich greife ich nach meiner Ausgabe von Marjane Satrapis *Persepolis*, die ich nach meiner letzten Lese-Session hier unten auf dem Beistelltisch neben dem Sessel habe liegen lassen. Ich blättere durch die Seiten auf der Suche nach der Stelle, an der ich aufgehört habe, lausche dabei aber weiter der Unterhaltung im Flur, für den Fall, dass Mum und Ollie über irgendetwas Interessantes sprechen.

»Und, wie läuft es mit Rubys Challenge?«, fragt Mum ihn fröhlich. Das fällt wohl in die Kategorie Interessant, aber noch bleibt mein Blick auf die Buchseiten geheftet.

»Wissen Sie, Ruby schlägt sich wirklich großartig.« Er späht zu mir im Sessel herüber und wirkt dabei aufrichtig stolz.

Ich seufze laut. »Du brauchst sie nicht anzulügen, Ollie.« Meine Augen fixieren nach wie vor die Seite.

»Tue ich nicht!«, beteuert er lachend. »Ich finde wirklich, du schlägst dich großartig. Du hast bisher nicht aufgegeben! Das ist schon die halbe Miete! Du bist bereit für das Rennen, ehe du dich's versiehst.«

»Jaaa, weil das Rennen stattfindet, ehe ich mich's versehe!«, sage ich, lasse das Buch in meinen Schoß fallen und vergrabe das Gesicht in den Händen.

»Wir müssen uns allmählich ein bisschen steigern. Die Sache ein bisschen ehrgeiziger angehen. Aber dafür ist noch Zeit. Das ist alles eine Frage der Einstellung.«

Jake schnaubt vom Fuß der Treppe, die Hand schon auf dem Geländer. »Nicht wirklich.«

Schlagartig beginnt die Atmosphäre zu knistern.

»Na ja, ich finde …«, hält Ollie dagegen. Er räuspert sich. »Da würde ich doch widersprechen. Ich denke, die Psyche spielt eine große Rolle in solchen Dingen.«

»Schwachsinn«, sagt Jake kopfschüttelnd.

»Jake!«, warnt Mum. »Geh nach oben duschen vor deiner Schicht und lass uns in Ruhe – wir arbeiten hier.«

»Wie ihr meint …«, spöttelt er und nimmt zwei Stufen auf einmal.

»Also«, ruft Mum und klatscht in die Hände, wie um die schlechte Stimmung zu vertreiben, »du hast die Adressen – aber soll ich sie dir noch mal ausdrucken?«

Ollie lächelt. »Nein, schon in Ordnung. Ich habe meine Route längst geplant.«

»Ganz schön vorausschauend, hmm?«, meint sie und schielt zu mir, als hätten Ollie und ich irgendetwas Persönliches miteinander zu schaffen.

»Ich versuche nur, das geschickt anzugehen – um zügig alles erledigen zu können«, sagt Ollie und setzt seinen Fahrradhelm auf.

»Du bist mir eine riesige Hilfe, wirklich«, schwärmt Mum.

»Sehen wir uns morgen, Ruby? Um die gleiche Zeit wie immer? Halb sechs?«

Gerade will ich ihm sagen, dass das passt, da wirft Mum ein: »Hast du morgen nicht das Ding mit Dad?«

»Welches Ding?«, frage ich, ehe es mir wieder einfällt. »Ach ja, Zoom-Pizza. Das ist um sieben … Könnten wir dann vielleicht schon um fünf loslaufen? Wäre das okay?«

Ollie zuckt mit den Schultern. »Klar, ist für mich auch in Ordnung. Solange deine Motivation ebenfalls um fünf schon am Start ist«, meint er und lächelt sein breites, zum Dahinschmelzen süßes Lächeln.

»Meine Motivation wird in Topform sein, versprochen.«

»Ich will einfach, dass du so richtig abgehst! Wir packen morgen noch eine Schippe drauf.«

»Ich bin mir nicht sicher, ob mir gefällt, wie das klingt«, sage ich, lächele allerdings dennoch. »Aber ich habe neulich eine neue Freundin gefunden – Liv – und sie hat mich noch mal so richtig – na ja – *gepusht*. In meinem Ehrgeiz.«

»Fantastisch! Und super, wenn ich nicht als Einziger überzeugt davon bin, dass du das rockst. Alles klar, dann bis morgen«, verabschiedet er sich und salutiert kurz. »Oder vielleicht sehen wir uns ja später noch, wenn ich den Anhänger wieder bei euch abstelle. Falls du Glück hast.«

Unwillkürlich werde ich rot. Mum späht zu mir, und ich durchbohre sie mit einem Blick, der stumm darum fleht, dass sie jetzt bitte *kein Wort* sagen soll.

»Bis nachher, Ollie!«, trällert sie fröhlich.

Die Tür fällt hinter ihm ins Schloss.

»So, so!«, sagt sie.

»So was?«

»Einfach … so, so!« Sie grinst wie die Grinsekatze.

»Ich habe keinen blassen Schimmer, wovon du redest.«

»Er hat geflirtet! Er will dich später noch mal sehen!«, ruft sie über die Schulter, schon auf dem Weg in die Küche.

»Das denke ich nicht«, antworte ich und stemme mich aus dem Sessel hoch. Ich *darf* es nicht denken – doch die Schmetterlinge flattern trotzdem bei der Vorstellung in meinem Bauch umher. Und mir wird warm ums Herz, weil jemand – wenn auch nur meine Mum – glaubt, dass Ollie mich mögen könnte.

»Hier«, sagt sie und wirft mir von der Anrichte einen Zartbitterschoko-Bananen-Cookie zu. »Ich habe ein paar mehr gemacht.«

Ich beiße hinein. »Köstlich! Vielleicht sogar … deine bisher besten?«

Ich knabbere noch an dem Cookie und bin in Gedanken bei Ollie, wie so oft in letzter Zeit, als ich kurz darauf an Jakes Tür klopfe. Und dann eintrete, ohne darauf zu warten, dass er mich hereinbittet. »Was sollte das eben?«, frage ich.

Er sitzt auf seinem Bett, rubbelt sich nach dem Duschen die Haare mit einem Handtuch trocken. »Was?«

»Du weißt schon: dass du zu Ollie gesagt hast, er würde Schwachsinn reden. Zu jemandem, den du buchstäblich gerade erst kennengelernt hast.«

»Na, das hat er doch auch«, meint Jake schulterzuckend. »Wärst du in Form, könntest du das schaffen. So nicht. Das ist keine Frage der Einstellung. Völliger Blödsinn.«

»Du bist also überzeugt, dass meine Teilnahme am Dash zum Scheitern verurteilt ist?«

Er grinst mich fies an. »Ja, bin ich. Aber ich freue mich schon darauf, dir dabei zuzuschauen, wie du es trotzdem versuchst.«

»Wie kannst du dir so sicher sein, dass ich versagen werde?«, will ich wissen und muss mich sehr beherrschen, denn meine Nasenflügel beben beinahe vor Wut. Aber er soll nicht merken, wie sehr er mir zusetzt.

»Weil … Schau dich einfach an«, entgegnet er und wirft das Handtuch auf den Boden. »Offensichtlich nimmst du das Ganze doch überhaupt nicht ernst.«

»Wie bitte?«

»Würde dir auch nur irgendetwas daran liegen, würdest du nicht jeden Tag Cookies futtern«, erwidert er augenrollend.

»Mir liegt etwas daran *und* ich esse jeden Tag Cookies. Lieber würde ich sterben, als deinen Proteinpulver-Kram zu trinken.«

»Jaaa, das ist ganz offensichtlich. Jedenfalls: Wenn du eines Tages deine Meinung zu diesem ganzen feministischen Körpergedöns änderst, mache ich dir einen Proteinshake.« Reinste Verachtung spricht aus seiner Miene und seinem Tonfall.

»Ich werde meine Meinung *nicht* ändern.«

Er zuckt erneut mit den Schultern. »Deine Sache. Aber du kannst nie im Leben fünf Kilometer rennen, solange du *so* aussiehst. Das ist schlicht und ergreifend eine Tatsache.«

Ich gebe es auf, mit ihm zu diskutieren. Es ist zwecklos. Je länger ich mit ihm rede, desto länger muss ich mir seinen Mist antun – Mist, von dem ich *weiß*, dass viele Leute ihn über meinen Körper und andere dicke Körper denken, den ich mir aber nicht ständig *anhören* muss. Mir ist klar, dass es dumm war, diese Challenge zu starten, aber ich dachte wirklich, ich könnte es schaffen. Natürlich erlebe ich Höhen und Tiefen und mein Selbstvertrauen schwankt, aber … ich dachte, ich schaffe es. Also, mit ein bisschen Training und Einsatz.

Als Ollie später klingelt, um den Anhänger abzugeben, gehe ich nicht nach unten. Ich bin nicht in der richtigen Stimmung und bleibe lieber in meinem Zimmer. Vom Fenster aus sehe ich ihn. Er hüpft nicht über die niedrige Trennmauer zwischen unseren Vorgärten, um direkt vor seiner Haustür zu landen, sondern nimmt den Gartenweg, geht durch das quietschende, rostige Tor und wirft einen Blick über die Schulter, als würde er damit rechnen, dass ich jeden Moment an der Haustür auftauche. Nein. Mehr als das. So, als würde er darauf *hoffen*.

Kapitel 10

Uff. Mittwoch. Ein bisschen graut mir vor heute. Und dafür gibt es nicht nur einen Grund, sondern gleich zwei. Zwei! Wo sind bloß die Tage ganz ohne unheilvolle Aussichten geblieben?

Grund Nummer eins: Ich muss heute Nachmittag ZWANZIG MINUTEN am Stück laufen. Hat man so was schon gehört? Ich? Ruby Morgan soll zwanzig Minuten am Stück laufen? Das ist ein bisschen übertrieben, oder? Tja, so habe ich es am Montag auch zu Ollie gesagt. Vorher hatte er mich acht Minuten am Stück rennen lassen, was ehrlicherweise auch nicht so toll war, gefolgt von einer fünfminütigen Gehpause – sehr viel angenehmer – und noch mal acht Minuten Gerenne. Bei der zweiten Runde Rennerei hat er versucht, sich mit mir zu unterhalten, um sich zu vergewissern, dass es mir gut geht, aber ich war körperlich einfach nicht zum Reden in der Lage. Keine Chance. Und dann verkündet er gestern, dass wir eben heute »eine Schippe drauflegen« und zwanzig Minuten am Stück rennen, ganz ohne Pause zwischendurch? Ein Skandal, wenn man mich fragt.

Tja, und dann wäre da noch … Grund Nummer zwei: Heute ist Zoom-Pizza-Tag mit Dad. Sasha und Jake sind nun auch dabei, was die Aktion eventuell ein bisschen weniger unangenehm macht, aber trotzdem freue ich mich nicht im Geringsten darauf.

»Ist dein Bruder immer so?«, fragt Ollie und gibt sich alle Mühe, die Frage nett und unbeschwert klingen zu lassen, doch Jakes Verhalten gestern hat ihn eindeutig getroffen.

»So ziemlich, ja … Das ist gewissermaßen seine Art. Er hält sich für den König der Welt, weil er ständig trainiert – und wir übrigen Normalsterblichen sind für ihn bloß Luschen und Loser.«

Ollie lacht verhalten. »Tja … Dann bin ich froh, dass du dir sein Getue nicht zu Herzen nimmst.«

Bei seinen Worten geht mir auf: Würde ich mir Jakes Kommentare tatsächlich nicht zu Herzen nehmen, wäre meine aktuelle Situation eine ganz andere. Dieses Training tue ich mir ja nur an, weil ich mir sein Geätze *sehr wohl* zu Herzen nehme. Ich *wünschte*, er würde es nicht schaffen, mir so zuzusetzen, aber er schafft es eben doch. »Falls es dir noch nicht aufgefallen ist: Ich mache tatsächlich ganz gern mein eigenes Ding«, sage ich. Mir ist im Moment nicht danach, meine Familiendynamik und mein Verhältnis zu meinem Körper im Detail mit Ollie zu erörtern.

»Okay«, erwidert er und klatscht in die Hände, jetzt wieder ganz geschäftsmäßig. »Statt wie bisher unsere Runden in Parks zu drehen, laufen wir heute – weil wir ja eine längere Einheit auf dem Programm stehen haben – auch ein paar Straßen entlang.«

»Hügelige Straßen?«, frage ich in unguter Vorahnung.

»Ich versuche, nur ganz wenige Steigungen einzubauen«, antwortet er lächelnd. »Ich habe einen Plan, also mir nach. Ich weiß schon, wo ich hinwill.« Wir gehen hinauf zur Hügelkuppe, bis zu dem Punkt, von wo die Straße sich wieder nach unten in Richtung Mayow Park windet. »Bereit?«, fragt er.

»Du meinst, ob ich bereit bin, zwanzig Minuten am Stück zu rennen?«

»Jep ... Aber sieh es nicht so. Mach einfach einen Schritt nach dem anderen.«

Ich schlucke. Ich fühle mich kein bisschen bereit. Mein Kopf ist voller dunkelgrauer Wolken. Allerdings: Vielleicht überrasche ich mich ja selbst. »Also los«, murmele ich ergeben.

Ollie wirft mir einen leicht besorgten Blick zu, stellt jedoch den Timer in seinem Handy, und wir traben an.

Wir joggen die Straße hinunter, vorbei an der Schule, die jetzt in den Sommerferien natürlich völlig ausgestorben ist. So weit, so gut: Noch renne ich. Am Ende der Straße biegen wir so ab, dass unser Weg uns zum anderen Ende des Parks führt, und beginnen schließlich, eine große Runde darin zu drehen. Ich renne immer noch. Wie lange schon? Ich wette, wir haben noch nicht mal die Hälfte geschafft. Als wir am Spielplatz vorbeikommen, beginnt etwas in mir sich zu verabschieden. Ein wenig Hartnäckigkeit. Ein wenig Motivation. Sofern ich überhaupt je welche hatte. Trotzdem laufe ich weiter, folge Ollie durch den Park und dann wieder aus dem Tor, das auch unser Eingang war. Wir nehmen noch mal die Straße vom Anfang und schwenken schließlich in den Weg, der uns zu dem Gässchen bringt, in dem April wohnt. Aber ich muss kämpfen. Mir ist vollkommen rätselhaft, wie ich das durchstehen soll. Zwischen mir und dem Ende dieser Einheit liegen noch so viele Minuten. So viele Meter, so viele Schritte, zu denen ich meine Beine zwingen muss. So viele Atemzüge, während ich meinen Körper zu etwas zwinge, auf das ich im Moment gar keine Lust habe.

Verdammt. Ich schaffe es nicht. Was soll das überhaupt?

Ich bremse abrupt ab und bleibe stehen. Erleichterung

durchströmt meine Waden. Allerdings nicht mein Gehirn. Kaum bin ich langsamer geworden, habe ich mir schon bitter gewünscht, ich hätte es nicht getan. Ein Stückchen hätte ich doch noch durchgehalten, oder? Eventuell?

»Alles in Ordnung?«, fragt Ollie über seine Schulter, ehe er ebenfalls anhält und sich ganz zu mir umdreht.

»Ich … konnte einfach …«, japse ich mit bebender Brust.

»Schon gut, schon okay«, beruhigt er mich nickend.

»Shit …«, keuche ich, die Hände auf die Knie gestützt. »Vielleicht wird das doch nichts.«

»Pass auf, Ruby, bitte, bitte keine Panik. Das war eine große Steigerung. Möglicherweise zu groß.« Er späht auf sein Handy. »Wir waren bei fünfzehn Minuten, und das allein ist eine gigantische Leistung.«

»Arrgh, das ist doch alles so eine Zeitverschwendung. Ich verschwende bloß deine Zeit, oder nicht?«

»Ganz und gar nicht«, stellt er klar. »Du bist schon so weit gekommen, und zwar kannst du natürlich machen, was du willst – und auch jederzeit aufgeben –, aber ich denke, es wäre ein Fehler, jetzt hinzuschmeißen, nachdem es einmal nicht ganz reibungslos geklappt hat.« Er betrachtet mich mit so viel Verständnis in den Augen, dass ich ernsthafte Zweifel bekomme, ob ich wirklich *in der Lage* wäre, aufzugeben.

Also richte ich mich wieder auf und schaue mich um. »Ich glaube, hier irgendwo wohnt Liv.« Stirnrunzelnd ringe ich darum, meinen Atem unter Kontrolle zu bringen. »Schnell, lass uns von hier verschwinden – ich möchte nicht *noch mal* jemandem begegnen, den ich kenne, solange ich so aussehe.«

»Ach, du siehst bestens aus«, meint Ollie und gibt mir einen beruhigenden Knuff.

Ich seufze. »Ich schätze, uns bleibt immer noch Freitag für einen neuen Versuch.« Der Gedanke an eine neuerliche Laufeinheit bereitet mir mittlerweile Bauchschmerzen, aber vielleicht bin ich ja bis Freitag wieder in Stimmung.

»Ähm, genau genommen … Nein«, räumt er schuldbewusst ein. »Ich bin dieses Wochenende weg, deshalb können wir erst am Montag weitermachen.«

Zusätzlich zu den ganz allgemein miesen Vibes heute und den besonders miesen nach diesem verpatzten Training trifft mich die Enttäuschung jetzt doppelt hart – im nächsten Moment gefolgt von der Scham darüber, dass ich so enttäuscht bin. Es sind bloß ein paar Tage! *Krieg dich mal wieder ein, Ruby!*

»Oh!«, erwidere ich überfröhlich. »Wo geht's denn hin?«

»Brighton«, seufzt er.

»Was ist so schlimm an Brighton?«

»Nichts – es ist bloß … das Drumherum. Meine Tante und mein Onkel – die Schwester meiner Mutter und ihr Mann – kommen aus Italien zu Besuch und meine Eltern haben sich so davor gedrückt, sie in unser neues Haus einzuladen, dass wir uns jetzt stattdessen alle in Brighton treffen.«

»In euer neues Haus, das genauso aussieht wie mein Zuhause?«, frage ich und muss mich sehr beherrschen, um nicht die Augen zu verdrehen.

»Jaaa. Ich meine, ich habe mit dem Haus natürlich überhaupt kein Problem, aber meine Eltern sind nach wie vor ganz fanatisch darauf bedacht, ihr Gesicht zu wahren, und wenn meine Tante und mein Onkel spitzkriegen würden, dass sie nicht mehr in einem großen, schicken Haus wohnen, wäre das für sie quasi der Weltuntergang.«

»Das ist echt Mist.«

»Jep – von daher: Brighton«, sagt er. »Aber am Montag starten wir wieder durch, okay?«

»Alles klar«, entgegne ich. »Dann werde ich ganz tapfer sein und das nächste Training allein in Angriff nehmen.«

»Unsere kleine Nachmittagseinheit wird mir fehlen! Aber ich denke am Freitag pünktlich um halb sechs an dich.«

Jetzt verdrehe ich doch noch die Augen. »Quatsch, tust du nicht.«

Ollie erwidert nichts. Er runzelt bloß die Stirn und wirkt ein wenig unbehaglich.

Apropos unbehaglich … Jetzt wartet das Zoom mit Dad auf mich. Arrgh! Darauf habe ich so was von überhaupt keine Lust. Selbst unter besten Bedingungen hielte sich meine Begeisterung in sehr engen Grenzen, aber heute sind die Bedingungen denkbar schlecht. Ich bin eine Versagerin.

Kapitel 21

Ich dusche, ziehe mich um und gehe nach unten, wo Jake gerade seinen Laptop aufklappt, der auf einem Stapel dicker Bücher platziert ist.

»Also dann«, sagt er, ohne mich anzusehen. Ich merke, dass er auch alles andere als entspannt ist.

»Jep.«

»Mum hat die Pizzen bestellt. Sie müssten jeden Moment da sein.«

»Okay«, erwidere ich. »Soll ich noch irgendwas machen?«

»Nein, ich wüsste nichts. Vielleicht kannst du Sasha holen?«

Ich schlurfe zurück zum Fuß der Treppe und rufe nach ihr. Sie taucht auf – im Schlafanzug. »Vergiss nicht, dass wir gleich mit Dad verabredet sind, ja?«

»Oh – klar«, sagt sie. Sie hatte es eindeutig vergessen – aber ich bin merkwürdig erleichtert, dass diese Verabredung nicht wie eine dunkle Wolke über ihr gehangen hat, wie das bei mir der Fall war.

Es klingelt an der Tür und Mum öffnet. Pizzaduft erfüllt das Haus. Ich eile zu ihr, um ihr die Kartons abzunehmen, und schiele dabei nach der Uhr im Wohnzimmer. Nur noch ein paar Minuten bis zur vereinbarten Zeit. Ich lenke mich damit ab, Teller zu holen und die Pizzen darauf zu verfrachten

(Margherita für Sasha, Peperoni für Jake und für mich eine mit supersalzigem Belag), um sie anschließend ins Wohnzimmer zu tragen. Dann ist es so weit, also versammeln wir uns zu dritt auf dem Sofa, während Mum in die Küche zurückkehrt, um eine Geburtstagstorte mit Frosting zu verzieren: Sie dreht die Tortenplatte mit einer Hand, die andere Hand hält die Spritztüte. Jake lehnt sich über mich und öffnet den Link, den Dad uns geschickt hat. Die Zoom-Sitzung poppt auf, Jake lässt sich nach hinten sinken, und jetzt sitzen wir alle derart unbequem, dass das Bild der Kamera wie ein Geiselvideo anmutet, bloß eben mit Pizza.

Dad kommt *immer* zu allem zu spät. Heute Abend ist da keine Ausnahme, also warten wir stumm ein paar Minuten, betrachten uns selbst auf dem Bildschirm und sinnieren vermutlich alle darüber, wie absurd es ist, dass wir uns hier auf einem Sofa stapeln, wo wir doch normalerweise alle separat sitzen würden. Doch anders geht es nicht – nur so kann er uns alle im Kameraausschnitt sehen. Es fühlt sich extrem unnatürlich an. Aber dann taucht Dads Gesicht auf, und es ist so unverändert und so vertraut, dass es mir einen Stich versetzt. Nicht wie es beim Laufen manchmal in meiner Brust sticht, nicht schmerzhaft und auch ohne dieses kratzige Gefühl beim Atmen – eher so, dass ich mich auf einmal tonnenschwer und völlig leer zugleich fühle. Seine braunen Augen und das fast schwarze Haar und sein Bart, der langsam grau wird, und die weichen Züge, mit denen er an einen zu groß geratenen Welpen oder dergleichen erinnert: Dieses Gesicht war Teil meines ganzen Lebens – bis diesen Sommer. Das ist mein Dad.

»Ahoi, ihr Satansbraten«, sagt er, als wir auf seinem Screen erscheinen, und lächelt dabei breit, genau so wie früher immer, wenn er von der Arbeit nach Hause kam.

»Hi, Daddy«, antwortet Sasha.

Jake und ich sagen erst einmal nichts. Ich muss erst noch verdauen, dass ich ihn auf einem Bildschirm sehe statt in echt. Dann fällt mir allerdings wieder ein: Der ganze Sinn und Zweck dieser Verabredung besteht darin, dass wir miteinander reden. Also begrüße ich ihn ebenfalls: »Hi!« Meine Stimme klingt zu fröhlich, zu hoch. Unverhohlen Fake, aber etwas Besseres habe ich im Augenblick nicht anzubieten.

Jake brummt etwas, das als *Hallo* durchgehen könnte, vielleicht aber auch einfach nur ein Brummen ist. Wer weiß das schon bei ihm?

»Habt ihr eure Pizzen? Von Gino's, hmm?«

»Immer doch«, sage ich und bringe ein Lächeln zustande. Ich halte meinen Teller hoch, um ihm meine Pizza mit Anchovis und Oliven und Kapern zu zeigen.

»Salzig!«, kommentiert er und verzieht missbilligend das Gesicht. »Was hast du, Sash? Margherita?«

Sasha nickt und beißt in ein Stück.

»Und du hast bestimmt die mit den vielen Wurstsorten genommen, Jake?«

»Nein, nur Peperoni«, murmelt er.

Mir geht auf: Ich bin diejenige, die hier dafür sorgen muss, dass dieses Zoom funktioniert. »Hast du eine neue Lieblingspizzeria gefunden?«

»Ich suche noch. Gem–«, fängt er an, unterbricht sich aber sofort. Gemma. Das Tabuwort. Zumindest jetzt und hier. »Ich habe mir sagen lassen, dass der Laden, wo ich diese hier herhabe, der beste in der Gegend ist, aber so ganz kommt er nicht an Gino's heran. Schlecht schmeckt sie allerdings auch nicht.«

»Pizza schmeckt nie schlecht«, entgegne ich. Und dann schweigen wir wieder alle. Und schweigen und schweigen. »Wie ist –«, setze ich an, gerade als Dad ebenfalls den Mund aufmacht.

»Nein, du zuerst, Roo«, drängt er.

»Nein, ist nicht wichtig«, wehre ich kopfschüttelnd ab. »Ich wollte bloß fragen, wie deine neue Arbcit so ist.«

»Oh, ganz okay, nichts Aufregendes ... aber ich schätze, Buchhaltung ist einfach grundsätzlich nicht besonders aufregend, was?«

»Nope«, sagt Jake ausdruckslos. Mir fällt Jakes Protest neulich beim Abendessen ein, als Mum verhindert hat, dass wir mit Dad telefonieren. Wie dringend er da mit Dad reden zu wollen schien. Und jetzt sitzt er ihm quasi gegenüber, und nichts von diesem Eifer ist übrig. Jetzt ist es zu real. Zu überwältigend.

»Also ...«, meint Dad seufzend. »Wie verbringt ihr die Sommerferien?«

»Ruby macht Lauftraining«, erzählt Sasha, und ihre Begeisterung zündet ein kleines Feuerwerk in meiner Brust.

»Sie läuft?«, hakt Dad nach, als müsste Sasha sich irren.

»Sie läuft«, bestätige ich und rechne damit, dass Jake nun etwas einwirft, um zu unterstreichen, wie absurd das ist – doch von ihm kommt nichts. Woran ich merke, dass er wirklich so richtig down ist. Wenn er sogar eine Gelegenheit auslässt, mich lächerlich zu machen, muss es übel sein. »Ich nehme am Dawson Dash teil. Und versuche zu gewinnen«, erkläre ich.

»Oh!«, stutzt Dad, offenkundig verwirrt. »Wie schön!«

»Jake hängt die meiste Zeit hier ab und jobbt abends im Pub, stimmt's?«, berichte ich weiter.

»Jep«, nuschelt er.

»Bekommst du ordentlich Trinkgeld?«, fragt Dad.

»Jaaa, geht so«, antwortet Jake und schaut dabei zum ersten Mal in die Kamera – bisher hat er jeden digitalen Blickkontakt mit Dad vermieden.

Stille. Wir alle konzentrieren uns auf unsere Pizzen, als gäbe es nichts Spannenderes und Wichtigeres, und halten die Augen beim Kauen fest auf die Stücke geheftet. Wir sind Welten von unserem ehemaligen Mittwochabendritual entfernt.

Dann ruckt Dads Kopf zur Seite, irgendwo klimpern Schlüssel.

»Hi, Liebling«, erklingt die Stimme einer Frau, und wir sehen, wie sie ins Bild kommt und ihm einen Kuss auf die Wange gibt. Und auf einen Schlag tut sich ein riesengroßes Loch in meinem Magen auf. Ich fühle mich wie in einem Aufzug, der plötzlich zehn Stockwerke nach unten sackt. Das Gefühl gehört zu mir, aber irgendwie empfinde ich es gleichzeitig auch stellvertretend für Mum, die gar nicht mit uns im Raum ist. Oh nein. Das war so nicht geplant.

»Was schaust du denn da?« Die Frau späht auf den Bildschirm. Ein Gesicht. Jede Menge lange braune Haare. Hübsches Make-up. Ein geblümtes Trägerkleid. »Oh!«

»Gemma!«, fährt er sie an, beinahe wütend. »Ich habe es dir doch gesagt! Ich habe dir gesagt, dass das heute Abend ist! Ich dachte, du bist unterwegs!«

»Ich habe es vergessen!«, erwidert sie entnervt. »Ist das ein Verbrechen?«

Wir sitzen einfach nur da, in der verkrampftesten Stille, die man sich vorstellen kann, bis Jakes Stimme – höher und zittriger als gewöhnlich – sie durchschneidet. »Das ist sie also?«

»Jake, ich …«, beginnt Dad, ehe er sich kurz zu der Frau umdreht. »Kannst du bitte woanders hingehen? Nur, bis ich das hier geklärt habe.«

»Schon gut, schon gut!«, erwidert die Frau unwirsch und verschwindet aus dem Bild. Allerdings hätte Dad es sich sparen können, sie zu vertreiben, denn Jake schnellt nach vorn und knallt den Laptop zu. Anschließend fällt er zurück in die

Kissen und beißt mit finsterer Miene an seinem Daumennagel herum.

»Wer war das?«, fragt Sasha. Sie weiß zweifellos längst sehr genau, was los ist, will aber, dass jemand es ausspricht.

»Dads neue Freundin«, sage ich seufzend. Ich spähe hinüber zur Küchentür, wo Mum steht, mit einer Spritztüte in der Hand, regungslos, und mit sich hadert, ob sie hereinkommen soll oder nicht. Ausgeschlossen, dass sie nichts gehört, nichts von diesem Zwischenfall mitbekommen hat. Ich spüre einen Kloß im Hals. Auf einmal ist alles so real. Nicht, dass es das nicht auch schon vorher gewesen wäre, aber ... jetzt erst so *wirklich*. Er lebt wirklich woanders. Wohnt wirklich zusammen mit einer anderen Frau. All das geschieht wirklich, und nichts wird je wieder so, wie es war.

»Kumpel«, sage ich und lege einen Arm um Jake, was ich nur sehr selten tue. »Alles okay mit dir?« Er gibt keine Antwort, knabbert nur weiter an seinem Daumennagel.

»Das ist doch einfach scheiße«, sagt er schließlich, springt auf die Füße und hastet die Treppe hinauf in sein Zimmer, immer zwei Stufen auf einmal.

»Jaaa«, stimme ich ihm leise zu, obwohl er mich längst nicht mehr hören kann.

Jakes Abgang ist Mums Einsatzzeichen: Sie legt den Spritzbeutel weg und kommt ins Wohnzimmer.

»Kann ich jetzt in mein Zimmer gehen?«, fragt Sasha sie.

»Nimm deine Pizza mit«, antwortet Mum und lässt sich auf Jakes verwaisten Sofaplatz fallen.

»Nein, schon okay. Ich bin fertig.«

Mum mustert sie, wägt ab, was sie dazu sagen soll. »Nimm ein Stück mit«, sagt sie.

Sasha seufzt, was sich genauso theatralisch und damit unbeabsichtigt komisch anhört wie immer, doch ausnahmsweise muss ich nicht lachen. »Meinetwegen«, brummt sie, zieht sich ein Stück vom Teller und verschwindet damit nach oben.

Mum und ich bleiben allein zurück.

»Das war hart …«, sage ich.

»Es *ist* hart, nicht wahr?«, meint Mum und beißt sich auf die Lippe. Genau so wie ich immer.

»Mum«, setze ich an. Mein Herz fühlt sich schwer und federleicht zugleich an.

»Ja, Schatz?«

»Geht es dir gut?«

Ein Zögern – nur eine Sekunde. Dann lacht sie, aber es klingt unecht. Als wäre ihr gerade eingefallen, dass es sich so gehört. »Mir geht es bestens, Roo. Mach dir keine Sorgen um mich.«

»Es ist bloß …«

»Bloß was?«

»Ich habe dich ein paarmal im Vorgarten gesehen. Nachts.«

»Tja, na dann«, erwidert sie. »Es ist hart. Ziemlich hart. Das ist die ungeschönte Wahrheit, für mich ebenso wie für euch alle. Aber *du* sollst dir um *mich* keine Sorgen machen.«

»Ich mache mir aber Sorgen«, entgegne ich leise.

»Vergiss nicht, Roo: Ich habe jede Menge Freundinnen und außerdem Tante Siobhan und viele, viele andere Menschen, mit denen ich reden kann, wenn diese ganze Geschichte mir zusetzt. Wie gesagt, du brauchst dir da meinetwegen keine Gedanken zu machen. Ja, manchmal wächst mir alles kurzzeitig über den Kopf, aber da muss ich einfach durch. Ich möchte nicht, dass du dich um mich sorgst.« Sie schaut mich an und öffnet die Arme. »Du bist so lieb. So eine liebe, gute Tochter.«

Ich lasse mich von ihr in eine Umarmung ziehen.

»Mit mir ist alles in Ordnung«, betont sie noch einmal und küsst meinen Scheitel.

Vielleicht kommen wir alle irgendwann wieder in Ordnung.

Kapitel 22

Als ich mich am Montag mit Liv treffe, brenne ich einerseits darauf, abends wieder laufen zu gehen, um mir selbst zu beweisen, dass ich es *kann* – andererseits bin ich total bang und beklommen angesichts der Aussicht, dass ich es womöglich eben doch nicht kann.

Liv seufzt. »Das ist nur ein kleiner Durchhänger. Einfach blödes Timing«, sagt sie, während wir uns in den Horniman Gardens über den Zaun des Alpakageheges recken und eins der Tiere zu berühren versuchen. Das Alpaka möchte nicht berührt werden. Also respektieren wir das. »Ich meine, dein Bruder hat sich dir gegenüber direkt vorher wie ein Arsch benommen. Und dann ist dir das Laufen schwergefallen. Was aber keinesfalls beweist, dass dein Bruder recht hatte. Wenn überhaupt, dann beweist es eher, dass ziemlich viel von diesem Kram – also, ob du irgendetwas schaffst oder nicht – einzig und allein … Kopfsache ist.«

»Und genau damit hat der ganze Stress mit meinem Bruder ja überhaupt angefangen! Mit *exakt* diesem Thema!«

»Also lagst du richtig. Du bist losgelaufen voller Zweifel, ob du das kannst oder nicht, ob dein Körper dich das je vollbringen lässt oder nicht. Statt mit der Einstellung zu starten: *Scheiße noch mal, klar kann ich das, wieso auch nicht?* Verstehst du?«

Ich nicke. »Na ja, die Möglichkeit, dass ich buchstäblich nicht dazu in der Lage bin, steht immer noch groß und breit im Raum. Dass ich keine Läuferin und einfach nicht dafür gemacht bin.«

»Na klar! Das liegt nicht jedem, und natürlich kannst du jederzeit aufgeben, aber … irgendwie gefällt es dir doch auch, oder? Dieses triumphale Gefühl am Ende, wenn du durchgehalten hast, diese zuckersüßen Endorphine?«

»Jaaa …«

»Siehst du! Das ist doch mehr als Grund genug, dranzubleiben – denn du *kannst* es. Du tust es schließlich schon. Und es ist ja nicht so, als wärst du die erste coole dicke Amazone, die einen Sport-BH trägt!«

»Nein, immerhin gibt es auch noch … dich«, sage ich, denn darüber hinaus fällt mir niemand ein.

Liv fischt ihr Handy aus der Gesäßtasche und tippt mit ihrem Daumen, dessen Nagel komplett abgeknabbert ist, auf dem Display herum. Dann hält sie es mir hin. »Da, bitte sehr«, sagt sie, und ich muss gegen die Sonne die Augen zusammenkneifen, um eine hammermäßige Frau mit dunklem Hautton zu erkennen, die beim Yoga gerade einen Kopfstand macht. Liv zieht das Handy zurück, nur um mir drei Sekunden später eine zweite Frau mit langem, seidig glänzendem Haar zu präsentieren, die in einem knallpinkfarbenen Spandexanzug am Strand Boxercise trainiert. Und dann sehe ich noch eine am ganzen Körper tätowierte und strahlend lächelnde Gewichtheberin. Sie alle sind dick. Wärme breitet sich in meiner Brust aus. Ein Gefühl von Geborgenheit.

»Alle dick«, stellt Liv fest, als hätte sie meine Gedanken gelesen. »Und, wie du schon sagst, dann bin da noch ich. Und all das ist viel wahrer als der Blödsinn, den dein Bruder von sich gibt. Das hier ist die Realität! Diese Frauen sind echt! Ich bin echt! Du bist echt! Er ist derjenige, der nur Bullshit zusammenfantasiert!«

Ich nicke und spüre den Anflug eines Lächelns auf meinen Lippen. Mein letztes Lauftraining war so grottig, so demotivierend, so vollkommen *bäh*, dass ich wohl wirklich für eine Weile Jakes Unsinn geglaubt habe.

»Folg ihnen – *allen*«, drängt Liv. »Das ist ein Befehl. Es wird dir guttun, und das wiederum hilft dir dabei, deiner Schwester das beste Vorbild zu sein.«

»Das mache ich!« Und dann, weil ich ihr im Gegenzug auch etwas Gutes tun möchte, sage ich: »April war total aus dem Häuschen darüber, dass wir miteinander abhängen.«

Liv hebt eine Augenbraue. Ich sollte sie mal fragen, wie sie das hinkriegt, aber jetzt ist dafür nicht der richtige Zeitpunkt. »Ach ja?«

»Ja! Ich denke, ihr zwei solltet euch mal treffen. Also, wenn du magst, könnte ich dich ihr vorstellen. So, dass es nicht peinlich ist.«

»Da wäre ich dabei«, meint Liv leichthin, aber ich merke ihr an, dass die Idee sie begeistert. Ruby Morgan, Kupplerin! Gibt es eigentlich irgendetwas, das ich *nicht* kann?

Tja, diese Frage wird am späten Nachmittag direkt ergründet, als ich wieder mit Ollie unterwegs bin: Kann ich das?

»Heute probieren wir eine etwas abweichende Route aus«, verkündet er. »Wir starten diesmal auf der anderen Seite des Parks, nur damit es sich nicht anfühlt, als würdest du immer bloß genau das gleiche Programm abspulen. Beim letzten Mal ist es zwar nicht so toll gelaufen, aber es gibt keinen Grund, warum du heute nicht total abliefern solltest.«

Ich nicke. »Ich weiß«, erwidere ich mit entschlossener Miene.

»Das will ich hören! Ich habe das ganze Wochenende an dich gedacht. Und mich richtig mies gefühlt, als hätte ich dich im Stich gelassen, gerade als du ein bisschen Auftrieb besonders nötig gehabt hättest. Aber anscheinend hast du dich ja ganz allein wieder gefangen.«

»Na, das wird sich noch zeigen, aber zumindest starte ich mit einer positiven Einstellung.«

Er schaut auf sein Handy, stellt den Timer. »Finde einfach deinen ganz eigenen Rhythmus. Lauf so langsam los wie nötig, damit du bis zum Schluss genügend Energie hast. Du willst dich ja nicht zu früh verausgaben. Bereit?«

»Und wie.«

»Dann los!«

Wir traben an. Langsam, langsam. Langsamer als sonst. Langsamer als zuletzt. Ich weiß jetzt, wie es sich anfühlt, so lange am Stück zu rennen, und ich muss durchhalten. Ich muss mit meiner Kraft haushalten und mir eine Reserve aufsparen, falls es am Schluss hart wird. Wir laufen die lange, gerade Straße mit den schicken Häusern auf der anderen Seite des Parks entlang, und als wir ein paar Minuten später ihr Ende erreicht haben, verändert sich meine Atmung. Ich spüre, wie die Luft in meiner Brust stockt. Aber davon lasse ich mich diesmal nicht kleinkriegen.

Als könnte er meine Gedanken lesen, sagt Ollie (der beim Laufen reden kann, als wäre gar nichts dabei): »Nimm lange Atemzüge durch die Nase und atme dann langsam durch den Mund wieder aus. Versuch dich fürs Erste nur darauf zu konzentrieren.«

Ich nicke, weil ich nichts von meiner kostbaren Energie aufs Reden verschwenden will.

Ein. Langsam. Aus. Langsam. Ein. Langsam. Aus. Langsam. Ich spüre, wie meine Füße immer öfter zwischen den Atemzügen auf dem Asphalt landen. Wie mein Körper allmählich seinen Takt findet. Ich muss einfach nur so weitermachen: weiterlaufen, nicht stehen bleiben. Ich darf bloß nicht stehen bleiben. Und ich bleibe nicht stehen. Noch nicht. Ich laufe weiter, und Ollie lotst mich durch den Mayow Park, die große Runde und durch das andere Tor auf unserer Einstiegsseite wieder hinaus. Wir joggen die leicht ansteigende Straße dahinter hinauf, und es fühlt sich an, als bestiegen wir den Mount Everest, aber ich halte durch. Ich laufe weiter. Ich laufe weiter, weil ich es kann. Weil ich weiß, dass ich es kann.

»Wir haben schon die Hälfte geschafft!«, sagt Ollie, und ein Teil von mir ist fassungslos, dass wir das Gleiche noch einmal vor uns haben, dass ich gerade fünfzig Prozent meines Ziels erreicht habe, aber dieser Teil wird übertönt von dem anderen Teil, der ruft: *Klar packst du das noch mal!* Also folge ich Ollie die Straße entlang, auf der wir letzte Woche gestartet sind, nur diesmal in entgegengesetzter Richtung. Und mir kommt wieder in den Sinn, wie überzeugt ich war, dass ich es einfach nicht schaffen kann, und wie furchtbar es war, als ich mir diesen Zweifel selbst bestätigt habe, und ich kämpfe mich weiter, bis wir den höchsten Punkt der Straße erreicht haben und rechts in die Dacres Road abbiegen. Und plötzlich bin ich sicher, einen Specht im Naturschutzgebiet zu hören – wie cool ist das denn, bitte? –, und das hätte ich ja wohl niemals erlebt, wenn ich in diesem Moment daheim wäre! Und yes! Hinter diesem Wohnblock geht es bergab! Süße Erleichterung durchflutet meine schmerzenden Waden, als wir hangabwärts laufen, sodass mein Körper beim Abbiegen in die Inglemere Road nach der kleinen Erholung bereit dafür ist! Obwohl mir alles wehtut und meine Atmung wirklich gehörig ruckelt, laufe ich immer noch! Diese Straße bin ich schon Hunderte Male in meinem Leben entlanggegangen, und erst jetzt, wo ich renne, fällt mir auf, dass sie nicht eben verläuft – sondern ansteigt. Ich spüre jedes Prozent der Steigung, während ich stur weiterrenne, direkt hinter Ollie. Die moderne Kirche am Ende der Straße erscheint mir noch unendlich weit weg, aber ich werde sie erreichen, wenn ich nur ganz simpel einen Fuß vor den anderen setze. Genau genommen kann ich sie unmöglich *nicht* erreichen, solange ich bloß durchhalte. Und genau das tue ich, und als wir erneut die abfallende Dacres Road erreichen und diesmal rechts abbiegen, um ihr weiter zu folgen, bin ich mir selbst unfassbar dankbar, weil ich, seit ich diese Ecke das letzte Mal gesehen habe, die Inglemere Road zuerst hinauf- und dann hinuntergejoggt bin. Ich bin dankbar und glücklich und felsenfest entschlossen, diese Einheit bis zum Ende durchzuziehen – weil ich es kann. Wir rennen vorbei an dem Haus mit dem lebensgroßen knuddeligen Eisbären im Fenster, vorbei an den Wohnblöcken, vor denen im Frühling Krokusse aus dem Rasen im Vorgarten sprießen, immer weiter und weiter, bis –

»Stopp!«, ruft Ollie. »Du hast es geschafft!«

Ich bleibe stehen, stütze mich auf den Knien ab, überwältigt von der immensen Anstrengung, nicht aufgegeben zu haben, meinem Körper eingeredet zu haben, dass ich es schaffen kann, weil mein Gehirn wusste, dass ich es kann. Meine Brust fühlt sich an, als wäre sie voller Metallsplitter, die in meiner Lunge umherklirren. Aber zugleich durchströmt mich ein Hochgefühl, eine Leichtigkeit. Sind das etwa die berühmten … Endorphine?

»Weitergehen! Nicht zu lange stillstehen!«, kommandiert Ollie, und ich hebe widerwillig abermals die Füße.

»Ich … hab's … geschafft«, japse ich. Und grübele, wie viel mir wohl an Strecke noch bis zu den fünf Kilometern vom Dawson Dash gefehlt hat. Wie weit bin ich noch von meinem Ziel entfernt?

»Allerdings! Ich wusste ja, dass du es kannst! Ich wusste es!«, sagt er grinsend.

Das fühlt sich eine Million Mal besser an als letzten Mittwoch. Ich habe es letzte Woche nicht geschafft, weil ich es buchstäblich nicht *konnte*. Mein Gehirn war nicht bereit dafür. Ich war ganz falsch gepolt, mutlos, niedergeschlagen. Und somit nicht in der Lage, meine Leistung abzurufen. Heute dagegen hat alles gestimmt: Ich war motiviert und inspiriert und entschlossen, und deshalb *hat* es geklappt. Und wie!

Ich meine, ich schaffe es auf dem Rückweg kaum, mich die Stufen zur Eisenbahnbrücke hochzuhieven, aber ich habe es geschafft. Meine Beine zittern so heftig, als wir auf der anderen Seite wieder zur Straße hinuntersteigen, dass ich im Schneckentempo gehen muss.

Ollie, der einige Stufen vor mir ist, dreht sich um. »Soll ich dich stützen?«, bietet er an.

»Nein, schon okay«, sage ich.

»Sicher?«, fragt er und streckt mir eine Hand entgegen. Ich will nicht, dass er ausgerechnet jetzt meine total verschwitzte Hand berührt! Auf keinen Fall!

Ich nicke und schlurfe weiter.

»Du machst wirklich großartige Fortschritt, weißt du das?«, sagt er auf dem kurzen Wegstück zwischen der Brücke und zu Hause.

»Ich weiß. Also, jetzt weiß ich es. Ich habe am Anfang so große Töne gespuckt, aber gar nicht wirklich daran geglaubt. Und dann, nachdem wir mit dem Training angefangen hatten, habe ich *erst recht* nicht mehr daran geglaubt. Aber jetzt … vielleicht schon? Liv hat mich so grandios bestärkt und mir diese ganzen Bilder von coolen Plus-Size-Sportlerinnen gezeigt, und danach war das so ein Gefühl von wegen: *Yeah, das ist machbar für mich!* Verstehst du?«

Ollie nickt nachdenklich, als müsste er ein Rätsel lösen. »Von jetzt an laufen wir jedes Mal länger am Stück, bis zum Rennen. Also noch …«

»Ungefähr drei Wochen«, sage ich, und mir wird schlecht bei der Aussicht.

»Tja«, meint er schulterzuckend, »wenn du mit der Einstellung von heute an den Start gehst, sehe ich keinen Grund, wieso du in drei Wochen nicht mehr als bereit sein solltest.«

Ich klatsche in die Hände. »Mit dir und Liv an meiner Seite habe ich auf jeden Fall allen Boost, den ich nur brauchen könnte.«

»Ihr zwei versteht euch mittlerweile echt gut, oder?«, fragt er und mustert mich, als versuchte er, meine Mimik zu entschlüsseln.

»Ja, sie ist cool. Im Sinne von: verdammt cool«, antworte ich und grübele dabei, was er wohl von mir hören will.

»Oh, und vergiss übrigens nicht, dich anzumelden. Der Anmelde-Link kam kürzlich per Mail an unsere Schul-Mailadressen.«

»Ich hatte schon fast wieder vergessen, dass wir Schul-Mailadressen *haben* … Keine Ahnung, ob mir überhaupt noch mein Passwort einfällt …«, sage ich und spule mein Gedächtnis zurück zu irgendeinem diffusen Tag vor etlichen Monaten, an dem ich es eingerichtet habe. Was um alles in der Welt habe ich mir damals bloß als Passwort aus den Fingern gesogen?

Ollie lächelt. »Da habe ich wohl Glück, dass ich mein Passwort erst Anfang der Sommerferien wählen musste. Soll ich dich mit anmelden, wenn ich meine Anmeldung abschicke?«

Ich schaue zu ihm hoch, ein wenig betreten, weil ich nicht mal das alleine gebacken bekomme. »Ja bitte.«

»Kein Problem. Ich trage dich ein. Dann hast du auch keine Chance, doch noch zu kneifen.«

»Na ja, im Grunde sehr wohl. Ich kann ja einfach nicht auftauchen.«

»Nie und nimmer«, widerspricht er kopfschüttelnd. »Wenn du etwas zusagst, dann ziehst du es auch durch – so wie ich dich einschätze.«

Ich werde rot. »Tja, damit liegst du wohl richtig …«

Wir sind fast zu Hause angekommen, und ich fühle mich so euphorisch und federleicht und voller Liebe für die ganze Welt, dass ich Ollie noch nicht gehen lassen möchte.

»Oh, Sekunde mal!«, sagt er und hält einen Finger hoch. »Warte hier.« Er hechtet zu seiner Haustür und schließt auf, lässt die Tür halb offen, als er hineinhuscht. Eine Minute später ist er wieder da, in der Hand eine kleine, eckige Schachtel, die mit einer roten Schleife zugebunden ist. Was ist das?

Er reicht sie mir. Dabei berühren sich unsere Hände, und seine Hand ist zart und warm und ich würde sie am liebsten festhalten. Ich öffne zuerst die Schleife und dann die Schachtel, und darin liegen herzförmige Kekse mit Zuckerguss und einem eleganten R in der Mitte. Alles Blut schießt mir in die Wangen. Ich starre einfach nur darauf, während mein Herz wie wild in meiner Brust hämmert. Er mustert mich scheu, als rechne er damit, dass ich ihm ins Gesicht lache oder ihm eine vielleicht freundliche, aber doch eindeutige Abfuhr erteile.

»Ich will mehr ausgefallene Dekorationen machen, weil ich glaube, das ist etwas, worauf ich mich vielleicht … spezialisieren könnte, sobald ich mal richtig loslege, und da habe ich nach einer Gelegenheit zum Üben gesucht. Ich habe meinem Dad erzählt, du hättest Geburtstag und ich müsste sie für dich machen, damit er mich nicht ins Kreuzverhör nimmt, um herauszufinden, wieso ich *wirklich* so dringend meine Backkünste verfeinern möchte«, sagt er mit einem traurigen Lächeln.

»Aber ich habe gar nicht –«, fange ich unsinnig an.

»Nein, ich weiß«, unterbricht er mich und wird ebenfalls rot. »Ich hatte einfach Lust, sie zu machen.« Pause. »Für dich.«

Passiert das gerade … wirklich? Hat Ollie, mein absoluter Crush, allen Ernstes einfach so Herzkekse für mich gebacken? Kann das etwas sein, das wirklich und wahrhaftig mir widerfährt? Wir starren einander an. Seine Augen wirken so groß und erwartungsvoll. Ich habe keinen blassen Schimmer, was ich tun soll. Keine Ahnung, ob das Beweis genug ist, dass er vielleicht, eventuell, möglicherweise auch ein winzig kleines bisschen Interesse an mir hat, oder ob ich lieber weiter abwarten sollte.

»Na dann«, sage ich und schlucke mühsam, »danke.« Und befeuert von dem Selbstvertrauen, das mein Treffen mit Liv und der großartige Lauf heute und diese unerwartete liebe Geste in mir genährt haben, beschließe ich, sehr mutig zu sein. »Ich hatte überlegt, ob du Lust hast, dich irgendwann mal mit mir zu treffen … ohne dass wir laufen gehen?«

Er lächelt. »Jaaa. Gern.«

»Wie wäre es … morgen? Da trainieren wir ja nicht. Oder ist das zu bald?«, schiebe ich schnell hinterher.

»Nein, morgen passt prima. Deine Mum hat mir geschrieben, dass die Auslieferungsrunde morgen kürzer ausfällt, also könnten wir etwas zusammen unternehmen, sobald ich zurück bin?«

»Ich fasse es nicht, dass meine Mum dir Textnachrichten schickt«, sage ich und klatsche mir eine Hand gegen die Stirn, sonne mich aber vor allem im Glanz der Tatsache, dass Ollie gerade Pläne mit mir schmiedet.

»Du kannst mir auch schreiben, wenn du magst.« Er schaut mich nicht an, sondern inspiziert seinen rechten Schuh, der einen Kreis auf den Asphalt zeichnet.

»Ich habe deine Nummer gar nicht«, erwidere ich, muss allerdings schmunzeln.

»Gib mir deine«, sagt er, da er weiß, dass ich mein Handy zum Laufen nicht mitnehme. Ich sage sie ihm und er tippt sie in sein Smartphone. »Also morgen Abend, ja? Wir können irgendwo hingehen, wenn ich zurückkomme.«

»Abgemacht – wir haben ein …« Ich beiße mir auf die Zunge. Womöglich ist es *kein* Date. »Bis dann.«

»Bis dann«, antwortet er und verschwindet wieder in seinem Haus. Ich bleibe stehen, mit der Schachtel in der Hand. Und starre darauf und frage mich, wie das Leben so wunderbar geworden ist.

Kapitel 23

Ich! Treffe! Mich! Heute! Mit! Ollie! Deshalb kann rein gar nichts meine gute Laune trüben! Nein, natürlich rechne ich nicht *ernsthaft* damit, dass nachher irgendetwas zwischen uns passiert, aber träumen darf man ja wohl, oder? Ich lege einen Hauch Make-up auf. Nicht zu auffällig, nichts, wofür ich Salmas Talent bräuchte, aber, tja, schon ein bisschen verführerischer als so krebsrot verschwitzt, wie er mich normalerweise sieht. Was für ein Tag!

Kannst du mich mal anrufen,
wenn du eine Minute Zeit hast?

Oh. Typisch. Doch etwas, das meinen Gute-Laune-Ballon zum Platzen bringt: eine Nachricht von Dad. Eine Minute habe ich gerade. Ich könnte ihn wohl anrufen. Seit dem verfluchten Zoom-Call neulich haben wir im Grunde nicht wieder miteinander gesprochen, und das ist jetzt schon fast eine Woche her. Seither ein paar Textnachrichten, aber nichts Tiefergehendes. Ich atme noch einmal durch und tippe dann auf das kleine Telefon-Icon neben seinem Namen oben auf dem Display.

Es hat kaum geklingelt, da nimmt er auch schon an. »Hallo, Roo«, sagt er. »Alles okay bei dir?«

»Alles okay«, sage ich. »Wie geht's dir?«

»Besser, jetzt da ich deine Stimme höre«, antwortet er.

Ich erwidere nichts. Ich weiß nicht, was. Und überhaupt: *Er* wollte ja reden.

»Also … Das am Mittwochabend ist nicht ganz so gelaufen wie geplant, hmm?«

»Nicht ganz.«

»Ich wollte nur sagen … Es tut mir leid. So hatte ich mir das nicht vorgestellt.«

Ich bleibe wieder stumm, unsicher, ob er noch mehr loswerden will oder jetzt eine Reaktion von mir erwartet.

»Schon in Ordnung«, murmele ich schließlich.

»Mir ist klar, dass das alles nicht leicht sein kann für euch …«

»Stimmt«, entgegne ich und schlucke den Kloß in meinem Hals hinunter. »Zuerst dachte ich, vor allem für Jake ist es hart, aber mich nimmt es auch mit. Vielleicht sogar Sasha, obwohl sie ziemlich gut damit zurechtzukommen scheint.«

»Dieser Sommer war …« Er stockt. »Tja, er war schrecklich ohne euch. Und noch schrecklicher war, dass wir so wenig Kontakt hatten.«

»Ich weiß … Ich weiß …«, sage ich. »Ich weiß, ich sollte nicht so …«

»Nein, das ist nicht deine Schuld«, fällt Dad mir entschieden ins Wort. »Für dieses ganze Chaos bin ich verantwortlich. Und wenn du Zeit brauchst, um deinen eigenen Weg zu finden, damit umzugehen, dann respektiere ich das vollkommen. Du fehlst mir bloß wirklich sehr. Das ist alles. Ich habe keine Ahnung, was ich erwartet habe, aber …«

»Jaaa«, seufze ich traurig. Ich habe auch keine Ahnung, was er erwartet hat – nach seinem Umzug in eine neue Stadt, zu der Frau, mit der er sechs Monate lang seine Ehefrau betrogen hatte. Da muss man kein Genie wie ich sein, um vorauszusehen, dass daraus Murks erwächst. Eigentlich. Aber offenbar: Pustekuchen.

»Um ganz ehrlich zu sein«, fängt er wieder an, und obwohl ich ihn natürlich nicht sehen kann, habe ich dieses Bild von ihm vor Augen, wie er sich mit den Händen durchs Haar fährt – so macht er das immer, wenn er sehr ernst und nachdenklich ist. »Ich bin mir nicht sicher, ob es das wirklich wert war.«

»Mhmm«, mache ich.

Es ist ja nicht so, als ob Mum *nicht* ungefähr eintausend Mal versucht hätte, ihm das zu verklickern – allerdings war ihre Beziehung zu diesem Zeitpunkt schon so unrettbar kaputt, dass sie ohnehin nicht hätten zusammenbleiben können. Trotzdem: Er hätte ja nicht gleich *zu seiner Neuen ziehen* müssen.

»Tut mir leid, du musst dir das wirklich nicht alles von mir anhören.«

»Schon okay. Gut zu wissen, schätze ich«, erwidere ich, obwohl das Wissen, dass es all den Schmerz vielleicht gar nicht wert war, in gewisser Weise viel, viel schlimmer ist, als wenn er jetzt glücklich wäre.

»Eigentlich wollte ich mich nur für den Anruf neulich abends entschuldigen.«

»Ich glaube, es war einfach schwer für uns, dich so zu sehen. Schon ohne … na ja, die Unterbrechung. Für mich hat es sich völlig fremd angefühlt, verstehst du? Und ich vermute, Jake ging es ähnlich.«

»Ich weiß«, sagt er. »Ich weiß.« Wir schweigen zusammen, etliche Kilometer auseinander. »Wir stehen das durch. Mir war es nur wichtig, dir zu sagen, dass ich dich lieb habe und dass es mir leidtut, was für ein Chaos ich dieses Jahr angerichtet habe. Wir stehen das durch«, beharrt er.

»Klar«, antworte ich, weil es stimmt – wir werden es durchstehen. Gerade im Moment sind wir bloß am Tiefpunkt. Ganz unten. Und diesen Tiefpunkt müssen wir erst überwinden. »Ich habe dich auch lieb.«

»Gut. Tja, ich bin auf der Arbeit, deshalb sollte ich besser langsam mal zurück an meinen Schreibtisch – aber ich habe einfach seit letzter Woche ständig an dich gedacht und hatte das Bedürfnis, mit dir zu reden. Ich habe dich lieb«, wiederholt er noch einmal.

Und ich ziehe mit: »Ich habe dich auch lieb. Tschüss, Dad.«

»Tschüss, Roo.«

Und als wir das Gespräch beenden, hat sich im Grunde gar nichts verändert, doch für mich macht es einen Unterschied, dass er nicht einfach irgendwo ohne uns das Leben seiner Träume lebt. Dass er auch leidet und nicht nur wir.

Ich versuche, das beschwingte Gefühl der Vorfreude auf mein Nicht-Date mit Ollie wiederzubeleben, und durchstöbere meinen Schrank nach einem süßen Outfit. Mitten im Umziehen, mit einem gerippten Tanktop über dem Kopf, registriere ich, dass meine Zimmertür aufgeht, und bis ich das Oberteil los bin, hat Sasha es sich bereits auf meinem Bett bequem gemacht.

»Schon mal was von Anklopfen gehört?«

Sie zuckt mit den Schultern und mustert mich neugierig. »Was machst du?«

»Unordnung – das mache ich.«

»Willst du weg?«

»Ja, ich treffe mich mit jemandem.«

»Was habt ihr vor?«

»Weiß ich noch nicht.«

»Mit einem Mädchen oder mit einem Jungen?«

»Mit einem Jungen.«

»Oh.«

Ich frage mich, was sie hier will.

Da stehe ich nun also, in Unterwäsche, und begutachte den Inhalt meines Kleiderschranks – oder zumindest die wenigen Klamotten, die noch darin sind, denn der Großteil liegt inzwischen auf meinem Bett.

Sasha beäugt mich nach wie vor, bemerkenswert durchdringend für eine Zehnjährige. »Roo«, sagt sie schließlich, legt die Stirn in Falten und setzt sich auf, ganz so, als sei es ihr sehr wichtig, jetzt ernst genommen zu werden.

»Ja?«, frage ich und hoffe, dass sie schnell zum Punkt kommt, weil ich einerseits loswill, andererseits aber unbedingt alle Geduld der Welt für sie aufbringen möchte.

»Wünschst du dir eigentlich manchmal, du würdest anders aussehen?«

Ein Teil von mir überlegt, auf Zeit zu spielen, scheinheilig zu fragen: *Inwiefern anders?* – aber ich weiß genau, was sie meint. Ich weiß, wonach sie fragt. Und nun kann ich ihr entweder die Wahrheit sagen oder lügen. Ich kann mit den Schultern zucken und sagen: *Manchmal*, weil das stimmt, weil ich es hin und wieder einfach leid bin, von Jungs und insbesondere von meinem Bruder behandelt zu werden wie ein absonderliches Wesen von einem anderen Stern – oder mich ganz von selbst so zu fühlen, sobald ich den Fernseher einschalte oder ein Buch aufschlage. Oder ich kann sagen: *Nein, nie*. Denn es ist zwar nicht so, dass ich es mir überhaupt nie wünsche, aber es *fühlt* sich ehrlicher *an*, weil es meine Überzeugung ist, zu der ich stehe – ich, Ruby.

»Nein«, lüge ich. »Ich mag mein Aussehen.« Das wiederum ist die Wahrheit. Fangen wir erst mal mit dem Wichtigsten an – den Feinheiten widmen wir uns später. Nämlich dann, wenn sie nicht mehr gerade mal zehn ist.

»Oh«, sagt sie wieder. Ihr Tonfall ist schwer zu deuten: skeptisch? Überrascht? Erleichtert?

»Wieso fragst du?«

Schulterzucken.

Ich bin versucht, es dabei zu belassen, nicht zuletzt, weil ich es eilig habe. Aber ich bringe es einfach nicht über mich. »Nein, wirklich: Wieso?«

»Ich wünschte, ich würde mehr so aussehen wie alle anderen in der Schule«, sagt sie schlicht. »Ich wünschte, ich würde nicht anders aussehen.«

Ich denke kurz nach, wäge ab, wie ich an die Sache herangehen soll. »Aber …«, setze ich an, sorgsam darauf bedacht, keinen Fehler zu machen. Ich erinnere mich an Liv. Daran, wie sie es geschafft hat, mir alles so zu vermitteln, dass es sich für mich richtig angefühlt hat. »Mason hat grüne Augen und total blasse Haut, und Charlotte hat Sommersprossen und rote Haare, und Femi ist größer als alle anderen und außerdem schwarz, und Ellie hat eine Lücke zwischen den Schneidezähnen, und Archana hat die längsten Haare, die ich je gesehen habe. Also ist es doch gar nicht so, dass *alle anderen* gleich aussehen? Oder?«

Sie presst die Lippen zusammen. »Nein … aber sie sind alle nicht …«

»Nicht pummelig?«, schlage ich vor.

Sie nickt.

Ich zucke mit den Schultern. »Das ist eben einfach, wie *du* aussiehst. Wir sind alle unterschiedlich. Jeder unterscheidet sich in irgendeiner Hinsicht von den anderen, und keiner dieser Unterschiede ist schlecht. Glaube ich zumindest.« Ich ziehe mich weiter um. »Ich meine … Ich bilde mir zwar gern ein, allwissend zu sein, aber in Wirklichkeit weiß ich definitiv nicht alles. Von daher kann ich dir nur sagen, was ich denke.

Aber davon bin ich überzeugt. Und ich glaube nicht, dass irgendetwas an mir nicht stimmt, und ich glaube auch nicht, dass irgendetwas an dir nicht stimmt.« Ich setze mich aufs Bett, um meine Sneakers zu schnüren.

»Ich denke mal darüber nach«, sagt sie entschlossen, als müsste sie schlichtweg eine Entscheidung treffen: sich entweder weiter wegen ihres Körpers zu grämen – oder nicht. Und vielleicht ist es genau so.

»Denk nicht zu viel. Du solltest dein Leben genießen und Spaß haben«, sage ich und springe vom Bett auf. »Und jetzt muss ich los, und ich lasse dich sicher nicht hier drin allein herumschnüffeln, solange ich weg bin.«

»Ich schnüffele gar nicht!« Ihr empörter Tonfall klingt eher nach einer Frau im besten Alter, nicht nach einer pausbäckigen Zehnjährigen.

»Ja, ja …«, necke ich und ziehe sie am Pferdeschwanz, während sie gnädigerweise meine Anweisung befolgt und in ihr eigenes Zimmer mit ihrem eigenen Kram darin zurückkehrt.

Im selben Moment ertönt ein drängendes Pochen an der Haustür. Ich werfe einen prüfenden Blick auf mein Handy und stelle fest, dass es schon später ist, als ich dachte. Ollie hat sich Zeit gelassen. Aber wieso ist er jetzt so ungeduldig?

Ich öffne die Tür.

»Oh!«, stutze ich, denn mir gegenüber steht Ollies Mum.

»Hi – Ruby, nicht wahr?« Sie wartet meine Antwort nicht ab. »Oliver hat erzählt, du bist die Ruby von damals, als er klein war, aber ich bin mir nicht sicher, ob ich dich nach all der Zeit noch erkannt hätte«, haspelt sie überstürzt und mit gerunzelter Stirn. »Ich bin Olivers Mum – und ich wollte fragen, ob du weißt, wo er ist. Hast du ihn gesehen?«

Ich schlucke. Ich weiß genau, wo er ist. Er fährt Backwaren aus, für meine Mum. »Ähm …«, druckse ich herum.

»Ich probiere bloß schon seit einer Weile, ihn zu erreichen, aber er geht nicht an sein Handy, und mittlerweile lande ich direkt auf der Mailbox«, erklärt sie mit zunehmend panischer Stimme.

»Und das ist ungewöhnlich für ihn?«, frage ich, weil ich das nun wiederum tatsächlich nicht weiß.

»Ja, sehr ungewöhnlich«, erwidert sie unwirsch und legt sich eine Hand an die Stirn. »Normalerweise würde ich mir gar nicht solche Sorgen machen, aber ich habe gerade mitbekommen, dass vor dem Sainsbury's ein Radfahrer angefahren wurde, und das Fahrrad sah aus wie Olivers, und jetzt habe ich mich da hineingesteigert, weil ich ihn nicht erreiche.«

Jetzt ist es an mir, panisch zu werden. Mein Herz hämmert mit einem Mal wie wild in meiner Brust. Mir wird schwindelig. Könnte er das gewesen sein? Unmöglich, oder? Allerdings … Irgendjemand muss es sein. Was soll ich jetzt tun? Ihr alles gestehen? Das muss ich wohl, oder?

»Na ja, es ist so …«, fange ich an, weil ich es nicht länger ertrage, wie wir einander hier wortlos anstarren. »Ich weiß gewissermaßen tatsächlich, wo er ist.«

»Ja?«, fragt sie mit aufgerissenen Augen.

»Er liefert ein paar Bestellungen aus, für meine Mum mit ihrem Kuchen-Service. Er ist mit dem Fahrrad unterwegs.« Kaum sind die Worte aus meinem Mund, bricht eine Welle der Reue über mich herein. Aber falls er tatsächlich in Schwierigkeiten steckt, dann ist es das wert, nicht wahr? Ganz bestimmt rechtfertigt diese Ausnahmesituation meinen Verrat, ganz sicher – oder nicht?

»Er – was? Während ich arbeite?«

»Meine Mum betreibt ihren eigenen Kuchen-Service … und sie war auf der Suche nach jemandem, der ihre Bestellungen hier in der Gegend ausfährt … und Ollie meinte, das würde er übernehmen, auf seinem Fahrrad, um sich ein bisschen was dazuzuverdienen … und dienstagnachmittags dreht er immer seine Runde. Und somit ist das … tja, das ist es, was er gerade macht.«

»Auf seinem Fahrrad …« Schiere Panik steht ihr ins Gesicht geschrieben. »Wieso bloß hat er uns denn davon nichts erzählt? Wieso verheimlicht er uns so was?« Ich bin mir nicht sicher, ob die Frage mir gilt oder ihr selbst.

»Na ja …«, wage ich mich vor, »ich glaube, er denkt, Sie sind dermaßen … Sie wissen schon … dagegen, dass er das alles ernsthaft weiterverfolgt – also, das Backen und so … Also hat er vielleicht deshalb …«

Sie schüttelt den Kopf. »Mein Gott, wie dumm, ihn so fortzustoßen! Das passiert, wenn man seine Kinder nicht einfach sie selbst sein lässt!«

Ich bin ratlos, was ich darauf sagen soll, um sie ein wenig zu beruhigen – und merke zugleich: Mir wird nun ebenfalls mulmig zumute.

»Ich muss los«, sagt sie. »Ich gehe noch mal zum Sainsbury's und vergewissere mich, dass nicht er das war. Oh Gott, oh Gott …«

»Okay«, sage ich nickend. »Ich bin sicher, er war es nicht …« Aber sie hastet schon unseren Gartenweg entlang und aus dem Tor, das hinter ihr zuschwingt.

Ich lasse mich aufs Sofa fallen. Mein Magen rumort. Noch vor ein paar Minuten hatte ich keine größeren Sorgen als das Nicht-Lauf-Treffen mit Ollie heute Abend, und jetzt mache ich mir Gedanken … ob er … tja … tot ist. Und falls nicht, dann habe ich soeben sein Geheimnis verraten, obwohl er mich eindringlich gebeten hatte, es für mich zu behalten!

Ich knabbere an meiner Unterlippe, während ich so auf den Polstern liege. Wenn doch nur Mum zu Hause wäre – und nicht Kaffee trinken mit ihrer Freundin Tara. Wenigstens ist Jake auch nicht da und kann alles noch schlimmer machen, wie er das unweigerlich immer tut. Hätte ich Ollies Mum begleiten sollen auf ihrer Suche nach ihm? Es schien nicht so, als wollte sie das, aber jetzt liege ich hier nutzlos herum. Ich wünschte, ich hätte etwas zu tun. Was soll ich nur machen?

Die Klingel reißt mich aus meiner Panikspirale. Ich springe auf und hechte zur Tür.

Ollie lächelt mir entgegen, als ich sie aufreiße. »Du siehst hübsch aus.« Ollie! »Himmel, *das* war vielleicht eine furchtbare Runde.«

»Oh mein Gott, du lebst!«, rufe ich, ohne mich auch nur über das Kompliment freuen zu können.

»Jaaa?«, erwidert er und legt fragend den Kopf schief. Dann beugt er sich nach unten, hakt den Anhänger von seinem Fahrrad los und schaut erneut irritiert zu mir hoch. »Ich war auch zwischendurch nicht tot. Sondern hatte nur Probleme mit dem Fahrrad. Meine Kette ist gerissen und ich musste von der letzten Adresse aus zu Fuß gehen. Zum Glück war ich nur drüben am Wells Park, aber es hat echt Zeit gekostet, und mein Handyakku war leer, weil ich vorher so oft die Karte gecheckt hatte. Somit konnte ich nicht mal Musik hören, während ich diese Schrottlaube heimgeschoben habe. Ich lade *immer* mein Handy vor den Botenfahrten, aber heute habe ich es ausnahmsweise vergessen – und guck nur, wohin das geführt hat.« Er tritt einen Schritt zurück und zuckt mit den Schultern, so rührend unbeschwert, wie er nun mal ist.

»Ollie … Shit …«

»Was ist denn los?«

»Ich habe etwas Schlimmes getan«, sage ich und bearbeite wieder meine Unterlippe mit den Zähnen. »Deine Mum war vor ein paar Minuten hier.«

»Wieso? Ist etwas passiert? Sie hat mich angerufen, als ich gerade auf dem Fahrrad saß, und ich hatte vor, sie zurückzurufen, aber dann hat mein Akku den Geist aufgegeben.« Er betrachtet mich stirnrunzelnd.

»Nein, nichts ist passiert, du bist ja wieder da … Sie hat dich nicht erreichen können und dann einen verunfallten Radfahrer vor dem Sainsbury's gesehen, mit einem Fahrrad, das aussah wie deins, und da war sie auf einmal überzeugt, dass du es gewesen sein müssest, und ganz ehrlich: Ich habe das auch geglaubt, also habe ich ihr verraten, dass du mit dem Rad unterwegs warst.«

»Shit«, murmelt er, und seine Miene spiegelt sein Entsetzen. »Hast du ihr auch gesagt, was genau ich mache?«

Ich nicke.

»Shit«, wiederholt er.

»Vielleicht wird sie so erleichtert sein, weil du nicht tot bist, dass es sie gar nicht kümmert, was du für meine Mum erledigt hast?«

Er schüttelt den Kopf. »Nein, sie wird es sogar noch dramatischer finden, weil ich sie und meinen Dad angelogen habe. Ich wollte bloß eine lange und breite Diskussion über meine *Zukunft* und meine *Perspektiven* vermeiden, aber jetzt, nachdem ich das schon wochenlang hinter ihrem Rücken durchziehe, ist das eine richtig große Sache. Shit … Hattest du wirklich keine Möglichkeit, ihr das zu verschweigen?«

»Nein!«, entgegne ich ungehalten. »Sie war außer sich vor Sorge! Du musst sie sofort anrufen.«

»Schön«, sagt er, lässt den Anhänger einfach liegen und hüpft über die Mauer in seinen eigenen Garten. Als seine Haustür hinter ihm ins Schloss fällt, trifft es mich mit voller Wucht.

Wir werden heute Abend nichts zusammen unternehmen.

Kapitel 24

Am nächsten Tag schlüpfe ich in meine Laufklamotten. Ich bin bereit, wieder durchzustarten. Bereit, länger am Stück zu laufen – diesmal vielleicht fünfundzwanzig Minuten. Ich kann das, ich kann das, ich kann das. Und ich werde nicht zulassen, dass diese blöde Geschichte mit Ollie mir alles ruiniert. Aber … womöglich lässt *er* es sehr wohl zu. Ich habe keine Ahnung, ob er draußen auf mich wartet, wenn ich jetzt nach unten gehe – zur gleichen Zeit, am selben Ort wie gewohnt. Ich traue mich nicht, aus dem Fenster zu schauen, um mich zu vergewissern, denn ich möchte nicht sehen, dass er *nicht* da ist. Als ich den Türknauf drehe und Mum zurufe, dass ich laufen bin, zittert meine Hand sichtbar. Oh bitte, er soll da sein, damit ich nicht warten und bangen muss. Bitte, alles soll in Ordnung sein! Das ist mein einziger Wunsch! Ich ziehe die Tür auf und …

Nichts. Er ist nicht da. Ich spüre, wie sich ein Loch in meinem Magen auftut. Ich setze mich auf die Mauer und warte auf ihn, und ich versinke so tief in meine Gedanken über Ollie und über mich und über Ollie und mich und darüber, wie sehr es sich angefühlt hat, als könnte *mehr* aus uns werden, dass es einige Minuten dauert, bis mir auffällt: Sein Haus ist dunkel. Nichts regt sich. Kein Fernseher läuft. Nichts. Null. Leer. Das ist … komisch. Ich hüpfe über die Mauer und klingele. Schrill hallt der Ton durch das Haus. Und mir geht auf: Würde irgendetwas darauf hindeuten, dass jemand zu Hause ist, hätte ich gar nicht erst geklingelt. Ich hätte zu viel Angst vor einer persönlichen, direkten Zurückweisung von Ollie gehabt. Eigentlich wollte ich mir mit dem Klingeln nur bestätigen, dass wirklich niemand da ist. Ob er … mich meidet? Er könnte mir einfach sagen, dass er heute keine Lust hat, mit mir zu laufen. Oder in nächster Zeit. Wie lange auch immer er braucht, um sich abzuregen.

Allerdings: Hier herumzustehen und darüber zu grübeln, wo er wohl sein mag, hilft mir nicht dabei, fit für den Dawson Dash zu werden. Wollte er hier sein, wäre er hier. Außerdem hat er mittlerweile meine Handynummer – somit hat er mich ganz eindeutig *absichtlich* nicht darüber informiert, dass er nicht da sein würde. Ich muss es einfach allein anpacken. Und jetzt, da ich die Zwanzig-Minuten-am-Stück-Hürde genommen habe, bin ich überzeugt, dass nichts mir in die Quere kommen kann. Ob mit oder ohne Ollie: Ich weiß, dass ich nicht hinschmeißen werde. Also sprinte ich noch einmal ins Haus, um mein Handy zu holen, damit ich mich selbst timen kann (und, ehrlicherweise, um zu checken, ob er mir geschrieben hat – was nicht der Fall ist).

Und dann laufe ich los. Direkt ab meiner Haustür. Ich trabe einfach umher, durch die Straßen in unserer Nachbarschaft, spüre, wie meine Beine immer schwerer werden und meine Atmung immer mühsamer geht. Immer wieder schaue ich auf die Stoppuhr meines Handys, und es fühlt sich an, als würde die Zeit nur dahinkriechen, also beschließe ich, das Ding zu ignorieren und gedanklich so weit wie möglich abzuschweifen. Abschweifen, abschweifen, abschweifen. *Na los, Ruby, hör auf, daran zu denken, wie lange du noch laufen musst*. Woran könnte ich stattdessen denken? Ollie? Tja, an Ollie zu denken, war bis vor Kurzem sehr schön, aber jetzt ist es einfach nur sehr schrecklich. Eine verpasste Chance. Er will nicht mal mehr mit mir reden. Geht er mir wirklich bewusst aus dem Weg? Oder habe vielmehr ich mich grantig und arrogant verhalten? Jedenfalls: Gedanken an Ollie sind keine gute Ablenkung. Au! Was ist das? Seitenstechen – habe ich jetzt etwa Seitenstechen? Soll das ein Witz sein? Das fehlt mir gerade noch! Ob ich langsamer laufen sollte? Oder abbrechen? Ich *will* aber nicht abbrechen. Bei allem Gejammer spüre ich doch, dass ich noch weitermachen kann. Bloß: Es tut weh! Ich ringe darum, meine Atmung unter Kontrolle zu bringen. Ich schätze, irgendwie hängt am Ende immer alles an der Atmung. Ich werde langsamer, bleibe jedoch nicht stehen. Sondern achte darauf, laaaange, tiefe und kontrollierte Atemzüge zu tun. Und schließlich verschwindet der Schmerz. Ha! Kein Grund, anzuhalten! Nimm das, Körper! Hmm, und womit beschäftige ich mich gedanklich jetzt, nachdem ich dem Tod durch Seitenstechen von der Schippe gesprungen bin? Liv kommt mir in den Sinn und ich überlege, ob es zu früh ist, um ein neues Treffen vorzuschlagen. Würde das übereifrig und aufdringlich wirken? Ich möchte mein Wort halten und versuchen, sie mit April zu verkuppeln. Aber zugleich … verbringe ich selbst auch unheimlich gern Zeit mit ihr! Bei ihr habe ich das Gefühl, dass ich mit meiner Sicht auf die Dinge eventuell nicht komplett falschliege. Sie ist ein nettes kleines Gegengewicht zu dem ganzen giftigen Müll, den mein Bruder von sich gibt.

Tapp, tapp, tapp machen meine Füße, entschlossen, fokussiert. Im Flow. Ich bin im Flow! Ich laufe. Immer noch. Oh, das ist ja ein süßer kleiner Hund, auf den ich da zurenne. So flauschig! Wie eine Miniwolke! Nein, Sekunde, ist das nicht Mr Pearce' Hund – und ist das nicht Mr Pearce am anderen

Ende der Leine? Arrgh! Er schon wieder! Der Round-Hill-Fatshamer! Ich dachte, ich wäre ihn endgültig los!

Ich verenge die Augen zu Schlitzen und setze mein Pokerface auf. Er geht ein Stück vor mir auf dem Bürgersteig. Obwohl ich normalerweise immer entspannt unterwegs bin, beschließe ich, das Tempo anzuziehen. Ich tue etwas, das ich seit meinem allerersten, desaströsen Kotzlauf nicht mehr getan habe: Ich sprinte los. FWUMP! FWUMP! FWUMP! Meine Füße donnern auf den Asphalt (statt wie üblich nur zu *tapp-tapp-tapp*en). *WAS SOLL DER QUATSCH?,* brüllt meine Lunge. Während ich wie ein Blitz an Mr Pearce vorbeizische, rufe ich ihm über die Schulter »Auf geht's, Lahmarsch!« zu, ehe ich um die nächste Ecke verschwinde. Kaum auf der Carlton Terrace, klappe ich beinahe zusammen nach dem mörderisch anstrengenden Sprint – aber nur beinahe! Ich laufe weiter! Da sehen Sie mal, Mr Pearce!

Als mein Handy schließlich seinen durchdringenden Alarm gellen lässt, zucke ich so heftig zusammen, dass ich beinahe stolpere. Ich bin fertig?! Ich habe es geschafft! Ich bekomme kaum noch Luft und bin völlig durchgeschwitzt, aber … ich habe es geschafft! Ich werde besser! Und ich habe es ganz allein geschafft! Hat es *Spaß* gemacht, allein zu laufen? Nicht wirklich, aber ich bin drangeblieben! Und nun … Wo bin ich überhaupt? Ich öffne die Karten-App auf meinem Handy und suche mir eine Route nach Hause. Vermutlich hätte ich mir vorher überlegen sollen, wohin ich laufen will, denn jetzt stehe ich irgendwo auf der anderen Seite der Bahngleise. Wäre ich clever gewesen, hätte ich einen Rundkurs gewählt, nicht wahr? Tja, ich habe noch viel zu lernen.

Auf dem Heimweg – keuchend und schwitzend in bester Ruby-Manier – texte ich Liv, solange das Adrenalin und die Endorphine mir noch Auftrieb geben.

Lust, mit mir laufen zu gehen?

Hmm ... Das wäre jetzt nicht gerade meine LIEBLINGSBESCHÄFTIGUNG für einen gemeinsamen Nachmittag. Ich bin eher keine Läuferin.

Es wird dir Spaß machen, weil ich dabei bin.

Ich glaube nicht, dass ich schon mal freiwillig mit jemandem laufen gegangen bin.

Fühl dich nicht unter Druck gesetzt!

Na schön, überredet. Wo gehst du normalerweise laufen?

Mayow Park, Wells Park, manchmal Crystal Palace.

Dann zur Abwechslung mal woanders? Dulwich Park?

Abgemacht!

Passt dir Sonntag um 11 Uhr? An dem Eingang bei der Reitschule. Weißt du, wo ich meine?

Jep.

Das war ja leichter als gedacht. Am Wochenende bin ich bisher noch nie laufen gewesen. Genauso wenig wie vormittags. Das wird wie ein Einblick in eine fremde Welt – voller Erkenntnisse darüber, wie andere Leute ihr Wochenende verbringen. Mitten in meiner Euphorie über die triumphalen fünfundzwanzig Minuten am Stück – ja, volle *fünf* Minuten mehr, als ich zuletzt gerannt bin – trifft mich die Erkenntnis, dass ich schon eine gute halbe Stunde nicht mehr an Ollie gedacht habe. Doch prompt ist sie wieder da, die Frage, wo er wohl sein mag, was er wohl treibt, ob er noch immer wütend auf mich ist, weil ich seiner Mum gegenüber geplaudert habe.

Ich reiße meinen Haustürschlüssel aus der absurden kleinen Tasche in meinen Leggings und schließe auf.

»Oh! Da bist du ja«, begrüßt mich Mum aus der Küche. »Ollie hat mir geschrieben, dass er und seine Eltern nach Italien fliegen mussten, weil sein Großvater gestorben ist. Er wollte mir Bescheid geben, dass er deshalb nächste Woche keine Bestellungen ausliefern kann und noch nicht sicher weiß, wann er zurück ist. Ich soll dir ausrichten, dass er eine Weile nicht mit dir zum Laufen kommt.«

Ich schlucke. Das klingt plausibel. »Hat er sonst noch was geschrieben?«, frage ich, ohne klare Vorstellung, was genau ich gern hören würde.

»Wie zum Beispiel?«, fragt sie und mustert mich stirnrunzelnd.

Ich zucke mit den Schultern. »Keine Ahnung.«

»Ich finde es klasse, dass du trotzdem laufen gehst«, sagt sie.

»Ich bin fest entschlossen. Ich muss das durchziehen. Und Jake zeigen, wo der Hammer hängt und alles«, erkläre ich ihr.

Sie betrachtet mich nachdenklich. »Ich glaube, wenn es dir nur darum ginge, Jake zu beweisen, dass er sich irrt, hättest du längst aufgegeben.«

»Wie meinst du das?«, frage ich und beuge mich über die Küchenspüle, um wie eine Katze aus dem Hahn zu trinken.

»Kannst du nicht ein Glas benutzen wie jeder normale Mensch?« Sie seufzt, öffnet den Schrank und reicht mir eins. »Jedenfalls: Ich meine, es macht dir doch wohl auch ein bisschen Spaß, oder? Neben dieser absurden Rivalität, die ihr zwei da habt.«

Unwillkürlich muss ich lächeln. »Jaaa ... Stell dir vor, es macht mir tatsächlich Spaß. Damit hätte ich niemals gerechnet, aber ... ja, es stimmt.«

»Das freut mich.«

»Und jetzt ärgert es mich rückblickend richtig, dass ich wegen des furchtbaren Schulunterrichts Sport vorher so gehasst habe. Fast als ob ... Na ja, ich hatte immer das Gefühl, Sport ist nur was für andere Leute.«

Mum lächelt. »Tja, da hast du jetzt wohl deinen eigenen Weg gefunden. Gut gemacht.«

Ich gehe duschen und hoffe insgeheim, dass Ollie mir schreibt, während ich unter dem heißen Wasserstrahl stehe. Schon klar, er hat meine Mum seine Nachricht an mich weitergeben lassen, aber ... er könnte sich ja auch direkt bei mir melden, oder? Immerhin habe ich ihm genau dafür neulich meine Nummer gegeben! Als ich zurück in mein Zimmer komme, tippe ich nervös auf das Display. Nichts. Pfff.

Beim Abendessen muss ich mir anhören, wie Jake sich lang

und breit über irgendwelches Fitness-Equipment auslässt, das er unbedingt kaufen will und dessen Beschreibung mich eher an Folterwerkzeug erinnert. Mum sagt, wir haben ohnehin keinen Platz dafür. Jake argumentiert gerade hitzig, weshalb der Krempel absolut unverzichtbar für sein Rudertraining ist, da blinkt mein Handy auf dem Tisch plötzlich doch noch auf. Ich greife blitzartig danach. Oh! Eine Nachricht von Ollie.

Hey, tut mir leid, dass ich heute nicht da war. Deine Mum hat dir wahrscheinlich Bescheid gegeben. Keine Ahnung, wann ich zurück bin.

Das ist alles. Tja, alles hat ein Ende und ich schätze, wir hatten eine schöne Zeit miteinander.

Kapitel 25

Der Adrenalinrausch, nachdem ich etwas geschafft habe, was mir nur wenige Tage vorher unerreichbar schien, hat mir ein wenig neuen Elan gegeben, aber tief in mir drin bin ich immer noch ziemlich down wegen Ollie. Allerdings kann ich es mir nicht erlauben, Trübsal zu blasen – dafür fehlt mir schlicht die Zeit. Das Rennen ist *bald*. Im Sinne von: in ein paar wenigen Wochen, und so euphorisch ich auch bin über meine Fortschritte, so klar ist mir doch, dass noch ein weiter Weg vor mir liegt, bis ich der großen Herausforderung des Dawson Dash gewachsen bin.

Am Samstagabend genießen die Mädels und ich die letzten Sonnenstrahlen des Tages in den Horniman Gardens.

»Logenplätze!«, schwärmt Jessica, während wir uns auf einem Rasenstück ausstrecken, das auf die Londoner Innenstadt hinausgeht. Vor uns bohrt sich die Spitze des Shard in den pinkfarbenen Abendhimmel.

»Ich habe allen Ernstes losgekreischt, als ich gesehen habe, wie viele Aufrufe dein Video von Jess hat«, sage ich zu Salma. »Du bist echt der Hammer!«

»Danke! Das ist mir alles einfach so in den Schoß gefallen und ich musste kein bisschen dafür üben«, sagt sie und zwinkert mir über ihre Dose Cherry-Cola hinweg zu. »Aber – ja, ich bin auch total geflasht davon, wie gut das Video ankommt. Natürlich auch mit jeder Menge Kommentaren dazu, wie hot Jess ist.«

»Natürlich«, meint Jess, stützt die Hände hinter ihrem Rücken ab und posiert mit Schmollmund.

»Auch welche von … Joshua?«, fragt April und zieht die Augenbrauen hoch.

»Natürlich«, sagt Jessica wieder, haargenau im gleichen Tonfall. »Schließlich sind wir *zusammen*.«

Diesmal kreischen wir alle im Chor.

»Seit wann?!«, frage ich.

Sie zuckt mit den Schultern. »Seit letzter Woche. Ich wollte erst mal abwarten, wie es so läuft, ihn abchecken, bevor ich das offiziell verkünde.«

»Tja, jedenfalls herzlichen Glückwunsch – ich freu mich für dich«, meint April.

»Er ist echt sexy«, sagt Jess, »aber ich bin mir nicht sicher ob er, na ja, der Eine ist. Er stellt mir jede Menge dämlicher Fragen, zum Beispiel, ob der Vollmond schon am nächsten Tag wieder eine hauchdünne Sichel ist. Ich bezweifle, dass er mit meinem genialen Gehirn mithalten kann, versteht ihr? Fürs Erste ist er aber sexy genug, dass es mir egal ist.«

»Völlig nachvollziehbar. Ich persönlich würde niemals solche Kompromisse eingehen, aber ich akzeptiere die herrlich bunte Palette menschlicher Lebensart«, kommentiert April, legt die Hände wie zum friedlichen Gebet zusammen und schließt die Augen.

»Wie steht es eigentlich mit deinem Läufertyp? Ich habe das Gefühl, du erzählst gar nichts mehr von ihm.« Jessica mustert mich stirnrunzelnd.

Damit hat sie wohl recht – aber was sollte ich auch erzählen, wo es doch eigentlich nie irgendwas Besonderes zu berichten gab? Und *spätestens* jetzt sind ja auch alle Chancen dahin, dass einmal mehr aus uns werden könnte.

»Hmpf«, mache ich.

»Bitte ausführlicher«, verlangt Salma.

»Ich war einfach happy damit, ihn irgendwie … näher kennenzulernen, mit ihm laufen zu gehen, damit ich mich beim Dawson Dash nicht komplett blamiere, das alles. Und *logisch* finde ich ihn süß, aber da wäre doch sowieso nie was zwischen uns gelaufen, richtig?«

»Falsch«, gibt April ungeduldig zurück.

»Tja, wie auch immer. Jedenfalls gab es letzte Woche diesen einen Tag, an dem ich kurz davor war, zu glauben, dass viiieeelleicht doch mehr drin wäre – oder zumindest nicht völlig abwegig, wisst ihr? Es hat sich einfach angefühlt, als wären wir an diesem Punkt angelangt, an dem da plötzlich noch mehr war.«

»Wie, mehr?«, fragt Jess und dreht sich auf dem Gras zu mir.

»Er backt total gern –«, fange ich an.

»Hot«, kommentiert sie prompt.

»Aber echt, oder?! Tja, und er hat Kekse in Herzform für mich gemacht, mit einem R darauf und Zuckergussschnörkeln drum herum, und dann haben wir uns für einen Abend ohne Lauftraining verabredet.«

»Also zu einem Date?«, vergewissert sich Salma. »Oh wow, lass mehr hören von diesem Date!«

Ich seufze. Ich wünschte, es gäbe mehr zu erzählen. Stattdessen habe ich nur jede Menge Nichts anzubieten. »Es gab kein Date. Ich habe mich irgendwie in seinen Familienzoff verstrickt, versehentlich, und damit hatte sich das Date erledigt.«

»Shit«, sagt Jess. April schaut mich bloß betrübt an.

»Mhmm, obershit.«

»Und was ist dann passiert, als ihr wieder laufen gegangen seid?«

Ich werfe die Hände in die Luft. »Nichts! Wir sind nicht mehr zusammen gelaufen!«

»*So krass übel* war der Zoff?«, fragt Salma mit großen Augen.

»Nein, das ist noch mal eine ganz andere Geschichte. Er musste nach Italien, weil sein Großvater gestorben ist, deshalb habe ich ihn seither nicht gesehen.«

»Shit«, wiederholt Jess.

»Aber dann besteht doch immer noch Hoffnung, oder?«

Ich bin dankbar für Salmas Optimismus, zugleich aber auch ein bisschen genervt. Denn: Nein! Es besteht keine Hoffnung! Ich hatte eine Chance und habe es versiebt!

»Ich denke nicht. Ich habe keinen blassen Schimmer, wann er wiederkommt, und er hat mir bloß ... tja, eine einzige Nachricht geschickt, um sich für die verpasste Trainingseinheit zu entschuldigen und mir zu sagen, dass er fürs Erste nicht da ist.«

»Er hat gerade ganz eindeutig jede Menge um die Ohren«, stellt April, die Vernünftige, nüchtern fest.

»Ja klar, aber was die Wahrscheinlichkeit anbelangt, dass zwischen uns irgendetwas passiert ... Ich schätze, das war von Beginn an eher utopisch, und jetzt ist es definitiv ausgeschlossen«, sage ich und gebe mir Mühe, nicht allzu selbstmitleidig zu klingen, obwohl ich vor Selbstmitleid fast zerfließe.

»Wieso war es utopisch?«, fragt Jess.

Unwillkürlich frage ich mich, ob sie das ernst meint oder mir nur eine gute Freundin sein will. Mit Sicherheit ist ihr doch aufgefallen, dass ich bisher alles Menschenmögliche getan habe, um jegliche Annäherung an Jungs zu vermeiden, oder?

»Weil ...« Und in diesem Moment geht mir auf: Sosehr ich

meine Freundinnen liebe – darüber möchte ich mit ihnen nicht *im Detail* reden. Mag sein, dass sie mich auch von ganzem Herzen lieb haben – das glaube ich absolut. Aber es gibt eben Dinge, bei denen es zwecklos ist, sie mit ihnen zu diskutieren. Weil es mir nicht nur nicht weiterhelfen, sondern vielmehr sogar dafür sorgen würde, dass ich mich ihnen noch fremder fühle. Und das ist in Ordnung. Ich muss nicht mit jedem über alles reden können. Vor allem nicht mehr, seit ich Liv habe. »Weil – egal«, sage ich schließlich. »Und überhaupt, ich muss meine gesamte romantische Energie darauf konzentrieren, April mit Liv zu verkuppeln!«

»Mit der großen Liv, die Hockey spielt?«

»Wie viele andere gibt es denn noch?«, fragt April und läuft knallrot an.

»Nicht dass ich unbedingt weiter auf Ollie herumreiten will, *aber* ich befürchte fast, er denkt, *ich* sei in Liv verknallt, weil ich so viel über sie rede! Aber sie ist eben einfach so was von cool!«

April seufzt. »Das ist sie.«

Während die anderen beginnen, sich über April und Liv zu unterhalten, bin ich insgeheim dankbar, dass ich Liv morgen zum Laufen treffe. Es gibt zwar gar nichts Spezielles, wozu ich ihren Rat bräuchte, aber es ist irgendwie tröstlich, Zeit mit jemandem zu verbringen, dessen Gehirn genauso tickt wie das eigene.

Kapitel 26

Ich muss los!«, rufe ich Mum am Vormittag zu, während ich meine Füße in die Laufschuhe ramme und auf einem Bein hüpfend versuche, die Schnürsenkel zu binden, ohne mich dafür hinzusetzen. Ich habe es eilig! Ich werde erwartet!

»Wo gehst du hin?«

»Dulwich Park, mit meiner Freundin Liv«, antworte ich.

»Oh! Normalerweise läufst du doch am Wochenende gar nicht«, ruft sie über den Lärm des Standmixers hinweg, der die Buttercreme schlägt.

»Die Dinge ändern sich! Ich befinde mich in einer glorreichen neuen Ära – du bist echt von gestern, Mum«, erkläre ich ihr in gespielt entnervtem Tonfall.

»Schon gut, na dann: Viel Spaß!«

Zum Dulwich Park bin ich länger unterwegs als zu meinen Standardrouten, und … offen gestanden bin ich ein wenig spät dran. Mir läuft sozusagen die Zeit davon. (Ja, ja, albernes Wortspiel – sorry.) Jedenfalls muss ich mich sputen, und da bleibt mir nur eine Möglichkeit: der Round Hill. Mein geografischer Erzfeind. So sieht man sich wieder. Wenn ich mich diesen Hang hinaufquäle, habe ich quasi schon einen kompletten Marathon hinter mir, bis ich Liv zum Laufen treffe.

Ich atme am Fuß des Hügels tief durch und stapfe los in Richtung Kuppe. Ich spüre, wie meine Wadenmuskeln aufwachen, dann meine Pomuskeln, und mich die Steigung hinauftragen. Schritt für Schritt powere ich in meinen Laufschuhen voran, bis ich ganz oben bin. Ich bin ganz oben? Ich bin ganz oben! Was sagen Sie jetzt, Mr Pearce? Mein Hintern ist kein bisschen kleiner, mein Bauch kein Stück flacher … und doch: Hier stehe ich! Am höchsten Punkt des Round Hill! Ohne umzukippen oder mich an einen Briefkasten klammern zu müssen, als hinge mein Leben davon ab! Stattdessen steppe ich im Freudentaumel einmal um den Briefkasten herum, ehe ich den Hügel auf der anderen Seite wieder hinunterflitze, zu Liv. Kein Herumgehampel mehr. Ich will ja nicht zu spät kommen.

Liv lehnt am Zaun und sieht extrem cool aus mit ihrem schwarzen Sport-BH und den superengen schwarzen Leggings. »Hey«, ruft sie mir zu, als ich näher komme. Meine Augen huschen über den Speckring zwischen der Unterkante ihres Sport-BHs und dem Bund ihrer Leggings, und irgendetwas an der Art, wie demonstrativ ungerührt das wirkt, wärmt mir das Herz.

»Dein Athleisure-Look gefällt mir«, sage ich.

»Danke. Es nervt mich einfach, wenn mir mein T-Shirt so um den Oberkörper flattert, weißt du? Also, bereit? Wie lange willst du laufen?«

»Ich hatte gerade schon eine gigantische Aufwärmphase auf dem Weg hierher, somit bin ich definitiv bereit. Und … was hältst du von fünfundzwanzig Minuten?«

»Herrje, ich bin nervös. Fünfundzwanzig? Ich habe dir doch gesagt, dass ich eher ein Kurzstrecken-Typ bin.«

»Wie schlimm kann es schon werden? Wir sind doch unter uns.«

Ich stelle den Timer in meinem Handy. Dann blicke ich zu

Liv, und sie nickt mir zu. »Los!«, kommandiere ich und bemühe mich, dabei den gleichen endlosen Enthusiasmus an den Tag zu legen wie Ollie jedes Mal, wenn wir loslaufen.

Wir traben in den Park hinein. Als der Pfad sich gabelt, schaut Liv mich an, als wollte sie fragen: *Wo jetzt entlang?* Und da wird mir klar, dass diesmal ich die Zügel in der Hand halte. Ich kann entscheiden, welche Route wir nehmen. Also lotse ich uns nach links und wir folgen dem Rundweg. Beim Laufen schiele ich auf Livs Körper. *Sehe ich auch so aus, wenn ich renne?*, ist mein erster Gedanke. Doch je länger ich sie mustere, desto weniger stört es mich, meinen eigenen Körper in ihrem wiederzuerkennen. Viel eher ist es … ein wohliges Gefühl. Wir traben um den Park, vorbei an dem Café, wo ganze Horden von Eltern mit Buggys Kaffee trinken, dann durch die Bäume in der Mitte und zurück zu unserem Startpunkt. Dann queren wir zur anderen Seite des Parks, und vielleicht liegt es daran, dass wir zwischendurch schon wieder am Ausgangspunkt waren, aber trotzdem noch nicht fertig sind – jedenfalls spüre ich mit einem Mal die Anstrengung sehr deutlich. Und mich ergreift diese Lustlosigkeit und Gleichgültigkeit, obwohl ich mich heute eigentlich so gut schlage, durchhalte, mein Bestes gebe.

»Komm, wir feuern uns gegenseitig ein bisschen an«, keuche ich kurzatmig.

»Okay – du fängst an«, entgegnet Liv und grinst, obwohl sie selbst kämpfen muss.

»Ich weiß, du glaubst, du bist eher für kurze Strecken gemacht …«, japse ich. »Aber eigentlich sind lange Strecken gar nicht so anders. Alles, was dir im Weg steht, ist dein Kopf.«

»Nicht die schlechteste Motivationsrede«, gibt sie zu.

»Jetzt du für mich … Ich merke, dass ich gerade ein bisschen abbaue«, gestehe ich.

»Du kannst jederzeit aufgeben, wenn du willst, aber ich denke, du schaffst sehr wohl, was du dir vorgenommen hast«, sagt sie und klingt dabei nur minimal weniger außer Puste als ich.

Ich nicke. Sie hat recht. Ich laufe weiter. Obwohl es mich enorme Willenskraft kostet, setze ich einen Fuß vor den anderen und bin mir dabei vollauf bewusst, dass ich bereits mehr leiste, als ich mir jemals zugetraut hätte. Mehr, als auch jeder andere mir – mit dem Körper, den ich habe – jemals zugetraut hat.

Und dann ist es vollbracht. Mein Handy piept und wir werden langsamer – und dann stehen wir einfach nur da und grinsen einander an. Während wir beide versuchen, wieder zu Atem zu kommen, nagelt Liv mich mit einem Blick fest. »Bedank dich«, verlangt sie.

Geht's noch? Es ist ja nicht etwa so, als hätte ich sie gezwungen, mit mir die Sahara zu durchwandern.

»Danke … dir?«, murmele ich unbehaglich und frage mich, ob ich sie von irgendetwas Wichtigem abgehalten habe, das sie heute vorhatte.

Sie verpasst mir mit dem Handrücken einen sanften Klaps auf den Arm. »Nicht mir, Blödie. Dir. Bedank dich bei dir selbst.«

»Oh!«, mache ich. »Danke, Ruby.«

»Dein Körper hat da gerade etwas richtig Großes für dich geleistet! Mit dir! Wie cool ist das denn, bitte?«

»Ziemlich cool, schätze ich …«, nuschele ich. »Du machst auch mit beim Dash, oder?«

»Nee«, meint Liv und schüttelt den Kopf. »Das ist nichts für mich. Viel zu viel Gerenne. Aber ich werde da sein und dich anfeuern, versprochen.«

»Sicher, dass du nicht mitlaufen willst?«

»Absolut sicher. So weit mag ich nicht rennen, und schon gar nicht vor derart vielen Leuten. Für einen flotten kleinen Sprint hätte ich mich begeistern können. Aber so lange Strecken sind nicht mein Ding.«

Einerseits habe ich ein schlechtes Gewissen, dass ich Liv zu etwas mitgeschleift habe, woran sie eigentlich gar keinen Spaß hat – aber andererseits merke ich: Sie genießt es ebenso, Zeit mit mir zu verbringen wie ich mit ihr.

»Dass ich dich anfeuern werde, meine ich übrigens ernst«, bekräftigt sie. »Ich werde mich strategisch geschickt irgendwo an der Strecke positionieren, an einer Stelle, wo ich denke, dass du ein bisschen gebrüllte Motivation von der Seitenlinie am nötigsten haben wirst.«

Ich lächele. Meine Atmung fühlt sich wieder normal an. Kurios: In den letzten Tagen beruhigt sie sich immer schneller, als hätte mein Körper endlich verstanden, was er tun muss, um mich zu unterstützen. »Danke schon mal im Voraus.«

»Da drüben findet das Ganze statt, stimmt's?« Sie nickt hinüber zu dem weitläufigen Sportplatz des St Alfred's College, von Ollies schicker alter Schule. Dann stützt sie sich einen Moment auf den Knien ab, um ebenfalls wieder zu Atem zu kommen.

»Jep«, bestätige ich. »Sie sind so unglaublich *großherzig*, uns an einem Tag im Jahr ihr Gelände zu überlassen.«

»Wie gütig«, kommentiert sie und nimmt einen tiefen Schluck aus ihrer Wasserflasche. »Und, fühlst du dich schon fast bereit für den Lauf?«

»Teils, teils?«, antworte ich und winde mich ein bisschen. »Ich denke, sobald ich erst mal eine halbe Stunde am Stück gelaufen bin, werde ich mich bereit fühlen. Ist das nachvollziehbar?«

»Das könntest du beim nächsten Mal versuchen. Und falls

es nicht klappt: Dir bleibt ja noch Zeit.« Aus ihrem Mund klingt es so machbar, so absolut plausibel, dass ich es schaffen kann. In dieser Hinsicht erinnert sie mich ein wenig an Ollie. »Also … willst du nach Hause, oder hast du Lust auf einen Eiskaffee oder so?«

Ich bin total durchgeschwitzt und eklig, aber ich möchte so gern noch mit Liv abhängen, dass ich mich nicht darum schere, ob meine Haare komplett verklebt oder meine Wangen krebsrot sind. Stattdessen genieße ich einfach unseren Spaziergang zum Forest Hill und dann das eiskalte Getränk und unsere Plauderei über Klamotten und Körper und allen möglichen Kram – und mir dämmert: Vielleicht ist es gar nicht so wichtig, dass ich tadellos gestylt bin, um mit jemandem abzuhängen, den ich cool finde … Vielleicht darf ich mir selbst erlauben, ein bisschen unvollkommen zu sein, und wir können trotzdem Spaß haben.

Als ich Liv zum Abschied umarme und anschließend meinen Heimweg antrete, wünsche ich mir bloß, ich wüsste, dass ich Ollie bald wiedersehe. Ob ich ihm schreiben soll? Vermutlich hat er im Moment keine große Lust, mit mir zu texten. Ich hoffe, er kommt bald zurück. Andererseits: Was würde das überhaupt für einen Unterschied machen?

Kapitel 27

Ich überlege mir einen Plan. Er besteht darin, dass ich von jetzt an bis zum Rennen jeden Tag laufen gehen werde – immer eine Minute länger als am Tag zuvor. Und diesen Plan ziehe ich durch. Ich habe nur noch ein Ziel vor Augen. Obwohl nicht einmal Ollie zur Stelle ist und mir hilft, motiviert zu bleiben. Aber ich habe beschlossen, dass ich ihn nicht brauche. Ich meine, es wäre natürlich schön, wenn er hier wäre, aber bei dieser ganzen Challenge ging es nie um ihn – sondern immer um mich. Also bündele ich all meine Konzentration und pushe mich selbst, und mit jedem Tag werde ich ein klein wenig besser.

Und dann sind es auf einmal nur noch zwei Tage bis zum Dash.

»Immer noch sicher, dass du nicht mitlaufen magst?«, frage ich Liv ganz beiläufig ein weiteres Mal, als wir zusammen bei mir chillen.

»Zu einhundert Prozent! Inzwischen ist es sowieso zu spät, um sich noch anzumelden.«

Wenigstens habe ich mich rechtzeitig angemeldet. »Oha, da fällt mir ein …«, sage ich, stehe auf und hole Mums Laptop vom Wohnzimmertisch.

»Was denn?«, fragt Liv. Sie hat sich auf einem Sofa ausgestreckt, und während ich es mir wieder auf dem anderen bequem mache, klappe ich den Laptop auf und versuche mich an die verflixte Adresse der Website zu erinnern, über die ich mich in die Schulmails einloggen kann.

»Ich habe das mit der Anmeldung Ollie überlassen, und ich war mir nicht sicher, ob er es wirklich getan hat, deshalb habe ich vor ein paar Tagen eine Mail an die Organisatoren des Laufs geschrieben, um mich zu vergewissern, dass ich registriert bin«, erkläre ich mit gerunzelter Stirn. Bestimmt war das völlig unnötig. Ich *brauche* schließlich keine Bestätigung … aber trotzdem.

Sasha kommt hereingetappt. »Hey, Winzling«, sage ich und schaue vom Laptop hoch. »Sasha, das ist meine Freundin Liv. Liv, das ist meine coole kleine Schwester Sasha.«

»Hi, Sasha«, sagt Liv. »Du bist *echt* cool. Ich mag deine Shorts.« Liv nickt zu Sashas paillettenbesetzten goldenen Shorts. In ihrer Stimme schwingt keinerlei herablassender Unterton mit: Sie klingt, als finde sie Sasha *wirklich* cool.

»Danke«, erwidert Sasha strahlend. »Was schaut ihr da?« Sie lässt sich in den Sessel plumpsen, und im selben Moment pausieren wir *Der schwarze Diamant*, denn für Zehnjährige ist der Film definitiv nicht geeignet.

»Nichts«, behaupte ich und gähne. »Ich bin müde.«

Sasha schnaubt, wie nur Zehnjährige es können. »*Logisch* bist du müde! Du rennst ja ständig nur noch durch die Gegend!«

Ich lache. »Da hast du wohl recht, du Dreikäsehoch.«

»Du hast so was von recht«, sagt Liv und klatscht mit Sasha ab.

Irgendwie bin ich ganz froh, dass jemand mir sagt, was ich tun soll – selbst wenn dieser Jemand Sasha ist. Ich brauche solche Leitbaken in meinem Leben, und seit Ollie verschwunden ist, hatte ich im Grunde keine mehr. Vielleicht war es doch nicht so clever, mich derart zu verausgaben, aber hey, ich brauche alle Vorbereitung, die ich kriegen kann, um für das Rennen am Sonntag gewappnet zu sein.

Endlich komme ich in mein Mail-Postfach, und … »Shit!«, entfährt es mir lauter als beabsichtigt. »Dieser verdammte Arsch!«

»Was ist los?«, fragt Liv mit alarmierter Miene.

Ich starre ungläubig auf den Screen. »Mr Oberdrecksack Pearce hat auf meine Mail geantwortet, er habe angenommen, dass Ollie sich einen Scherz erlaubt hat damit, mich zu registrieren! So ein …« Am liebsten würde ich jetzt noch ungehaltener auspacken, aber da Sasha im Raum ist, beherrsche ich mich.

»Sorry, aber das ist einfach nur Schwachsinn«, sagt Liv und wirkt außer sich vor Empörung. »Was soll das, dir so etwas zu schreiben? Was hat er denn bitte davon? Das klingt ja fast so, als *wollte* er gar nicht, dass irgendwer mitmacht.«

»Ollie hat mich angemeldet, weil ich mir nicht sicher war, ob ich noch das Passwort für meine Schulmails habe! Um mir zu helfen! Aber Mr Pearce geht einfach davon aus, dass das eine perfide Form von Cybermobbing war«, ereifere ich mich. »Er kennt Ollie nicht mal! Ollie fängt erst im neuen Schuljahr an der Dawson an, wieso also sollte er mich mobben?«

»Wovon redest du?«, fragt Sasha mit gequälter Miene.

»Ja, was gibt's denn so Dramatisches?« Jake taucht wie üblich im unpassendsten Moment auf. Vermutlich ist das sein gutes Recht, immerhin wohnt er hier, aber mir wäre es trotzdem lieber, er würde einfach in seiner Höhle bleiben.

»Einer der schrecklichen Sportlehrer an unserer Schule versucht mich davon abzubringen, das Rennen am Wochenende zu laufen. Das, wofür ich trainiert habe.«

»Wieso?«, erkundigt sich Sasha.

»Er glaubt, jemand hat mich als schlechten Scherz angemeldet, was völliger Blödsinn ist«, sage ich. »Tja, ich schätze, ich muss wohl einfach antworten und ihm erklären: *Nein, das ist kein Scherz. Ich meine es todernst und wir sehen uns am Sonntag – ich werde da sein und Ihnen gehörig in den Hintern treten.*«

Sasha lacht. Liv starrt nur wütend den Fernseher an. Jake zuckt mit den Schultern und schlurft in die Küche.

Während ich meine Antwortmail – ohne das mit dem Tritt in den Hintern – tippe, erfüllt mich gerechtfertigte Empörung, aber auch … nagender Zweifel. Was, wenn Mr Pearce recht hat? Was, wenn ich wirklich einfach nicht bereit bin für das, was mich am Sonntag erwartet? Fünf Kilometer – das klingt nach einer enorm langen Strecke, und ich habe im Training nie die Entfernungen getrackt und somit keine Ahnung, ob ich überhaupt schon einmal fünf Kilometer am Stück gerannt bin. Mit einem Mal fühlt sich alles sehr real an. Ich stecke in dieser Situation und habe keinen Ausweg – aber ich will ja eigentlich auch keinen. Einerseits frage ich mich, warum genau ich mir das antue – andererseits muss ja irgendjemand all den Jakes und Mr Pearces dieser Welt einmal einen Dämpfer verpassen. Bloß ist die Voraussetzung dafür, dass ich dazu auch körperlich in der Lage bin, was wiederum fraglich ist … Ein endloses Gedankenkarussell.

Ich fühle mich regelrecht erdrückt davon, wie andere Menschen mich wahrnehmen. Ich weiß, wer ich bin, und ich weiß, was ich erreichen kann, wenn ich mir etwas in den Kopf gesetzt habe. Trotzdem kommt es mir vor, als würde mich an jeder Ecke jemand daran erinnern wollen, wie schlecht und falsch und mangelhaft ich bin – wegen des Körpers, den ich habe. Manchmal wird mir das alles zu viel. Heute zum Beispiel.

Ich höre einen Schlüssel im Türschloss. »Hallo, alle miteinander!«, ruft Mum und wuchtet Einkaufstüten mit ungefähr zwanzig Päckchen Butter in den Flur.

»Hi, Mum«, erwidere ich. »Meine Freundin Liv ist hier. Ich hoffe, das ist okay.«

»Für mich ist das vollkommen okay. Bleibst du zum Abendessen, Liv?«

Liv bringt sich von ihrer bequemen Liegeposition in eine aufrechtere Sitzhaltung. »Oh, nein danke. Meine Mum hat heute Geburtstag, daher gehen wir essen. Aber sehr nett, dass Sie fragen«, antwortet sie extrem höflich. Mum gefällt das garantiert.

»Oooh, wie schön! Wohin geht ihr?«, fragt sie und streicht Sasha gedankenverloren übers Haar.

»Na ja, früher waren wir an ihrem Geburtstag immer in diesem italienischen Restaurant in Crystal Palace, aber seit das geschlossen hat, gehen wir in eine Pizzeria in Brockley – nicht ganz so toll, aber so was findet man wohl nicht noch mal.«

»Ha!«, rufe ich. »Wusstest du, dass dieses italienische Restaurant Ollies Eltern gehört hat?«

»Du meinst den Ollie, auf den du stehst und mit dem du auch laufen gehst?«, fragt Liv, woraufhin mir das Blut in die Wangen schießt.

»Jep«, nuschele ich. »Genau den.«

»Oooh, Ruby hat einen *Freund*«, kichert Sasha. Ich kicke vom Sofa gegenüber aus nach ihr.

»Nein, habe ich nicht. Ganz definitiv nicht.«

»Er sollte jeden Tag zurück sein«, merkt Mum an. »Er hat mir geschrieben, dass er rechtzeitig wieder da ist, um nächste Woche die Auslieferung zu übernehmen, aber ihr habt ja am Montag schon wieder Schule, deshalb habe ich ihm geantwortet, er soll bitte wirklich nur damit weitermachen, wenn es ihn nicht vom Lernen oder von den Hausaufgaben abhält.«

Mein Kopf fühlt sich heiß und benebelt an. Eigentlich ist es völlig logisch: Ollie *muss* spätestens in zwei Tagen zurückkommen, da nach dem Wochenende die Ferien vorbei sind.

»Aber er will weiter ausliefern?«, vergewissere ich mich.

»Ja, wieso sollte er nicht wollen?« Mum mustert mich stirnrunzelnd. Ich nehme an, sie hat von dem ganzen Ist-Ollie-von-einem-Bus-zermalmt-worden?-Drama vorletzte Woche gar nichts mitbekommen.

»Keine Ahnung, nur so«, murmele ich, und einen Moment lang sagt niemand ein Wort.

»Tja, ich mache mich dann besser mal auf den Heimweg«, verkündet Liv schließlich und stemmt sich hoch.

»Soll ich dich fahren?«, bietet Mum an. Die meisten Eltern stellen diese Frage aus reiner Höflichkeit, aber Mum *liebt* Autofahren. Hätte sie die Zeit dafür, würde sie all ihre Bestellungen selbst ausliefern.

»Nein, schon in Ordnung«, lehnt Liv ab. »Ich gehe gern zu Fuß. Es war nett, Sie kennenzulernen.« Dann dreht sie sich zu Sasha um. »Und dich auch.« Auf dem Weg zur Haustür legt sie mir die Hände auf die Schultern. »*Dich* sehe ich am Sonntag. Keine Panik. Und kein Gerenne mehr vorher. Ach ja: Kommt April eigentlich auch?«

Ich lächele, bin endlich wieder ganz im Hier und Jetzt, statt mich mit dem Gedankenkarussell in meinem Kopf im Kreis zu drehen. »Jaaa, sie kommt auch. Ich kriege es bestimmt hin, euch zwei zur selben Zeit am selben Ort zu platzieren, ohne dass es abgrundtief peinlich wird.«

»Mir war in meinem ganzen Leben noch nie irgendwas abgrundtief peinlich«, behauptet Liv, und beinahe glaube ich ihr.

Nach dem Abendessen flitze ich nach oben, um mein Handy zu holen, damit ich beim Fernsehen mit Mum gleichzeitig Zeit im Internet totschlagen kann. Sashas Tür steht einen kleinen Spaltbreit offen, und ich schwöre, ich spioniere ihr nicht hinterher, aber ich erhasche im Vorbeigehen einen Blick auf ihr Spiegelbild. Sie steht seitlich vor dem Spiegel, betrachtet sich selbst, zieht den Bauch ein und reckt sich auf die Zehenspitzen. Ich frage mich, was in ihrem Kopf vorgeht, wie sie sich ihr zukünftiges Ich vorstellt. Meine Hand liegt schon an der Tür, ich bin kurz davor, mich bemerkbar zu machen. Aber ich weiß nicht, was ich sagen sollte. Ich weiß nicht, wie ich sie über Wasser halten soll, wo ich doch jeden Tag selbst darum kämpfen muss, nicht unterzugehen. Wahrscheinlich ist es am besten, ich schreite einfach mit gutem Beispiel voran, oder?

Kapitel 18

Ich höre auf Livs und Sashas Rat. Laufen gehe ich nicht mehr – allerdings Rollschuh fahren mit April und Jessica und Salma. Die Aussicht auf ein Treffen von April und Liv geht mit jeder Menge Aufregung und Gekicher einher.

»Es passiert wirklich!«, quietscht Jess.

»Also wird sie morgen auf alle Fälle da sein?«, vergewissert sich April, während wir über die ebene Asphaltfläche des Skateparks flitzen. Sie stellt die Frage nicht zum ersten Mal.

»Sie hat es versprochen«, erwidere ich.

»Ich fasse es nicht, dass sie schon die ganze Zeit an der Dawson ist und du sie toll fandest, aber bisher trotzdem nie auch nur mit ihr geredet hast«, sagt Salma und schlürft an ihrem blauen Slushy vom Eiswagen. Sie nimmt immer blau.

»Die Wege der Liebe sind unergründlich«, meint April, zuckt mit den Schultern und bereut es sofort, denn so gerät sie aus dem Gleichgewicht, kann sich aber gerade noch fangen.

»Ich sehne mich nach der Zeit zurück, in der ich, keine Ahnung, wenigstens die vage Hoffnung hatte …«, seufze ich sehnsüchtig.

»Also die Zeit vor ungefähr zwei Wochen?«, hakt Jessica nach. Sie läuft eine extrem coole Figur, bei der sie in einem fort beim Fahren die Beine kreuzt.

»Ja, genau. Die gute alte Zeit.«

»Wisst ihr, was mich absolut fertigmachen würde – so sehr, dass ich schreien müsste vor Entsetzen?«, fragt Jess. »Wenn Ruby heute hinfallen und sich den Knöchel brechen würde, sodass sie nicht zum Dawson Dash antreten könnte, nachdem sie den ganzen Sommer lang dafür trainiert hat.«

»Um Himmels willen!«, ruft Salma. »Beschwör es nicht herauf!«

»Ich habe heute Morgen buchstäblich exakt das Gleiche gedacht, als ich meine Sachen zum Rollschuhlaufen zusammengesucht habe«, gestehe ich lachend. »Und mein nächster Gedanke war: *Tja, das wäre eine gute Ausrede, um nicht teilnehmen zu müssen* – aber dann ist mir klar geworden, dass ich mittlerweile wirklich teilnehmen *will*. Ich meine, ich habe so viel Mühe und Anstrengung in die Vorbereitung gesteckt und so langsam tatsächlich das Gefühl, das Laufen macht mir *Spaß*.«

»Hast du eigentlich auch abgenommen?«, fragt Salma und schlürft noch einmal.

Ich komme mir vor, als wäre ich soeben frontal und ungebremst gegen eine Backsteinmauer gefahren. »Nein?« Ich werfe ihr einen stirnrunzelnden Blick zu. »Beziehungsweise: Ich weiß es nicht? Das war ja auch gar nicht der Sinn der Sache. Ich meine, das war nicht Teil des Plans.«

Sie zuckt mit den Schultern. »Oh, okay. Ich schätze, davon bin ich einfach ausgegangen.« Jessica ist in der Zwischenzeit außer Hörweite gekurvt, aber April schaut mich an, und ihre Augen sagen eindeutig: *Was zum Teufel?*

»Nein … Nicht wirklich. Oder vielmehr: überhaupt nicht.«

»Okay«, wiederholt Salma. Und ich realisiere, dass das für sie ein ziemlich neutrales Gesprächsthema ist. Für mich dagegen hat es … tja, es hat jede Menge *Gewicht* für mich. Und prompt bin ich noch dankbarer, inzwischen Liv in meinem Leben zu haben.

Obwohl wir uns weiter unterhalten und noch eine gute halbe Stunde zusammen Rollschuh laufen, bin ich mit den Gedanken ganz woanders.

April und ich gehen schließlich gemeinsam nach Hause, und auf der Sydenham Avenue fällt mir wieder ein, wie ich Liv Anfang des Sommers auf der anderen Straßenseite mit ihrem Hund beim Gassi gehen gesehen habe. Das führt mir noch einmal deutlich vor Augen, wie weit ich seither gekommen bin.

»Das war schräg, oder?«, meint April.

»Salma?«, frage ich.

»Mhmm. Oder nicht? Tut mir leid, falls ich da überinterpretiere oder so.«

»Nein, es war schon ein bisschen schräg. Und hat mir bloß einmal mehr gezeigt, dass sogar Menschen, denen etwas an mir liegt, das Ganze manchmal nicht wirklich verstehen. Ergibt das Sinn?«

»Jaaa, absolut.«

»Weißt du, wer echt cool ist in solchen Dingen?«

»Lass mich raten: Liv?«, meint sie grinsend.

»Genau. Arrgh, ich vermisse es, in Ollie verknallt zu sein!«

»Wo ist die Verknalltheit denn geblieben?«

»Keine Ahnung … Ich meine, nirgends im Grunde – sie ist immer noch *da*. Aber sie fühlt sich jetzt so zwecklos an. Im Sinne von: Ich habe ihn seit Wochen nicht mehr gesehen, und ich mag ihn immer noch sehr, bloß … Es wird sowieso nichts daraus, oder? Nicht dass diese Chance je bestanden hätte.«

»Du musst aufhören, so über meine beste Freundin zu reden«, verlangt sie. »Du bist echt ein krasses, toughes Mädel und er könnte sich glücklich schätzen, dein Freund sein zu dürfen. Ehrenwort.«

»Danke, Bestie«, sage ich und versuche es zu glauben.

Unsere Wege trennen sich, und April verspricht, morgen beim Rennen zu sein. Als ich in meine Straße einbiege, zucke ich zusammen beim Anblick des Autos von Ollies Familie, das vor ihrem Haus parkt. Natürlich: In zwei Tagen fängt die Schule wieder an. Ich hatte bloß kurzzeitig wieder verdrängt, dass er dafür unausweichlich nach Hause kommen muss. Jetzt, in diesem Moment, ist er da drin in seinem Haus, gleich nebenan. Einfach so. Ich schätze, ich werde ihn morgen beim Dash sehen. Himmel, ich tue das wirklich. MORGEN! Mein Magen rumort, als mir das nun erst mit voller Wucht bewusst wird. Zum Kneifen ist es zu spät, nachdem ich seit Wochen so große Töne spucke. Was habe ich mir nur dabei gedacht, meinem Bruder zu verkünden, ich könne den Lauf *gewinnen*? Nein, ich muss mich zusammenreißen. Was ich hier und jetzt brauche, sind Livs Vibes, nicht Jakes.

Den restlichen Abend über werde ich mir die größte Mühe geben, positiv zu bleiben. Morgen um diese Zeit ist alles vorbei – wenn ich dieses Ding also durchziehen will, muss ich anfangen, wie eine Siegerin zu denken. Vielleicht sollte ich mir zur Motivation ein paar Videos von irgendwelchen Bodybuildern oder Sektenführern anschauen, die mir sagen: *Du schaffst das!*

»Hey, Sommersprossengesicht«, begrüßt mich Jake, kaum dass ich die Tür hinter mir geschlossen habe.

»Hey.« Ich setze die Tasche mit meinen Rollschuhen auf dem Boden ab. »Wieso bist du nicht im Pub?«

»Bin gefeuert worden«, sagt er, ohne die Augen vom Fernseher abzuwenden. »Nur Spaß, das würden die sich gar nicht trauen. Ich habe heute Abend frei. Später gehe ich aber noch mit den Jungs was trinken.«

»Klingt toll«, sage ich mit einem Hauch Skepsis und jeder

Menge Erleichterung darüber, dass ich nicht in dem Pub sein werde, in den es Jake und seine Freunde am Ende verschlägt. »Wo ist Mum?«

»Unterwegs. Sie bringt Sasha zu irgendeiner Geburtstagsparty. Ich mache uns Abendessen, ehe ich gehe, und hebe etwas für Mum auf – dann kann sie essen, nachdem sie Sasha wieder abgeholt hat.«

»Alles klar – gib mir Bescheid, falls du Hilfe brauchst«, erwidere ich und bin schon auf dem Weg nach oben.

»Von dir?«, ruft Jake mir hinterher. »Garantiert nicht.«

Als es Zeit zum Essen ist, schlurfe ich wieder nach unten, um den Tisch zu decken. »Das riecht gut«, lobe ich Jake, denn das tut es tatsächlich, und ich bin nicht *so* kleinlich, dass ich meinem nervigen Bruder kein Kompliment machen könnte.

»Ich bin eben krass talentiert«, sagt er und zieht sich einen Topfhandschuh über, um die Lasagne aus dem Ofen zu holen.

Ich richte ein wenig Salat in einer Schüssel an. »Nur du und ich, ja?«

»Ja«, erwidert er und schneidet die Lasagne an.

»Sieht auch gut aus«, sage ich, während ich Messer und Gabeln für uns auf dem Esstisch platziere. Na bitte! Wir können auch zivilisiert miteinander umgehen!

Jake kommt aus der Küche und stellt unsere Teller ab.

Ich seufze. »Soll das ein Witz sein?«, frage ich augenrollend.

»Nein, wieso?«, erwidert er gleichgültig.

Ich schaue auf meinen Teller. Dann wieder hoch zu ihm. »Dein Ernst?«, vergewissere ich mich noch einmal.

Die Portion ist mit bloßem Auge kaum zu erkennen. Na gut, das mag ein wenig übertrieben sein, aber die Tendenz ist eindeutig. Ein winziges Quadrat, wie ein halber Brownie.

Jake seufzt ebenfalls. »Du kannst dir mehr nehmen, wenn du willst«, meint er schulterzuckend. »Ich dachte bloß, dir ist *diese ganze Sache* ernst.«

Mir ist sofort klar, was das heißen soll. Er hofft, dass ich am Dawson Dash teilnehme, geht mit einer komplett neuen Persönlichkeit einher: dem Beginn meiner Entwicklung hin zu einem Menschen, den er respektieren kann – und ist nicht bloß etwas, das ich eben *einfach nur so* mache. Ich spüre, wie mein Blutdruck ansteigt. »Um *diese ganze Sache*, die du so groß aufbauschst, versuche ich mir gerade überhaupt keine Gedanken zu machen. Was gar nicht so leicht ist, aber ich gebe mir große Mühe!«

»Vielleicht solltest du dir sehr wohl Gedanken machen«, sagt er, legt Messer und Gabel beiseite und verschränkt die Arme vor der Brust.

Einen Moment lang starren wir einander an, eine gigantische Kluft zwischen uns. Ich will, dass er mich versteht, weiß aber: Das ist völlig aussichtslos. Es übersteigt seine geistige Kapazität. Nicht nur seine, sondern die vieler Leute. Das ist mir bewusst. Aber wieso ist es für ihn so schwer, mich einfach mein Ding machen zu lassen?

»Du begreifst es nicht, stimmt's? Für dich ist es absolut unvorstellbar, dass ich in einem solchen Körper nicht kreuzunglücklich bin!« Jake mustert mich nur skeptisch. »Ja, mag sein, dass du es warst! Aber ich bin es nicht!«

Er schüttelt den Kopf. »Das glaube ich dir einfach nicht«, entgegnet er mit einem spöttischen Grinsen. »Ich glaube eher, dass du dir selbst etwas vormachst.«

»Und ich habe keine Chance, dir das Gegenteil zu beweisen, was wiederum bedeutet, du kannst weiterhin in diesem Glauben leben und dir einbilden, dass der ganze Bullshit, von dem du überzeugt bist, auch für mich gilt.«

»Aber es geht doch gar nicht nur um dich, oder? Sondern auch um Sasha!«

»Exakt! Du setzt Sasha genauso zu! Gott sei Dank ist sie gerade nicht hier – so einen Müll soll sie sich nämlich von gar niemandem anhören müssen, und am allerwenigsten in ihrem eigenen Zuhause!«

»Nein, mal im Ernst, das ist doch eine *Gehirnwäsche*, was du ihr da verpasst! Du weißt sehr wohl, dass das ungesund ist, oder? Diese ganze … *Body Positivity*, die du da aufziehst!«

»Und dafür zu sorgen, dass ein Kind sich wegen seines Gewichts verrückt macht, ist gesund?«

»Es geht nicht darum, dass sie sich verrückt macht«, kontert er und verdreht die Augen, als wäre ich wirklich unfassbar dumm. »Ich möchte bloß nicht, dass sie die nächsten Jahre deinen ganzen Blödsinn schluckt und es später bereut.«

»Wieso sollte sie es bereuen? Das ist total unlogisch!«

»Schau mal, so schwer ist es nicht. Du könntest abnehmen, wenn du nur wolltest. Ich habe es ja auch geschafft«, meint er schulterzuckend. »Und ich bin heute um Welten glücklicher.«

»Vielleicht, weil die Leute netter zu dir sind, seit du nicht mehr dick bist? Und könnte dann die Lösung nicht *eventuell* darin bestehen, andere Menschen einfach wie Menschen zu behandeln, unabhängig davon, wie ihr Körper aussieht?«, spucke ich ihm entgegen.

Ein Schatten legt sich kurz über sein Gesicht. »Nein …«, entgegnet er stirnrunzelnd. »Ich meine, wenn es doch nicht so schwer ist, wieso *versuchst* du es nicht zumindest?«

»Weil ich nicht will!«, rufe ich. »Reicht es dir nicht, dass ich mir ein Bein ausreiße für dich mit dieser absurden Aktion? Um dir zu beweisen, dass ich nicht abnehmen *muss*, um diesen ganzen Scheiß hinzukriegen? Genügt das nicht? Jeder normale Mensch würde erkennen, dass es eher schon *zu viel* ist! Aber nein, du musst immer noch eins draufsetzen! Wann hat das mal ein Ende? Wie viel muss ich noch tun, um dir zu beweisen, dass du mich ganz schlicht und ergreifend als Mensch respektieren solltest? Dass dir etwas an Sashas Glück und ihrer seelischen Gesundheit liegen sollte, weil sie deine Schwester ist und du sie lieb hast? Dieser ganze Bullshit rund um das Thema Gewicht, der dich ja eindeutig schon dein ganzes Leben lang quält, ist einfach nur … aus der Luft gegriffen! Du musst da nicht mitspielen!«

Er starrt mich an, mit bebenden Nasenflügeln. »Du klingst total irre«, schnaubt er kopfschüttelnd. »Na los, hol dir noch mehr zu essen, iss die Lasagne komplett auf. Mich schert es einen Dreck – ich weiß doch, dass du genau das willst.«

»Das will ich *nicht*! Ich will bloß, dass du mich behandelst wie einen Menschen – und nicht wie ein fehlgeschlagenes Experiment! Wenn du weiterhin alle Leute in deinem Umfeld so behandelst, dann schert sich bald niemand mehr um dich, und zwar zu Recht!«, brülle ich, stoße meinen Stuhl zurück und springe auf. Heiße Wut pulsiert in mir. Ich stürme in Richtung Treppe.

»Jaaa, mag sein«, erwidert Jake. Ich werfe ihm einen Blick über die Schulter zu. Die Genugtuung, dass ich mich ihm wieder komplett zuwende, verweigere ich ihm. »Aber wenigstens bin ich nicht fett.«

Und damit gebe ich auf. Ich dachte, ich dringe zu ihm durch. Ich dachte, er könnte seine Perspektive ändern – wenn schon nicht um meinetwillen, dann zumindest für Sasha. Ich suche Zuflucht in meinem Zimmer und bleibe auch dort, den gesamten restlichen Abend lang. Obwohl Jake irgendwann weg ist, bleibe ich einfach in meinem Zimmer und rege mich mehr und mehr auf. Und werde hungriger und hungriger. Ich strecke nicht einmal den Kopf aus meinem Kokon, als Mum und Sasha nach Hause kommen. Stattdessen schaue ich mir Folgen von Fernsehserien an, die ich schon Hunderte Male gesehen habe, in der Hoffnung, mein wütendes Gehirn so wieder zu beschwichtigen, doch nichts hilft. Ich greife nach meinem Handy, um Liv zu schreiben, weiß aber nicht recht, was ich eigentlich von ihr hören will. Tja, Trost, schätze ich, und Bestärkung – aber ich kann mich ja nicht jedes Mal bei ihr ausheulen, wenn jemand scheiße zu mir gewesen ist.

Schließlich habe ich so lange vor mich hin gebrütet, dass es Zeit fürs Bett ist. Müde bin ich nicht. Aber ich brauche die Erholung, nicht wahr?

Ich liege ganz still da und versuche, in den Schlaf abzudriften. Aber mein Kopf ist zu voll und die Gedanken jagen einander, und ich schaffe es einfach nicht, sie zu bremsen. Am liebsten würde ich nach unten schleichen und mir etwas zu essen holen, aber ich will nicht das Risiko eingehen, dabei irgendjemandem in die Arme zu laufen, also bleibe ich, wo ich bin. Ich wälze mich von einer Seite auf die andere, bevor mir wieder einfällt, dass mein Plan ja war, ganz still dazuliegen, und ich gebe mir weiter Mühe, sämtliche Gedanken aus meinem Gehirn zu verbannen, aber es ist schwer! Es gelingt mir nicht! Es sind einfach zu viele, die sich hinter meiner Stirn überschlagen. Kann ich mich irgendwie vor dem Rennen morgen drücken? Natürlich kann ich … Wir leben in einem freien Land … Aber es wäre eine Blamage. Und würde Jake bestätigen. Das ist das Letzte, was ich nach heute Abend möchte. Ich muss bloß endlich schlafen. Schließlich habe ich so schon Bedenken, ob ich fit für den Dash bin. Dann noch ohne vorherige Erholung? Völlig ausgeschlossen.

Alles fühlt sich so schwer an. Meine selbst gewählte Verantwortung, die ganze Situation für Sasha verbessern zu wollen. Der Kampf gegen all die ungesunden Botschaften, die auf mich und meinen Körper einprasseln. Vielleicht ist das alles zu viel. Vielleicht schaffe ich es nicht. Vielleicht ist die Last zu schwer. Vielleicht gelingt es mir nicht, Sasha weiter zu bestärken. Vielleicht bin ich schlicht nicht gut genug. Ich packe es nicht. Dafür bin ich nicht gemacht. Wem will ich hier eigentlich etwas vormachen?

Kapitel 29

Ich laufe das Rennen. Der Dawson Dash ist in vollem Gange und ich laufe, laufe, laufe … Ich bin in Führung! Aber wieso trage ich keine Schuhe? Laufen ohne Schuhe ist anstrengend. Alle anderen tragen ihre Laufschuhe. Und irgendjemand ruft meinen Namen. Allerdings … nicht besonders laut. *Ruby! Ruby?* Die Stimme klingt ganz nah, direkt an meinem Ohr … aber alle stehen doch hinter der Absperrung …

»Ruby?« Die Stimme aus meinem Traum. »Roo?« Eine sanfte, aber eindringliche Stimme. Eine sehr vertraute Stimme. Die Stimme meiner Mum. Meine Augen springen auf.

»Was?«, frage ich und erschrecke mich beinahe zu Tode beim Anblick meiner Mum, die tief über mein Bett gebeugt dasteht. »Was ist denn passiert?«

»Keine Sorge, nichts ist passiert, bloß … heute findet doch dein Rennen statt!«

»Jaaa …«, grummele ich. »Aber ich will nicht hingehen. Ich muss doch nicht, oder?«

Sie runzelt die Stirn. »Nein. Ich würde dich niemals dazu zwingen, wenn du nicht willst.«

Ich schlucke mühsam. »Okay.« Ich nicke. »Ich will nicht.«

Sie tritt einen Schritt vom Bett zurück und verschränkt die Arme vor der Brust. »Bist du sicher?«

Doch ehe ich Gelegenheit zum Antworten habe, platzt Sasha in mein Zimmer. »BEEILUNG, RUBY! Heute ist dein Rennen!«

Und ihre aufgeregte Miene mit den großen, erwartungsvollen Augen trifft mich direkt ins Herz. All die Strapazen der letzten Wochen habe ich mir mindestens zur Hälfte für sie angetan! Ich kann jetzt nicht kneifen.

»Los, schnell!«, drängt sie und reißt mir die Decke weg. »Du kommst zu spät!«

»Wieso, wie viel Uhr ist es?«

Mum verzieht das Gesicht. »Viertel nach zehn.«

»Shit! Um elf fängt es an! Kannst du mich fahren? Ich hatte eigentlich vor, zu Fuß hinzugehen, aber ... Shit!« Ich springe aus dem Bett – buchstäblich. Und fange an, nach Socken zu wühlen ... Ich brauche Socken ... Wo sind meine Leggings?

»Natürlich fahre ich dich! Wieso wolltest du überhaupt zu Fuß gehen, wo ich doch sowieso hinfahre?«

»Warum das denn? Du schaust doch nicht etwa zu, oder?«

»Natürlich schaue ich zu!«, sagt sie. »Wir alle schauen zu!«

»Jep!«, verkündet Sasha voller Begeisterung und hüpft dann wieder aus dem Zimmer.

»Auch Jake?«, frage ich, und prompt fällt mir wieder ein, weshalb ich so schlecht geschlafen habe.

»Na ja, schon.«

»Arrgh«, stöhne ich. Da muss ich mich schon überwinden, dieses Ding überhaupt durchzuziehen – und dann noch vor Jake, der sein Ziel, mich zu demütigen, allem Anschein nach unbeirrt weiterverfolgt.

»Bist du in zehn Minuten so weit?«

»Muss ich ja wohl«, erwidere ich. Das Adrenalin, das durch meinen Körper pulsiert, seit ich eben aus dem Bett geschossen bin, ist noch nicht abgeflaut. Mit Sicherheit schaffe ich es, in zehn Minuten meinen ganzen Kram zusammenzupacken.

»Dann bleibt uns noch eine halbe Stunde, um hinzukommen.«

»Das genügt, oder? Es ist ja nur in Dulwich.«

»Beeil dich einfach!«, antwortet Mum. Sie steht mit in die Hüften gestemmten Händen in meiner Tür. »Ich sorge dafür, dass Jake und Sasha fertig sind.«

Ich wirbele durch mein Zimmer, suche meinen Sport-BH, meine Leggings, die Laufschuhe, meine Glücksunterhosen und ein T-Shirt zusammen. In Rekordzeit ziehe ich mich an und hetze nach unten, wo Jake mit seinem Handy auf dem Sofa sitzt und Sasha gerade meine Wasserflasche für mich auffüllt.

»Na los!«, ruft Mum und hält die Haustür auf, sodass wir alle nach draußen ins Auto stürmen können, doch auf dem Tischchen neben der Tür, wo sich immer allerlei Dinge stapeln, die wir beim Weggehen vielleicht benötigen, fällt mir noch etwas ins Auge: eine glänzende rote Schachtel mit einer Schleife drum.

»Was ist das?«, frage ich.

»Keine Ahnung. Ich habe es nicht aufgemacht«, sagt Mum. »Auf dem Schildchen steht dein Name.«

»Oh.« Ich runzele die Stirn, überlege, ob ich genug Zeit habe, um noch schnell hineinzuschauen.

»Auf jetzt! Wenn du es öffnen willst, dann flott.«

Ich gehorche und ziehe die Schleife ab, klappe die Schachtel auf – und blicke auf einen Haufen mit Puderzucker bestäubter Kekse. Dabei liegt eine Karte mit winziger Handschrift.

Hi Ruby,
ich wollte Dir bloß sagen, wie sehr ich Dich vermisst habe, während ich weg war. Ich habe meinen nonno *(oder Grandpa, falls Du das Wort nicht kennst) nicht sonderlich gut*

gekannt, aber als wir in Italien waren, hat meine Mum etliche Rezeptkärtchen entdeckt, die er für all seine Lieblingsspeisen geschrieben hatte, um nie zu vergessen, wie man sie zubereitet. Das hier ist meine Version seiner ricciarelli, *und ich denke, sie können sich sehen und schmecken lassen. (Meine Mum hat mir ein bisschen geholfen – ich glaube, sie versteht mich mittlerweile etwas besser.) Jedenfalls hoffe ich wirklich, wirklich sehr, dass Du nach wie vor am Dash teilnehmen willst, und es tut mir leid, dass ich nicht für Dich da war, als es am meisten gezählt hätte.*
Ollie

Mir ist schlagartig schwummrig, als wäre mir alles Blut in den Kopf geschossen.

»So, jetzt aber los!«, drängt Mum, und ich stelle die Schachtel wieder auf dem Tisch ab. »Was ist drin?«, fragt sie über die Schulter, als sie die Haustür abschließt.

»Etwas von Ollie …«, erwidere ich ungläubig.

»So, so …«, meint sie lächelnd.

Sogar in unserer Eile, endlich loszukommen, bemerke ich, dass das Auto der Cowans nicht da ist – was vermutlich bedeutet, dass Ollie bereits unterwegs ist, wenn nicht sogar *schon dort*. Shit!

Sobald Mum nach einer kurzen Diskussion darum, wer vorne sitzen darf (natürlich immer nur entweder Jake oder ich, niemals Sasha), Gas gibt, werde ich schließlich *so richtig* nervös. Das ist jetzt die Phase, in der ich vollkommen machtlos bin: Natürlich könnte ich jederzeit das Handtuch werfen, einfach beschließen, diese Nummer abzublasen. Aber das kommt nicht infrage. Ich sehe die Dartmouth Road am Fenster vorbeisausen, bis wir die Ampel vor der Haltestelle Forest Hill erreichen. Wir warten. Und warten. Und warten. Das Rennen beginnt in zwanzig Minuten. Ich spüre, wie mir der Schweiß ausbricht. *Na los, na los*, denke ich. Und dabei wird mir klar, dass ich wirklich pünktlich dort sein will. Ich will wirklich teilnehmen. Endlich springt die Ampel auf Grün! Wir kriechen vorbei an dem großen Pub zur nächsten Ampel bei dem Sainsbury's, wo Ollies Mum überzeugt war, Ollie sei angefahren worden. Und dann kommt die nächste Ampel vor den Horniman Gardens. Es sind einfach so viele hintereinander – wie sollen wir je diesen verfluchten Straßenabschnitt hinter uns bringen?! Aber wir schaffen es, und dann haben wir freie Fahrt bis zur St Alfred's, wo der Parkplatz schon fast komplett voll ist. Trotzdem finden wir noch eine Lücke, und als ich vom Rücksitz nach draußen hechte (denn natürlich habe ich den Kampf mit Jake um den Beifahrersitz verloren), rufe ich Mum nur noch zu, dass wir uns später sehen.

Schon von hier aus erkenne ich, dass auf dem Sportplatz mit Hütchen und Fähnchen eine Route abgesteckt ist. Ich bin beinahe am Anmeldungstisch, da schlendert Liv in mein Blickfeld. Ich habe absolut keine Zeit zum Quatschen – und brauche zugleich gerade nichts dringender. Ich muss so viel loswerden: über mein Nervenflattern, über den Streit mit Jake, über Ollie, über einfach alles.

»Oh mein Gott, ich dachte schon, du kommst nicht!«, ruft Liv und wirft die Arme um mich. Sie rockt wieder ihren Athleisure-Look. Vielleicht war sie im Dulwich Park laufen, während ich verschlafen habe, so wie wir beiden vor ein paar Wochen zusammen. Ich wünschte, das wäre mein Plan für heute Vormittag. Einfach nur laufen, ganz ohne Wettbewerb. Gerade will ich ihr sagen, wie cool sie aussieht, da fragt sie: »Wie fühlst du dich? Voller Schwung und Elan? Bereit, die Weltherrschaft zu übernehmen?«

»Ähm …«, murmele ich. »Nicht wirklich. Der Morgen war ein einziges Chaos. Gestern Abend hatte ich einen total bizarren, richtig furchtbaren Streit mit meinem Bruder und hätte deshalb heute früh fast verschlafen, und dann ist noch etwas Komisches passiert, gerade als ich aus dem Haus wollte – etwas *Gutes*, denke ich, aber ich weiß nicht genau, wie gut. Mein Kopf ist gerade ganz woanders.«

»Dann muss ich dir diesen Kopf wohl zurechtrücken, richtig? Alles klar, also dann: Du bist ein wunderschöner, starker Engel und du hast dich so ins Zeug gelegt für genau diesen Moment, hier und jetzt, und darum ist es nun an der Zeit, die Früchte deiner harten Arbeit zu ernten und deinen Körper einfach sein Ding machen zu lassen.«

Ich schaue mich nervös um, sehe all die wirklich sportlichen Mädchen in ihren Sport-Tops und Laufshorts und komme mir komplett lächerlich vor. Diese anderen Mädchen spielen Fußball oder sind im Tennis-Team oder laufen in der Bezirksklasse. Das ist eine ganz andere Welt. Wie konnte ich mir nur je einbilden, ich würde das schaffen?

»Jetzt, wo ich hier bin …«, fange ich an und weiche dabei Livs Blick aus, »fühle ich mich irgendwie einfach nur dämlich.«

»Wieso?«, fragt sie und stemmt die Hände in die Hüften. »Weil du anders aussiehst als alle anderen, die heute teilnehmen? Wen kümmert das?! Das kann dir total egal sein! Es kümmert dich nur, wenn du dich mit anderen vergleichst, was im Übrigen die beste Strategie ist, um …« – sie gibt ein schlürfendes Geräusch von sich, wie ein Staubsauger, der eine Wasserpfütze inhaliert – »… sich jegliche Freude aus dem Leben zu saugen. Du verdienst es genauso sehr, hier zu sein, wie alle anderen. Du verdienst es, teilzunehmen. Wenn du daran zweifelst, dann nur, weil Leute wie Mr Pearce dir eine Gehirnwäsche verpasst haben. Es hat dir doch Spaß gemacht, hierfür zu trainieren, oder etwa nicht?«

»Ja«, murmele ich, weil das stimmt. Es *hat* mir Spaß gemacht. Sie hat recht. Wobei man fairerweise sagen muss: Sie hat eigentlich immer recht.

»Na bitte, da hast du's. Nur das zählt. Hier dabei zu sein, steht dir ebenso zu wie allen anderen. Diese Veranstaltung ist ebenso sehr für dich gemacht wie für den Rest der Leute, die du auf diesem Sportplatz siehst. Das ist dein Leben, und du musst dieses Spiel nach deinen eigenen Regeln spielen. Okay?«

»Okay«, erwidere ich und ertappe mich dabei, wie ich lächele. Ganz unwillkürlich.

»Na bitte«, sagt sie und nickt mir entschieden zu. »Ich stelle mich an einen strategisch geschickten Punkt der Strecke, wo du vielleicht dankbar sein wirst, meine dicke Visage zu sehen.«

»Ich bin immer dankbar, deine dicke Visage zu sehen«, sage ich und meine es auch so, mit jeder Faser meines Körpers. »Oh, und halt Ausschau nach April, sie müsste auch irgendwo sein.«

»Nee«, meint sie kopfschüttelnd. »Zuerst kümmern wir uns um dich, dann um mich.«

Sie stapft davon, um sich einen guten Beobachtungsposten zu sichern, und im selben Moment kommt Jessica angehüpft.

»Da bist du ja!« Sie legt mir schwungvoll einen Arm über die Schultern. »Schon aufgeregt?«

»So kann man es auch nennen …«, brumme ich und schneide eine Grimasse.

»Du hast so hart trainiert! Das klappt garantiert, versprochen.«

»Jaaa.« Ich nicke, obwohl ich davon alles andere als überzeugt bin.

»Vergiss nicht, dass du zum Tisch musst! Ich habe mich schon dort gemeldet, also sehen wir uns an der Startlinie! Und weißt du, wir sind alle jetzt schon total stolz auf dich!«

»Alles klar«, sage ich und atme tief durch, ehe ich mich auf den Weg zum Anmeldetisch mache.

»So, so, so«, sagt Mr Pearce, der dort sitzt.

»Hallo, Sir«, erwidere ich knapp. »Ich bin nicht zu spät dran, oder?«

Er seufzt entnervt. »Nein, Ruby, du bist nicht zu spät. Ich wundere mich lediglich, dass du überhaupt auftauchst«, antwortet er und hakt meinen Namen auf der Liste ab. »Du planst nicht zufällig irgendeine Art von … politischem Protest, oder?«

Als könnte er sich buchstäblich nicht vorstellen, dass ich womöglich ernsthaft teilnehmen will! Vielleicht ist er derart überzeugt von seinem eigenen Talent, Menschen wie mir jegliche körperliche Aktivität zu vermiesen, dass diese Möglichkeit für ihn komplett unbegreiflich ist. Für mich war sie lange Zeit auch nur schwer begreiflich, aber jetzt will ein großer Teil von mir ihm heute einfach nur beweisen, wie falsch er liegt.

Als ich mit der Anmeldung fertig bin, erhasche ich aus dem Augenwinkel, wie Mum und Jake und Sasha zum Sportplatz hinübergehen. Mum winkt mir zu und sie schwenken in meine Richtung.

»Du hattest es vorhin so eilig, dass ich schon Sorge hatte, ich könnte dir nicht einmal mehr viel Glück wünschen!«, sagt Mum.

»Viel Glück, Roo«, piepst Sasha, umarmt mich fest und drückt ihren Kopf in meine Brust, so wie früher, als sie noch ganz klein war. »Ich glaube, du kannst gewinnen«, flüstert sie gegen meinen Körper.

»Danke, Sash«, flüstere ich zurück. Ich bewundere ihren Optimismus.

Mein Blick wandert zu Jake, und ich rechne mit einem süffisanten Grinsen. Doch er nickt mir bloß zu und sagt: »Viel Glück.« Und es klingt sogar ernst gemeint.

Ehe ich Mum mein Handy zur Aufbewahrung in die Hand drücke, checke ich noch einmal meine Nachrichten. Eine ist neu. Mein Herz macht einen Hüpfer, als ich sehe, dass sie von Ollie stammt.

Wo bist du? Bitte sag mir nicht, dass du aufgegeben hast. Du schaffst das. Du musst einfach nur herkommen.

Ich antworte nicht. Dafür ist keine Zeit. Allerdings schirme ich rasch die Augen gegen die blendende Sonne ab und suche in der Menschenmenge an der Startlinie nach seiner vertrauten schlaksigen, rothaarigen Gestalt. Hier sind einfach zu viele Leute. Ich entdecke ihn nirgends. Aber irgendwo muss er sein, das weiß ich. Und ich weiß, dass er mich sehen will.

»Läufer!«, schallt Mr Pearce' Stimme aus einem Lautsprecher. Ich erspähe ihn, flankiert von ein paar seiner Sportlehrer-Spießgesellen – darunter Miss Flowers, Mr Boateng und Mrs Zimmer. Allesamt stehen sie dort in Jogginghosen herum und schauen fies drein. In Jogginghosen? Bei diesem Wetter? Himmel, sie könnten sich ruhig ein Paar Shorts gönnen! »Bitte begebt euch zur Startlinie. Der Kurs ist für euch markiert. Er misst exakt ein Drittel der kompletten Strecke von fünf Kilometern. Somit müsst ihr drei Runden laufen, um das Rennen zu vollenden. Die ersten drei Läufer, die die Ziellinie überqueren, erhalten ihre Preise, sobald alle Teilnehmer das Rennen abgeschlossen haben.«

Auf dem Weg hinüber zum Start gebe ich mir alle Mühe, ruhig zu bleiben und mir nicht einzureden, dass alle mich anstarren, sich fragen, was ich hier will, ob Mr Pearce recht hat und das eine Art Witz oder Protest sein soll. Ich meine … eine Art Protest *ist* es in gewisser Weise. Aber ich bin hier, weil ich es kann. Ich bin hier, weil es mein Recht ist. Auch für mich ist hier Platz. Genau wie Liv gesagt hat: Diese Veranstaltung ist ebenso sehr für mich gemacht wie für den Rest der Leute auf diesem Sportplatz.

Ich atme tief durch und stelle mich zu allen anderen an die Startlinie. Gefühlt sind Hunderte Läufer um mich herum, wahrscheinlich aber eher – keine Ahnung, fünfzig vielleicht? Ich bin auf keinen Fall schneller als fünfzig Mitschüler aus meinem Jahrgang. Was tue ich hier, was tue ich hier, was tue ich hier?

»Drei«, ruft Mr Pearce über den Lautsprecher, als er sich vergewissert hat, dass alle bereitstehen. Mein Herz hämmert vor Aufregung.

»Zwei.«

Oh Gott, ich mache wirklich Ernst, oder?

»Eins!«

Kapitel 30

Ich trabe an. Wir alle sind in Bewegung. Ich bin in Bewegung. Ich hebe die Füße und renne. Aber nicht zu schnell. Einfach gleichmäßig. Die Gruppe bewegt sich geschlossen, wir bleiben als Herde zusammen. Ich werfe einen Blick über die Schulter, während ich die Startlinie hinter mir lasse, die zugleich ja auch Ziellinie ist. Dort scheinen sich die meisten Leute zu scharen, aber meine Familie entfernt sich von der Menge und bezieht Position gleich nach der Markierung an der Hälfte der Strecke.

Ich wende mich wieder in Laufrichtung und bin ziemlich sicher, dabei links von mir Jessica zu erhaschen. Klar, sie wird heute ganz groß auftrumpfen. Doch wo ist Ollie? Irgendwo muss er sein, das weiß ich. Ich bin dankbar für die Ablenkung, die die Suche nach ihm mir bietet, denn so vergehen schon die ersten Minuten Laufzeit. *Wo ist Walter?* war gestern. *Wo ist Ollie?* heißt der neueste Trend. Ist er das? Ich meine ihn ganz vorn in der Gruppe zu entdecken. Mir war überhaupt nicht bewusst, dass er tatsächlich *so* schnell läuft. Aber das ist er, definitiv. Es fühlt sich komisch an, ihn inmitten derart vieler Menschen zu sehen, wo wir doch so lange nur zu zweit waren. Nur er und ich. Seine ganze Aufmerksamkeit und Mühe auf mich gerichtet. Und wofür? Was ist jemals für ihn dabei herausgesprungen? Nichts. Himmel, ich hoffe, ich kann mich mit ihm aussprechen und alles in Ordnung bringen. Er hat mir gefehlt, solange er weg war, und jetzt habe ich keinerlei Vorwand mehr, um Zeit mit ihm zu verbringen – sofern er daran denn überhaupt Interesse hat. Ein paar Minuten lang fahre ich in meinem Gedankenkarussell mit, setze einfach einen Fuß vor den anderen, während mein Gehirn mit Ollie beschäftigt ist, und als ich wieder im Hier und Jetzt lande, wird mir klar … ich bin fast allein.

Alle anderen sind richtig weit vor mir.

Sie haben sich einfach abgesetzt, ihr eigenes Tempo gefunden, das logischerweise viel, viel schneller ist als meins – weil wir hier ein *Rennen* laufen, weil sie dafür gemacht sind und ich nicht. Wir sind kaum fünf Minuten auf der Strecke, und schon ist das sonnenklar. Vor mir erspähe ich die Markierung, die die Hälfte des Rundkurses kennzeichnet. Was bedeutet, dass ich die erste Runde noch nicht einmal halb geschafft habe. Shit.

Die Bahn verläuft oval, somit befindet sich die Mittelmarkierung genau gegenüber der Start- und Ziellinie, und exakt dort sehe ich nun die anderen Läufer – die schnellen, die guten, die einfach mit langen Schritten vorwärtsstreben und dabei wirken, als gäbe es für sie nichts Leichteres auf der Welt. Jess' Zöpfe schwingen beim Laufen hin und her – sie ist laserfokussiert auf ihr Ziel. Im Gegensatz zu mir trödeliger Tagträumerin. Und da ist Ollie, ganz vorn mit dabei. Vielleicht nicht an allererster Position, aber ziemlich nah dran. So schnell hätte er die ganze Zeit über laufen sollen. Das ist sein Tempo. Und ich laufe meins. Wir sind einfach zu unterschiedlich, oder?

Ich sehe, wie er den Kopf zur Seite dreht, um sich mit dem T-Shirt-Ärmel den Schweiß von der Stirn zu wischen. Da entdeckt er mich, wie ich in meinem typischen Rubytrott als Letzte über den Platz schleiche. Peinlich abgeschlagen. Ich würde am liebsten im Boden versinken unter seinem Blick und wende nach einer Sekunde die Augen ab, weil es unerträglich ist. Ich hole tief Luft und renne weiter. *So* hoffnungslos abgeschlagen bin ich gar nicht. Ich muss bloß Gas geben.

Kurz vor der Mittelmarkierung bemerke ich, dass Mr Boateng neben einer grellpinkfarbenen Fahne steht. Hinter ihm glaube ich Livs Heiligenschein aus blonden Locken auszumachen – neben April und Salma. Na, dann hat wenigstens *irgendjemand* heute Spaß. All die Mühen sind es wert gewesen, wenn April und Liv zusammenkommen!

Ich weiß, dass meine Familie gleich irgendwo an der Strecke auftauchen wird, und die Vorstellung, Mum oder Sasha oder Jake gerade jetzt in die Augen schauen zu müssen – ausgerechnet in dieser Situation –, klebt meinen Blick auf die Strecke vor mir. Ich höre Anfeuerungsrufe, aber ich kann nicht hinsehen. Ich will ihre Mienen nicht sehen. Ich muss einfach weiterlaufen.

Ich bin noch nicht weit hinter der Startlinie auf der zweiten meiner drei Runden, als hinter mir tosender Jubel losbricht. Immerhin ein Läufer oder eine Läuferin ist schon durch. Und ich habe gerade einmal gut ein Drittel geschafft. Wow. Ich bin hier wirklich eine Liga für mich. Aber immerhin befinde ich mich gerade für einen kurzen Moment wieder inmitten des Läuferrudels – all der Leute, die nun ihre dritte Runde laufen, während ich meine zweite bezwinge. Diesen Augenblick muss ich auskosten, dieses Gefühl, Teil der Gruppe zu sein, denn mir ist klar, dass sie mich alle im Nullkommanichts wieder hinter sich lassen und davonziehen werden, während ich das einfach nicht schaffe und allein zurückbleibe.

Bis zur Mittelstreckenmarkierung hat sich meine Prophezeiung bewahrheitet. Ich trampele wieder einsam vor mich hin, alle Übrigen weit, weit vor mir und fast an der Ziellinie.

Ich habe jetzt mehr als die Hälfte des Rennens geschafft, aber dieser Gedanke bestärkt mich keineswegs – vielmehr würde ich mich am liebsten hier und jetzt auf den Boden werfen und heulen, weil ich mich schon derart verausgabt und ein solches Gefühlschaos durchlebt habe und doch noch so viel Strecke vor mir liegt. Ich richte den Blick wieder nach unten und laufe weiter in Richtung Start-und-Ziellinie, auf in meine dritte, letzte Runde.

Als ich die Linie überquere, frage ich mich, wie viele Läufer noch unterwegs sind. Es muss doch ein paar Leute geben, die zusammen mit mir – wenn auch viel weiter vorn – ihre dritte Runde absolvieren. Ich kann nicht die Allerletzte sein, die noch läuft. Oder vielleicht doch. Vielleicht bin ich schlicht und ergreifend *so* viel langsamer als alle anderen. Was die Frage aufwirft: Tue ich mir das wirklich *noch mal* an? Ertrage ich es, mich noch einmal um den Platz zu quälen, wenn ich doch ohnehin kilometerweit hinter den restlichen Teilnehmern bin – wenn fast alle schon im Ziel sind? Nicht nur die guten Läufer wie Ollie und Jess, die selbstverständlich längst durch sind, sondern alle. Ich bin allein. So richtig allein.

Eine heiße Welle der Scham überspült mich. Es fühlt sich genauso an wie die Sprints in der schlimmsten Sportstunde aller Zeiten, und mir ist völlig schleierhaft, wie ich mir je einbilden konnte, es würde anders sein. Von Anfang an war klar, dass ich die Langsamste sein würde, die Außenseiterin, die eine, die nicht mithalten kann. Tränen brennen in meinen Augen. In meinem Hals formt sich ein Kloß.

Das ist etwas komplett anderes, als im Park mit Ollie zu laufen, in meinem Tempo. Das hier ist absolutes Neuland. Die Blicke all dieser Menschen auf mir. Das Wissen, dass ich aus freiem Willen hier bin. Aber die Sache ist die: Es ist gar nicht so, dass ich *körperlich* schon am Ende bin und aufgeben will. Sondern bloß … emotional.

Jetzt könnte ich das Handtuch werfen, oder? Niemand wäre auch nur überrascht, wenn ich einfach stehen bliebe. Einfach zu rennen aufhörte. Einfach aufgäbe. Genau genommen würde ich damit sämtliche Erwartungen bestätigen. Vor allem Jakes, der so ziemlich der Hauptgrund ist, weshalb ich überhaupt hier bin. Ich könnte einfach aufgeben und seitlich den Kurs verlassen, zwischen den Hütchen und Fahnen hindurchtreten und bei April und Salma in der Menge untertauchen. Zu meiner Familie gehen, ergeben die Hände heben und sagen: »Tja, ihr hattet recht!« Das könnte ich. Einfach seitlich ausscheren in die Zuschauermenge.

Doch dann geschieht das Gegenteil. Jemand aus dem Zuschauerpulk joggt von hinter den Hütchen auf die Strecke.

Liv.

»Jetzt bist du nicht mehr allein«, sagt sie. »Wir schaffen das zusammen. Aber was du *nicht* darfst, ist aufgeben.«

Sie zieht ihr T-Shirt über den Kopf und wirft es über die Schulter zu April, die es auffängt.

»Los, lauf, Ruby!«, ruft April mir zu.

»Yeah!«, brüllt Salma und fängt an zu klatschen. »Weiter, Roo!«

»Du packst das!« April hüpft auf und ab, was vollkommen untypisch für sie ist.

Liv und ich rennen Seite an Seite. Langsam. Aber unaufhaltsam. Ich biete ihr meine Wasserflasche an und sie nimmt einen Schluck, gibt sie mir dann zurück. Wir konzentrieren uns auf den Kurs vor uns. Eine Weile sagt keine von uns ein Wort. Wir laufen einfach. Zusammen.

»Damit hast du … April jetzt sicher … mächtig beeindruckt«, schnaufe ich abgehackt in Livs Richtung.

»Oh ja … Das war von Anfang an … mein Plan«, keucht sie.

Als ich Sasha »Da ist Ruby!« rufen höre, muss ich wider Willen lächeln.

»Zieh durch, Roo!«, brüllt Mum mir entgegen.

Und zu meiner großen Überraschung legt Jake die Hände um den Mund und ruft: »Du machst das super! Du packst es!«

Doch es folgt eine noch größere Überraschung: eine Stimme, die mir sehr vertraut ist, die ich aber nicht mehr allzu oft höre. Kann das wirklich mein Dad sein? Hinschauen ist ausgeschlossen. Zuerst muss ich die Ziellinie überqueren.

Meine Lunge fühlt sich an, als wolle sie den Geist aufgeben. Jeder einzelne Muskel in meinen Beinen fleht mich an, stehen zu bleiben. Aber ich gebe nicht nach. Ganz egal, wie langsam ich das hier zu Ende bringen muss: Ich werde es zu Ende bringen. Ich kann es zu Ende bringen. Ich starre einfach stur auf den Boden und laufe weiter. Alles, was zählt, ist, dass ich nicht anhalte. Punkt. Einfach nicht anhalten. Ich darf bloß nicht anhalten. Ich werde nicht anhalten. Ich werde nicht anhalten. Und da, aus dem Nichts, springt die Ziellinie vom Horizont uns direkt vor die Füße. Nur noch wenige Schritte. Ich kann es kaum glauben.

Ich packe Livs Hand mit meiner eigenen verschwitzten, und wir rennen die letzten Schritte gemeinsam und all meine Freundinnen und meine Familie jubeln und klatschen und endlich, endlich übertritt mein Fuß zum letzten Mal die Ziellinie.

Ich habe es geschafft. Ich habe gewonnen.

Ich brauche keine Medaille, keine 100 Pfund Preisgeld. Ich muss Jake nichts beweisen oder ihm durch eine Wette sein Zimmer abluchsen. Ich musste lediglich mir selbst beweisen, dass Regeln und Einschränkungen, die andere Menschen mir auferlegen, keine Bedeutung für mich haben. Sondern nur für sie. Ich kann Spaß und Schmerz und Hochs und Tiefs und gute Tage und schlechte Tage auch so haben, genau wie ich bin. Ich entscheide, was ich kann und was nicht.

Und heute entscheide ich: Ich habe gewonnen.

Kapitel 31

Eine Sekunde lang stehen wir einfach nur da, japsen nach Luft und grinsen einander an. Liv lässt meine Hand los und stützt sich auf die Knie, versucht, wieder zu Atem zu kommen. Ich kann kaum fassen, dass ich es geschafft habe. Ruby Morgan ist den Dawson Dash gelaufen? Wer hätte das jemals gedacht? Tja, ein paar Leute schon, schätze ich. Ollie und Liv zum Beispiel. Und in diesem Moment bin ich erfüllt von so viel Liebe und Stolz und Glück, dass es mich nicht wundern würde, wenn meine Füße vom Boden abhöben. Und dieses Gefühl will ich auskosten.

Als wäre ich noch nicht euphorisch genug, sehe ich Ollie auf mich zujoggen. Er wirkt deutlich weniger verschwitzt als ich, aber mindestens genauso glücklich. Verschwitzter und geröteter, als ich es je zuvor in meinem Leben war, nehme ich Ollies Hand und ziehe ihn zu mir. Sanft küsse ich ihn auf die Lippen. Wenn er sich entziehen will, dann kann er das. Ich werde ihn nicht daran hindern. Und wäre auch nicht überrascht.

Doch er tut es nicht. Er erwidert den Kuss. Er schlingt die Arme um mich und küsst mich mit Nachdruck, mit Überschwang. Ich höre, wie meine Freundinnen johlen und jubeln, als wären wir noch im Endspurt des Rennens.

»Das war … nicht ganz so, wie ich es mir vorgestellt hatte«, meint Ollie lächelnd, als wir uns voneinander lösen.

»Das Rennen?«, frage ich mit klopfendem Herzen.

»Nein, unser erster Kuss«, erwidert er und verdreht die Augen, als hätte das klar sein sollen.

»Ich hatte keine Ahnung, dass du dir davon überhaupt eine Vorstellung gemacht hast.«

Er zuckt mit den Schultern. »Ich dachte, die Kekse in Herzform hätten mich verraten. Es war mir zumindest einen Versuch wert … obwohl ich eine Weile geglaubt habe, dass du mehr an Liv interessiert bist – du weißt schon, in dieser Hinsicht …«

»Nee, sie ist bloß extrem cool. Den romantischen Part überlasse ich April.«

Ich will den Blick nicht von ihm abwenden, doch um mich herum ist so viel los.

Liv! Ich schließe Liv in die festeste Umarmung aller Zeiten. »Danke, danke, danke.« Wir trennen uns wieder.

Sie schaut mich an und schluckt, peinlich berührt von so viel Aufmerksamkeit. »Das war doch gar nichts. Jederzeit gern. – Ich bin übrigens Liv«, wendet sie sich an Ollie. »Nett, dich kennenzulernen.«

»Dito. Das war … echt stark von dir«, sagt er bewundernd. Ich weiß genau, wie es ihm gerade geht. Aber mir ist auch klar, dass Liv solche Ehrfurcht unangenehm ist. Für sie sind wir gleich, auf Augenhöhe, auch wenn sie mir wie ein wunderschöner, perfekter, inspirierender Engel erscheint.

Ich überlege noch, was ich zu Ollie sagen soll, da werden wir unterbrochen. Plötzlich fallen alle über uns her: April und Salma und Sasha und Mum und Jake und … ja, tatsächlich auch Dad. Ollie kann erst mal warten.

Die Gruppe ist wie ein Tornado aus Geplapper und Gefuchtel und Umarmungen, und ich bin völlig überfordert damit, wohin ich schauen oder mit wem ich reden soll. Dann schiebt sich Sashas pummelige Hand in meine.

»Tut mir leid, dass ich nicht gewonnen habe, Küken«, sage ich betreten zu ihr.

Sie rollt mit den Augen und wirkt in diesem Moment sehr erwachsen. »Gewinnen ist doch *total unwichtig*, weißt du? Aber du hast echt cool ausgesehen. Und du hast etwas geschafft, von dem Jake gesagt hat, du schaffst es nicht – aber ich wusste, dass du es schaffst.«

»Jake glaubt, ich habe mitgemacht, um ihn zu beeindrucken, aber eigentlich wollte ich vor allem dich beeindrucken«, verrate ich ihr.

Sie nickt entschieden. »Ich bin beeindruckt. Ist das dein Freund?«, fragt sie und späht zu Ollie, der sich ganz in der Nähe mit seinen Eltern unterhält.

Jetzt ist es an mir, unverbindlich mit den Schultern zu zucken. »Ich hoffe es. Noch bin ich mir nicht sicher. Aber ich hoffe es. Falls nicht, ist das aber genauso okay.«

»Ich hoffe es auch. *Jedenfalls* …«, meint sie mit einem entnervten Seufzer, und schon wieder frage ich mich insgeheim, von wem sie das gelernt hat, »will ich jetzt mal zu Dad. Ciao.« Und damit stolziert sie davon.

Ich will auch zu Dad! Aber jetzt erhasche ich Jake, der sich angeregt mit Mr Pearce unterhält. Mein ehemaliger Sportlehrer wirkt nicht ganz so erfreut, seinen einstigen Vorzeigeschüler zu sehen, wie ich erwartet hätte. Ich versuche zu erlauschen, worüber sie reden, als Salma und Jessica zu mir herübergehüpft kommen, überdreht wie zwei Labradorwelpen. Bei Salma verstehe ich das – aber wie kann Jessica nach dem Rennen noch so viel Energie übrig haben?!

Ich umarme Jess, und die Bronzemedaille um ihren Hals

schlägt gegen meinen Körper. »Du warst der Wahnsinn! Gut gemacht!«, sage ich.

Sie strahlt. »Danke, danke, danke! Ich fühle mich großartig. Nie hätte ich damit gerechnet, allen Ernstes als Dritte ins Ziel zu kommen!« Hinter ihr entdecke ich April und Liv, die in ein Gespräch vertieft sind. April hat noch immer Livs T-Shirt, das sie während des Rennens aufgefangen hat, in der Hand. »Aber was anderes: Hör dir das an!« Jess wendet sich Salma zu, die aussieht, als müsste sie gleich explodieren, so dringend will sie mir etwas erzählen.

»Ich *pack* es nicht!«, platzt Salma los. »Gerade eben habe ich mitbekommen, wie dein durchtrainierter Bruder sich mit Mr Pearce angelegt hat!« Ich schiele hinüber und bekomme noch mit, wie Jake kopfschüttelnd von meinem verhassten Sportlehrer wegstapft.

»Wie bitte?«, frage ich ungläubig.

»Sie hat es leibhaftig gehört!«, betont Jessica mit Nachdruck.

»Ich habe es gehört!«, echot Salma.

»Was denn?!«, dränge ich, obwohl ich so überglücklich bin von dem Lauf und dem Kuss und ALLEM, dass mich gar nicht allzu sehr interessiert, was Jake treibt.

»Mr Pearce hat zu ihm gesagt, dass … ähm …« Sie wendet den Blick kurz ab. »Dass du die langsamste Zeit in der Geschichte des Dawson Dash gelaufen bist. Mit Abstand.«

»Ha!«, entfährt es mir. Na klar bin ich das. Und ich schäme mich nicht dafür!

»Und es schien ein bisschen, als wollte er Jake ermuntern, gemeinsam mit ihm über dich herzuziehen und zu lachen … aber stattdessen hat Jake ihm geantwortet … tja, er hat geantwortet, dass vielleicht nicht nur die Supersportler beim Dash würden mitmachen wollen, wenn Mr Pearce sich stärker darum bemühen würde, alle einzubeziehen. Und dass sich jetzt vielleicht mehr Leute beteiligen, einfach weil sie Lust darauf haben, auch wenn sie nicht zu den Vorzeige-Athleten unserer Schule gehören.«

»Oha«, mache ich stirnrunzelnd.

»Und darauf Mr Pearce so: ›Das ist ja wohl das Letzte, was wir wollen – noch mehr Scherzkekse, die das Ganze nicht ernst nehmen.‹ Und *Jake* hat ihm geantwortet: ›Meine Schwester ist kein Scherzkeks. Sie ist die mutigste und engagierteste Teilnehmerin hier!‹ Und darauf ist Mr Pearce *knall*rot angelaufen und hat nur noch den Mund auf- und zugemacht wie ein Fisch! In dem Moment bin ich losgerannt, um es dir zu erzählen. Das war's also. Aber echt krass, oder?!«

»Auf jeden Fall sehr unerwartet«, murmele ich.

Vielleicht hat sie sich verhört. Vielleicht hat sie etwas falsch verstanden. Doch als Jake Augenblicke später an meiner Seite auftaucht, begreife ich, dass Salma recht hat.

»Oh, hi, Jake«, flötet sie und klimpert ihn mit ihren langen Wimpern an.

»Hey«, erwidert er mit gerunzelter Stirn.

»Komm, wir gehen, Sal«, meint Jess und schleift Salma mit sich. »Bis später, Roo!«

»Bis dann …«, flüstere ich schwach. Denn jetzt sind Jake und ich allein. Und in Anbetracht der letzten vierundzwanzig Stunden bin ich vollkommen ratlos, womit ich von ihm zu rechnen habe.

Einen Moment lang sagt keiner von uns etwas. Ich frage mich, ob er erwartet, dass ich das Eis breche, oder ob es etwas gibt, das er loswerden will.

Nach einer langen, angespannten Stille räuspert er sich schließlich. »Ich habe ein schlechtes Gewissen«, sagt er und betrachtet dabei seine Füße.

Das ist immerhin ein Anfang. Aber mir schwirrt immer noch der Kopf von dem, was er laut Salma angeblich zu Mr Pearce gesagt hat! Mein dehydriertes, liebestrunkenes Gehirn ist damit völlig überfordert.

»Erst als wir heute hier angekommen sind, habe ich wirklich so richtig begriffen, wie blöd das alles von mir war. Ich meine … wie albern es war, dass ich dich in eine Lage gebracht habe, in der du dich gezwungen gesehen hast, das zu machen. Du hättest nicht diese ganzen Mühen auf dich nehmen müssen sollen, um dir meinen Respekt zu verdienen. Das ist schlicht … Tja, das ist dämlich. Ich sollte in der Lage sein, dir einfach zu zeigen und zu sagen, dass ich dich respektiere. Und dich nicht dazu nötigen, mir quasi erst zu beweisen, was du alles kannst.«

Ich nicke. Natürlich sehe ich das genauso. Aber fürs Erste lasse ich ihn weiterreden.

»Als ich gemerkt habe, wie Sasha dich sieht, ist mir aufgegangen, wie … mies ich zu dir war. Im Sinne von: Jaaa, du warst viel langsamer als alle anderen, aber sie war dermaßen aus dem Häuschen, dass du überhaupt mitgemacht hast. Jedenfalls: Es tut mir leid. Ich hätte dich einfach, keine Ahnung, unterstützen sollen. So, wie du auch mit Sasha umgehst. Ich … bewundere das.« Er mahlt mit dem Kiefer, seine typische Denkerpose. »Ich weiß nicht, weshalb ich das Gefühl habe, so zu dir sein zu müssen. Es macht mir nicht mal Spaß. Eine Sekunde lang fühlt es sich gut an, und in der nächsten komme ich mir vor wie der letzte Arsch. Ich höre mir selbst dabei zu, wie ich dir diesen Kram vorhalte, und frage mich: *Was soll das eigentlich?*«

»Du musst nicht so sein«, erwidere ich schulterzuckend, als wäre es keine große Sache. »Ich meine, ständig nur nett sein musst du natürlich auch nicht, aber … du könntest hier und jetzt beschließen, mit dem Mist aufzuhören?«

Er sagt nichts. Sondern nickt nur.

»Dass du Mr Pearce die Stirn geboten hast, war jedenfalls ein guter Anfang«, sage ich und werde rot vor Stolz. »Ich weiß, wie cool du ihn immer fandest.«

»Nicht er ist cool«, widerspricht Jake kopfschüttelnd. »Sondern du.« Und damit zieht er mich in eine Umarmung.

Da fällt es mir wieder ein: »Hey, hast du gewusst, dass Dad kommt?«

Jake schüttelt den Kopf. »Er ist einfach aufgetaucht. Natürlich zu spät.«

»Natürlich«, erwidere ich grinsend.

»Kann sein, dass Mum Bescheid wusste. Ich glaube, er hört sich gerade Sashas gesammelten Klatsch und Tratsch an.«

»Ich möchte ihm wirklich gern Hallo sagen. Unglaublich, dass er da ist«, sage ich und recke den Hals, um ihn in der Menschenmenge, die sich nach dem Ende des Rennens nun langsam auflöst, auszumachen.

»Oh«, meint Jake und nickt über meine Schulter. »Da ist er. Ich gehe mal Mum suchen.«

Einen Augenblick später öffnet Dad seine Arme für mich.

»Nicht umarmen – ich bin zu verschwitzt! Ich kann nur andere verschwitzte Leute umarmen!«, protestiere ich.

»Komm her«, beharrt er und drückt mich an sich. Er atmet den Duft meines Haars ein, das aktuell vermutlich absolut widerlich riecht, doch es scheint ihn nicht zu stören. »Himmel, wie ich das vermisst habe. So sehr habe ich das vermisst.«

Und selbst inmitten meines Freudentaumels darüber, dass ich den Lauf durchgehalten und Ollie geküsst habe und dass meine Bemühungen, für Sasha da zu sein, nicht unbemerkt geblieben sind, ist es, als würde bei seinen Worten eine gigantische Wunde in meinem Innern aufgerissen, aus der Traurigkeit blutet. »Du fehlst mir so«, murmele ich und muss weinen, sosehr ich auch versuche, die Tränen zurückzuhalten. Denn gefühlt habe ich sie den ganzen Sommer lang zurückgehalten, alle Emotionen unterdrückt, alles in meiner Macht Stehende versucht, um den Trennungsschmerz nicht wirklich zuzulassen, und meinen Schmerz in Wut umgemünzt.

»Ich schaffe es nicht, Roo«, sagt er kopfschüttelnd.

»Was schaffst du nicht?«

»Ich kann nicht ohne euch schreckliche Blagen leben. Weiß der Himmel, was ich mir dabei gedacht habe.«

»Wie meinst du das?«

»Ich meine, dass ... Tja, was ich *nicht* meine, ist, dass Mum und ich wieder zusammenkommen, denn das wird nicht passieren. Wir sollten nicht mehr zusammen sein. Insofern war es schon richtig auszuziehen. Aber ich möchte einfach nicht so weit weg sein von euch. Es wundert mich nicht, dass du mich monatelang gemieden hast. Ich hatte nichts anderes verdient«, gesteht er ein.

Ich mustere ihn stirnrunzelnd, wage nicht zu glauben, was ich da höre, kann noch immer kaum fassen, dass er hier vor mir steht. »Das heißt ... Wo wirst du künftig wohnen?«

»Oh, keine Ahnung. Genügend freie Wohnungen gibt es hier in der Gegend ja. Genau genommen hatte ich vor, mir in den nächsten Tagen ein paar anzuschauen. Ich dachte, so kann ich zwei Fliegen mit einer Klappe schlagen: eine Bleibe finden und zusehen, wie meine Tochter in meine Spitzensportler-Fußstapfen tritt.«

Ich verdrehe die Augen. »Na ja, so würde ich es nicht unbedingt bezeichnen. Wenn ich mich recht erinnere, hat Jake gerade gesagt, dass ich die *mit Abstand* langsamste Zeit in der Geschichte des Dash gelaufen bin.«

»Na, na«, macht er und schüttelt schon wieder den Kopf. Um seine Mundwinkel spielt ein Lächeln. »Keine falsche Bescheidenheit, Roo. Dafür kenne ich dich zu gut. Du weißt, dass du heute eine Siegerin bist. Sash hält dich für so ziemlich den coolsten Menschen der Welt.«

Ich zucke mit den Schultern. »Tja, das bin ich ja auch. Übrigens, wo ist eigentlich Mum?«

»Drüben beim Auto«, antwortet er. »Ich fürchte, das ist gerade alles ein bisschen viel für sie. Dass ich so ein Depp bin und so.«

Ich umarme ihn noch einmal. »Du bist unser Depp. Kommst du mit zu uns nach Hause?«

»Nein, aber vielleicht darf ich euch alle nachher zum Abendessen einladen? Pizza – live, sozusagen?«

»Aber es ist Sonntag und nicht Mittwoch!«, wende ich ein.

»Die Dinge ändern sich. Also brauchen wir auch neue Traditionen, oder etwa nicht?«

Ich mache mich auf die Suche nach Mum. Und finde sie tatsächlich beim Auto, wo sie mit leerem Blick in die Ferne starrt.

»Mum?«, frage ich behutsam.

Sie zuckt zusammen. »Oh! Da bist du!« Auch sie schließt mich in die Arme. »Ich bin unglaublich stolz auf dich.«

»Ich fasse es nicht, dass Dad aufgetaucht ist. Geht es dir gut?«, flüstere ich in ihren Nacken.

»Ach, mach dir um mich keine Gedanken. Mir geht es bestens. Ich hatte mich bloß gerade erst daran gewöhnt, dass er nicht mehr da ist, und jetzt sagt er, er kehrt zurück. Typisch«, schiebt sie hinterher, klingt allerdings nicht verbittert darüber.

»Ich wollte nur sagen …«, setze ich an, ohne wirklich genau zu wissen, was ich eigentlich sagen wollte. »Ich wollte nur Danke sagen – dafür, dass du niemals jemand gewesen bist, der mir weisgemacht hat, ich könnte irgendetwas nicht schaffen. Dass du nie so getan hast, als könnte jemand wie Ollie mich sowieso niemals mögen oder ich nie und nimmer eine Läuferin sein, selbst wenn ich es wollte. Dass du einfach … du weißt schon, so entspannt bist. Immer.«

»Ich kann nicht behaupten, dass mir je etwas anderes in den Sinn gekommen wäre«, erwidert sie lächelnd, aber auch ein wenig verwirrt.

»Du lässt mich einfach mein Ding machen. Das weiß ich zu schätzen.«

»Ich weiß *dich* zu schätzen«, sagt sie und drückt meine Hand. »Und jetzt: Was läuft da zwischen Ollie und dir? Ich dachte, Teenager müssen sich Leute angeln, die ihre Eltern schrecklich finden!«

Ich werde scharlachrot. »Ich bin mir nicht sicher, ob wir wirklich zusammen sind …«

»Tja, dann solltest du es herausfinden, meinst du nicht?«

Kapitel 31

»Tief durch die Nase einatmen …« Aufs Stichwort hört man zehn bis fünfzehn Leute Luft einziehen. »Und aus durch den Mund …« Und wieder ausstoßen. »Der Blick hebt sich langsam …« Wir alle nehmen den Kopf nach hinten. »Und wir öffnen die Augen.«

Träge kommen wir auf die Füße. Liv drückt den Knopf, der den Projektor abschaltet. Das wunderhübsche, warme, liebevolle Gesicht der dicken Yogini Jessamyn Stanley verschwindet von der Leinwand.

»Das war schöööön«, seufzt Heather mit verträumtem Lächeln.

»Ja, machen wir doch noch mehr von ihren Programmen«, sagt Ethan und reckt die langen Arme so weit in die Höhe, dass er beinahe die Decke des Klassenraums berührt.

»Danke, Liv!«, ruft Reema beim Verlassen des Zimmers über die Schulter, die Yogamatte unter den Arm geklemmt.

Sobald alle verschwunden sind, klatscht Liv mich grinsend ab. »Wie war das? Nicht schlecht für unser dieswöchiges Treffen des Lahmarsch-Laufclubs, oder?«

»Ganz und gar nicht schlecht! Das haben wir wieder toll hingekriegt!«

»Ein weiterer Sieg für die Chill-Fraktion der Dawson«, verkündet sie und macht das Peace-Zeichen. »Und nach dieser *herrlichen* Yogastunde bin ich jetzt noch gechillter.«

So sieht inzwischen unser Mittwochnachmittag aus. Da haben sowieso alle frei, theoretisch für irgendwelche Sportclubs, und Liv und ich haben nach einer Möglichkeit gesucht, etwas auf die Beine zu stellen, das … na ja, eben auch uns Spaß machen würde. Und wir dachten: Wie wäre es mit einem bewusst *nicht* leistungsorientierten Sportclub? Obwohl wir uns Lahmarsch-Laufclub nennen, gehen wir gar nicht allzu oft laufen. Liv und ich sind ab und zu zusammen unterwegs, wenn wir ein bisschen frische Luft schnappen wollen, aber das ist in keiner Weise vergleichbar mit meiner krassen Sommer-Challenge. Ich schätze, das ist es, was ich in erster Linie daraus mitgenommen habe: der Wunsch, neue und unterschiedliche Wege zu finden, um in Bewegung zu kommen, ohne Druck oder festes Ziel dahinter. Davon hatte ich genug. Jetzt ist Zeit für etwas Neues. Jetzt spiele ich nach meinen Regeln. Und dieses Gefühl wollten Liv und ich auch anderen ermöglichen. Daher: der Lahmarsch-Laufclub. Bei unserem heutigen Treffen haben wir uns eine halbe Stunde lang auf Yogamatten gerekelt. Wir haben die Fachschaft Sport genötigt, sie zu kaufen, indem Liv ihre Masche von wegen *erweiterte Teilhabe* abgezogen hat.

Wir sind offen für jeden. Für alle, die etwas ausprobieren möchten, in einem Rahmen, in dem es weder Gewinner noch Verlierer gibt. Für alle, die Lust haben, sich zu bewegen. Alle, die keinen Wettbewerb suchen, keinen Wettbewerb *brauchen*, aber trotzdem etwas tun möchten. Im Grunde einfach … alle! Wir sind da nicht wählerisch. In der ersten Woche waren Liv und ich allein, und seither sind jede Woche ein paar Leute neu dazugestoßen.

»Ooh, ihr seid fertig!«, trällert April, als wir aus dem Klassenzimmer treten. »Ich wusste, ich hätte heute bei euch mitmachen sollen. Mein Kopf platzt gleich vor lauter Lernerei.« Liv streckt die Hand aus und wuschelt April durch den Pixie. April himmelt sie an.

Liv zuckt mit den Schultern. »Du bist jederzeit willkommen.«

Als ich die Eingangstür des Oberstufengebäudes aufdrücke, stellt April sich auf die Zehenspitzen, um Liv zu küssen. Unwillkürlich muss ich lächeln. Zwei meiner absoluten Lieblingsmenschen? Zusammen? Bitte mehr davon! Wobei: Selbst wenn April vor dem Rennen noch nicht in Liv verknallt gewesen wäre, verstünde ich nur zu gut, dass sie ihr nach Livs Heldentat beim Dash hoffnungslos verfallen ist.

Zu dritt schlendern wir zu dem Café ein Stück weit die Straße hinunter, schlagen dort mit Klatsch und Tratsch die Zeit tot und bringen einander so heftig (und grundlos) zum Lachen, dass uns die Tränen kommen – bis ich irgendwann auf meinem Handy die Uhrzeit checke und aufspringe: »Wir müssen los!«

Zurück vor dem Eingang der Schule werden wir schon erwartet: Dort steht Ollie, frisch geduscht und mit seiner Rugbytasche über der Schulter.

»Da bist du ja«, sagt er und öffnet seine Arme für mich. Ich schmiege mich in seine Umarmung, blicke dann hoch in diese sanften, lieben Augen, die mich wirklich *sehen*, und küsse ihn. Denn so machen wir das inzwischen. So machen wir das inzwischen einfach! Es ist ganz normal! Ich küsse ihn im Grunde, wann immer ich Lust habe!

»Bereit für ein Doppel-Date?«, frage ich und verschränke meine Finger mit seinen. »Unfassbar, oder? Wir gehen auf ein *Doppel-Date*, als wären wir in irgend so einem uralten amerikanischen Film!« Ich bin ganz kribbelig vor Aufregung. Und wieso sollte ich das in letzter Zeit auch nicht sein? Ollie ist wirklich und wahrhaftig mein fester Freund! Und Liv eine meiner engsten Freundinnen. Hätte ich mich in diesem Sommer nicht dieser Challenge gestellt, wer weiß, ob dann auch nur eins dieser Dinge eingetreten wäre! Und schließlich ist da noch Jake, der mittlerweile wieder an der Uni ist und den ich allen Ernstes hin und wieder anrufe und um Rat frage. Nicht oft. Aber hin und wieder. Sasha muss nach wie vor in dieser kalten, schrecklichen Welt aufwachsen, und ich halte ständig die Augen offen nach Möglichkeiten, ihr inneres Glück zu bewahren – allerdings hat sie mir gegenüber seit Wochen ihren Körper nicht mehr erwähnt, insofern hoffe ich, es läuft ganz gut. Und ich muss zugeben: Alles fühlt sich ein bisschen heller und freundlicher an, seit Dad letzte Woche endlich wieder hierhergezogen ist. Es ist zwar nicht so, dass Mum und er Zeit miteinander verbringen, aber uns allen hat es doch eine wahre Last von den Schultern genommen.

Auf dem Weg zur Bushaltestelle, von wo aus wir ins Kino fahren wollen, übermannt mich das gleiche Gefühl wie am Ende des Rennens: als wäre mein Herz ein Luftballon, so leicht, dass ich jeden Moment davonschweben könnte. Meine eine Hand ruht in Ollies, die andere schiebe ich unter Aprils Ellenbogen und lege meinen Kopf im Gehen auf ihre Schulter. Sie wiederum hält Händchen mit Liv. Eine perfekte Kette. So spazieren wir in den Sonnenuntergang.

Zusammen.

Danksagung

Ich danke Charlotte Colwill – dafür, dass sie das perfekte Zuhause für dieses Buch gefunden hat, während meine Agentin Rachel Mann in Elternzeit war. Und ich hätte mir keine bessere Lektorin wünschen können als Jenny Jacoby – so klug und so haargenau auf meiner Wellenlänge! – und keinen tolleren Verlag als Bonnier und Hot Key Books. Rachel danke ich wie immer für ihre weisen Einsichten. Mein Dank gilt außerdem Beth John, Jenny Tighe, Alice Slater, Alex Smyrliadi und Jo Bromilow, die mich und mein Schreiben immer unterstützt haben. Danke zudem an Jon Cudby, der exakt der unaufgeregte Laufkumpel ist, den ich brauche. Danke, Dan Barker, dass ich an dem Tag, an dem mir die Idee zu *Ruby's Big Summer* gekommen ist, in deinem Büro arbeiten durfte und dort plotten konnte – vielleicht gäbe es das Buch heute gar nicht, wäre mir das damals nicht spontan eingefallen. Ich möchte mich weiterhin bei Katie Foreman bedanken für das Design und die Illustration des Covers, vor allem, weil es ihr allererstes Cover war und die Essenz des Buchs so unübertrefflich einfängt. Dank an Jennie Roman für ihren Adlerblick beim Sprachlektorat und an die supergründliche Jane Burnard fürs Korrekturlesen. Ich danke auch Jasveen Bansal und Amber Ivatt für ihre Hilfe beim Marketing und beim Rühren der Werbetrommel für das

Buch und Holly Potter und Jessica Webb für ihre Arbeit rund um Rechte und Lizenzen. Und wie immer sehr dankbar bin ich meiner Familie und Paul, für alle Ewigkeit.

STREITEN BIS DIE FUNKEN FLIEGEN!

Kelly Quindlen
SHE DRIVES ME CRAZY
Klappenbroschur
304 Seiten
ISBN 978-3-551-58494-6
Auch als E-Book erhältlich

KEIN GUTER TAG FÜR BASKETBALLERIN SCOTTIE: Erst verliert sie beim Saisonauftakt haushoch gegen das Team ihrer Ex. Dann rammt sie das Auto ihrer Erzfeindin Irene und muss die Cheerleading-Queen ab jetzt zur Schule kutschieren. Absolutes Desaster! Doch ausgerechnet durch den Fahrdienst kommt Scottie auf eine Idee, wie sie ihrer toxischen Ex eins auswischen und ihr eigenes Standing verbessern kann. Sie bringt Irene dazu, sich als ihre neue Freundin auszugeben. Der verrückte Fake-Dating-Plan funktioniert überraschend gut – bis sich echte Gefühle Bahn brechen und für jede Menge Chaos sorgen.

WWW.CARLSEN.DE

CARLSEN

MIX
Papier | Fördert gute Waldnutzung
FSC® C083411

Carlsen-Newsletter: Tolle Lesetipps kostenlos per E-Mail!
Unsere Bücher gibt es überall im Buchhandel und auf carlsen.de.

Mit Fragen zur Produktsicherheit wenden Sie sich bitte an: carlsen.de/kontakt

Originally published in the English language as **Slowcoach** by Hot Key Books,
an imprint of Bonnier Books UK Limited, London

Umschlaggestaltung und -typografie: formlabor
Umschlagabbildungen: shutterstock.com © YAKOBCHUK VIACHESLAV/
lemono/yuwnis07
Aus dem britischen Englisch von Fabienne Pfeiffer
Lektorat: Rebecca Jaacks & Johanna Hadyk
Produktionsmanagement: Derya Yildirim
Satz: Dörlemann Satz, Lemförde
ISBN 978-3-551-58642-1